百年中国记忆·亲历战役系列

莱芜战役
亲历记

山东省莱芜市政协文史资料委员会◎编

中国文史出版社
CHINA CULTURAL AND HISTORICAL PRESS

图书在版编目（CIP）数据

莱芜战役亲历记/山东省莱芜市政协文史资料委员
会编 . -- 北京：中国文史出版社，2020.2
　（百年中国记忆 . 亲历战役系列）
　ISBN 978-7-5205-1729-4

　Ⅰ . ①莱… Ⅱ . ①山… Ⅲ . ①莱芜战役（1947）—史料
Ⅳ . ① E297.41

中国版本图书馆 CIP 数据核字（2019）第 267725 号

责任编辑：卜伟欣

出版发行：**中国文史出版社**
社　　　址：北京市海淀区西八里庄 69 号院　　邮编：100142
电　　　话：010—81136606　81136602　81136603（发行部）
传　　　真：010—81136655
印　　　装：北京朝阳印刷厂有限责任公司
经　　　销：全国新华书店
开　　　本：16 开
印　　　张：20. 75
字　　　数：229 千字
版　　　次：2020 年 7 月北京第 1 版
印　　　次：2020 年 7 月第 1 次印刷
定　　　价：58. 00 元

序

　　抗日战争时期，国共两党为抵御外侮侵略，进行了第二次合作，同仇敌忾，终于赢得了抗战的伟大胜利。然而，在全国人民向往和平、重建家园的共同期盼中，国民党当局却积极部署内战。为了实现全国和平，揭露国民党真内战、假和平的阴谋，毛泽东主席毅然赴重庆参加谈判。蒋介石迫于全国人民的压力，签订了《双十协定》。但是，《双十协定》墨迹未干，蒋介石就于1946年6月发动了全面内战，调集兵力，开始了向我各解放区的进攻，人民解放军转入战略防御。

　　1947年1月底，国民党军制定了"鲁南会战"计划，以徐州、济南为基地，集中31万兵力，组织南北夹击，妄图将华东野战军逼于临沂城，进行决战，奢望全歼我军于斯。华东野战军根据中央军委和毛泽东主席的指示，决定放弃临沂，挥师北上，歼灭北路从胶济线孤军南下的国民党军李仙洲部。1947年2月20日，战斗在莱芜打响。经过三昼夜的激战，华东野战军取得了全歼李仙洲7个整师、毙伤和俘虏

5.6万人的辉煌战绩，粉碎了国民党对山东解放区全面进攻、进而占领华东解放区的阴谋。这次战役创造了在运动战中歼敌的典型战例，在整个解放战争中占有重要地位。

光阴荏苒，岁月流逝。莱芜战役已经过去近半个世纪了。为了弘扬先烈们的英雄精神，激励人们建设家园、热爱祖国的热情，山东省政协文史资料委员会、莱芜市政协文史资料委员会联合征集、编辑了这本《莱芜战役亲历记》。我认为，这是有益当代、惠及后人的一件好事。这本书不仅选入了共产党方面高级指挥员的回忆文章，也选编了战争的另一方——原国民党高级将领的回忆文章，以及有关的珍贵资料。通过这些生动的历史资料，可使人们温故知新、了解老一辈革命者为建立新中国英勇顽强、前仆后继的英雄事迹，激发爱国主义热情；可使人们更加珍惜今天和平、安定的环境，为改革开放多做贡献；也可使人们认识到，正义的事业、顺乎历史潮流的事业、符合民意的事业一定能够胜利。

当前，中共中央制定了《爱国主义教育实施纲要》，对全国人民进行系统的爱国主义教育，《莱芜战役亲历记》一书是一部进行爱国主义教育不可多得的好教材。相信，通过这本书的编辑、发行，一定能对弘扬爱国主义精神起到积极作用。在此，我向当年血洒齐鲁大地的先烈们表示深深的怀念，同时也向编纂本书的同志们表示感谢。

山东省政协主席　陆懋曾

目 录
CONTENTS

CONTENTS 目 录

附　录

莱芜战役初步总结[*]

粟　裕

各位同志：

　　对莱芜战役的总结，本来应请军长（指陈毅同志——记录者注）报告，但军长要我来讲。因此今天的报告不能算是总结，仅仅是我对莱芜战役后提出一些意见。

---

　　* 此为粟裕在1947年3月8日高干会议上的报告。

战前情况与部署

在我主力未转移北上时，我原定于临沂外围歼灭敌人，并做了保卫临沂的准备与部署，发出了作战预备令，提出了在临沂及其以南对敌作战的三个方案。

第一方案：于敌占我郯（城）码（头）后，首歼敌右路兵团第二十五师及第六十五师一部于郯城以东，东海以西地区。该敌战斗力较弱，侧翼较暴露。

第二方案：如左路之敌前进较快，则首歼敌左路兵团第十一师于沂河以西苍山地区，该敌侧翼虽不暴露，但较薄弱，容易打。

第三方案：如敌两翼均迟滞前进，而中路突出时，我决定首歼敌中路兵团第七十四师于沂河以东、沭河以西地区，该敌战斗力较强，但当其沿郯（城）临（沂）公路北进与两翼距离较远时，可能为我歼灭。

在以上三个方案中，最好执行第一方案，歼敌右路；其次执行第二方案，歼敌左路。

为了促使敌两翼突出，我乃以第三纵队主力于正面坚决抗击中路之敌，以造成我于两翼歼敌之机会。但当我于正面加强压力后，敌仍采取稳扎稳打、步步为营的战法，缓步齐头前进。

为造成对敌作战更有利的条件，我遂开始考虑到根本改变保卫临沂的作战方针问题，但最好能在临沂以南打一仗，这样在政治上对我更有利。因此提出以下补充方案：以第二纵队向东南挺进，歼击叛军郝鹏举部；同时虚张声势，谓我数万主力东去威胁海州，造成敌之错觉，迫使敌主力东援，我则以第三、第四纵队配合第二纵队于运动中歼灭东援之敌（估计可能为第二十五师、第六十五师乃至第七十四师）。如敌主力不来增援，或仅以小部来援，而以左、中两路迅速向临沂挺进，我则集中全力，决心歼敌第十一师于沂河以西地区。

在我第二纵队执行此一方案完成任务后，左、中两路之敌仍不前进。右路之敌不仅不前进，反向后退缩，第二十五师、第六十五师均自郯城以东撤向桃林及其东南地区。

由于调动不了敌人，我乃将主力撤至临沂以北休整，并毫不犹豫地放弃临沂，决心以主力北上，首先歼灭自胶济线出动占我莱芜、新泰之敌。其理由为：

1. 敌在沂河以东、沭河以西宽三四十里的正面，即摆上了20多个团的兵力，整个南线有50多个团，加上陇海线及临（城）、韩（庄）地区，敌集中兵力共达63个团，我亦集中五六十个团。在此情况下，与敌决战，尚无把握。固然临沂不能轻易放弃，但根据目前情况，还不是必守的据点。在整个敌我力量对比及人力、物力诸条件下，还不能采取死守方针，同时在敌人兵力未消耗到一定程度时，不应过早进行决战。可是敌人却认为我非在临沂决战不可，因此敌人在战略指导上犯了"攻其必争之地"的教条性错误。他们不懂得中国是个农业国家，我们今天的战争是在以农村为根据地的环境中进行，我们尚无决心死守一点的必要。敌人不但犯了这一教条性错误，而且实行了仅对工业国家战争适合采用的战略轰炸。他们在临沂足足轰炸了一个星期，然而炸毁我们的只是几辆汽车和几间茅棚。

2. 在南线，我拟造成敌人弱点，但敌人很谨慎，不敢大踏步前进；而北线之敌却恰恰威胁了我们的后方。我们虽无重工业，但20多万部队如果没有一个后方，弹药给养便无处供应，伤兵医院便无处安插。因此，必须毫不犹豫地大踏步北上，首先解除敌对我后方的威胁。

确定北上歼敌的作战方针后，我预定计划是在整个北线敌6个军中，首先求得歼灭其3—4个军。如能歼灭其2/3（即4个军），则不仅解除了敌对我后方的威胁，同时也解决了胶济线上的敌人，从而打通渤海、胶东和鲁中的联系，便于我今后集中更大兵力南下出击，向津浦线、向中原以至向大别山发展，也便于我集中更多的人力、物力，支援今后更大规模的战争。

我主力北移后，估计可能造成敌人下列错觉和动作：

1. 敌认为我临沂不守，是由于宿北、鲁南历次战役伤亡甚大，不能再战，因此敌可能乘机北进。这就造成敌分散兵力。

2. 我在北线打响以后，解决莱芜、新泰之敌以前，占领临沂之敌可能沿临（沂）蒙（阴）公路北进，以图与北线之敌对进，实行南北夹击。另一可能是由临沂西开向城地区，经枣庄至临城再北上打通津浦线，以图与济南南下之敌会师。甚至也可能由临沂东进，扩张地区，打通临沂与海州的联系。但不论北进、西进或东进，都会改变敌人占领临沂时的集中态势，造成敌人分散兵力，便于我今后南下作战。

我在主力北上的同时，派少数部队在运河线架桥，同时对兖州采取包围态势，声言与刘、邓部队会合，以迷惑敌人，造成敌对我判断错误。

以上是我们主动放弃临沂、主力转移北上时的情况，以及我们的预定部署和要求。

莱芜战役经过

此次莱芜战役情况变化之多，为前所未有。

1. 我主力北上时，敌人的情况是：第四十六军在新泰及其外围，李仙洲总部及第七十三军的第十五师、第一九三师在颜庄南北地区，第十二军率第一一一师在莱芜，第一一二师在口镇及其以东至和庄地区，新编第三十六师在蒙阴寨及南北师店。

2. 根据以上情况和我们的预定方针，打算一口气歼灭敌人两个军比较困难，甚至可能打成僵局。因此确定首先歼灭位于第二线的王耀武嫡系第七十三军及李仙洲总部（第四十六军在前面，非王嫡系，为保存实力，与我们有些联系，我可利用敌内部矛盾）；尔后再集中全力歼灭第四十六军。当时我们的部署是：以第一、第六纵队组成左路军，攻歼莱芜、口镇之敌；以第八、第九纵队组成右路军，歼灭李仙洲总部及第七十三军两个师；以第四、第七纵队组成中路军，配合右路军行动。

3. 我们原来预计在北线打两仗，第一仗打第七十三军，第二仗打第四十六军。这两仗估计需用一个星期的时间才能结束。因此，留了两个纵队钳制南线之敌，要求在北线打响以后再放弃临沂。但当我们部队刚进抵指定集结地区（左路军进抵羊流店地区，中路军进抵蒙阴及其东北地区，右路军进抵鲁村地区）时，南线之敌即于15日进入临沂，与当时我北线预定战斗发起日期（最早为18日）相隔尚有三天。如南线之敌继续前进，则在我打响第二天即可赶上与北线之敌会师。

4. 南线之敌占领临沂后，北线敌情共发生了4次变化。

第一次敌情变化：15日晚，王耀武发觉我部队自费县向西北运动，同时由于其南线部队迅速进入临沂，估计我主力转移方向，乃于16日调整部署，全线后缩。第四十六军自新泰撤至颜庄地区；李仙洲总部及第七十三军的第十五师、第一九三师自颜庄撤至莱芜地区；第十二军的新编第三十六师自蒙阴寨及南北师店撤至口镇、上有（游）庄一线，归第七十三军指挥；第十二军率第一一一师、第一一二师北调胶济线，担任张店、明水一线守备。

在敌人突然后撤的情况下，当时使我们许多同志担心，因为我们部队尚未到齐，有的兵团首长要求以右路军切断敌人退路，左路军向莱芜挺进，即使不能将敌全部歼灭，也可以吃掉它的"尾巴"。这个意见幸亏我们没有同意，否则部队一伸出去，这5万多敌人就很难消灭。

第二次敌情变化：王耀武判断我们要打他，将其部队后撤，并获得了徐州绥署的同意。但国防部参谋总长陈诚却认为我放弃临沂，是由于鲁南战役伤亡巨大，不堪再战，并谓刘、邓部队未能打下民权，因此估计我可能放弃山东，退向黄河以北。陈诚妄图乘此机会实行南北夹击，将我主力歼灭于沂蒙山区，乃令王耀武确保新泰、莱芜，并派有力一部插向大汶口以南地区，断我退路。我们得知此情况后，认为还有歼灭敌人的机会。

17日，王耀武执行国防部命令，又将其部队向前推进。第四十六军重占新泰，李仙洲总部率第七十三军第十五师仍在莱芜，第七十三军军部率第一九三师接防颜庄，第十二军仍守备胶济线。

第一次敌情变化后，我仍坚持原定作战方针，以左、右两路军先歼灭第七十三军，中路军切断第四十六军和第七十三军的联系。第二次敌情变化后，我决定以第一、第八、第九纵队歼灭莱芜及其外围之敌；第六纵队以一个师直插和庄，其余部队歼灭口镇之敌，任务完成后以一部控制口镇，主力东移和庄地区，准备打击自博山南援之敌；第十纵队和独立师抢占锦阳关，得手后以一部对北警戒，主力歼灭上有（游）庄之敌，策应第六纵队对口镇之敌攻击；第四纵队以全力歼灭颜庄之敌第一九三师；第七纵队以有力一部钳制自新泰北援的第四十六军，主力集结为总预备队；第二纵队（欠一个师）由南线赶到后，以一个师接替第七纵队对第四十六军的钳制任务，另一个师进至蒙阴寨西北地区，监视第四十六军行动。后为加强打援力量，以第一、第八纵队攻莱芜；第四纵队攻颜庄；第七纵队切断第四十六军与第七十三军的联系；第六纵队全力攻口镇，并配合第十纵队和独立师打击可能自明水来援之敌；第九纵队控制博山以南，全力对付可能自博山来援之敌。

第三次敌情变化：我部署刚定，敌又发觉我主力北移，特别是发觉我第一纵队第一师在莱芜以西等了两三天，同时也发觉我右路军在鲁村集结，加上几个逃跑的俘虏兵回去告密，情况又起了变化。

我原定19日发起战斗，因时间仓促，准备未周，决定延至20日。19日，王耀武发觉我攻新（泰）、莱（芜）意图后，即令第四十六军、第七十三军军部率第一九三师自新泰、颜庄地区星夜北撤，第七十三军的第七十七师迅速自张店经博山南下归建。我们得知此情况后，又变更部署：以第一纵队攻莱芜敌第十五师及李仙洲总部；如第一九三师向莱芜靠拢，即以第四纵队及第八纵队一个师协助第一纵队歼灭莱芜之敌；以第八纵队（欠一个师）和第九纵队于博山以南歼灭南下归建的第七十七师；以第七纵队切断颜庄第四十六军与莱芜第七十三军之联系，待第二纵队赶到后，即由该纵队接替第七纵队的任务，抽出第七纵队作总预备队；其他各部任务不变。

敌第七十七师19日抵博山，20日经和庄南下归建，我原定以第八、第九纵队于和庄地区将其歼灭，并定于20日下午3时开始正式进入战斗（其余各纵队则定于20日黄昏后进入战斗），避免过早打响，影响整个战局（如3时打响，李仙洲总部5时方得知，第四十六军再向莱芜靠拢，已来不及了）。但第八、第九纵队于当日下午1时就打响了，2时正式进入战斗，于是情况又有了变化。

第四次敌情变化：敌发觉其第七十七师在博山以南的和庄地区挨打，即令第四十六军于当晚（20日晚）自颜庄星夜北撤莱芜，并拟以第一九三师两个团于21日上午自莱芜北援，接应第七十七师归建。当时，我们一方面要歼灭第七十七师，另一方面要切断第四十六军退路，同时又要阻击莱芜之敌向东北增援，遂令第四、第七纵队于当晚插至莱芜、颜庄之间，切断第四十六军退路，第四纵队并参加攻击莱芜。当晚，口镇及莱芜外围打响；第十纵队占领锦阳关。21日晨，敌第七十七师大部被我解决。

从20日晚到21日拂晓，第四、第七纵队未完成切断莱芜、颜庄之敌的任务。第四纵队在颜庄以东，第七纵队在颜庄以北。我乃令该两纵队于白天不顾敌机空袭，继续开进。第四纵队以1个师插至莱芜以南，以安仙庄为目标；第七纵队插至东西盘龙、红埠岭。并令第八纵队全部于黄昏自和庄地区南开，与第一纵队合击莱芜。第四、第七纵队部队运动后，我们得悉东西盘龙、安仙庄及莱芜正南的悬羊吊鼓山都已打响，估计敌第四十六军已被我拖住，可待第二纵队主力赶到后，集中第一、第二、第四、第七、第八共5个纵队，同时解决第七十三军两个师及第四十六军于莱芜、颜庄地区。

21日晚未接获报告，22日晨获悉敌第四十六军已到吴家岭，因第四、第七纵队未能完全断其退路，我预定于22日晚实施总攻，以第二、第四、第七纵队解决第四十六军，以第一、第八纵队解决第七十三军两个师及李仙洲总部，使敌不能完全靠拢。

22日下午，第七十三军一部进至莱芜西北的南白龙，第四十六军自吴家岭进入莱芜城，并拟以第七十三军为左路，第四十六军为右路，沿莱芜至口镇公路全部向北突围。由于我未能切断第四十六军退路，敌两个军得以完全靠拢，从而增加了我军困难。我乃决定以第一、第二、第七纵队为左路军，统归第一纵队叶飞司令员指挥，负责解决莱、口线（不含）以西之敌；以第四、第八纵队为右路军，统归第八纵队王建安司令员指挥，负责解决莱、口线（含）以东之敌；并令第六纵队以一个师位于口镇以南，阻敌北窜。后因准备不充分，且仅有第四纵队在莱芜附近，第二、第七纵队距离尚远，敌既靠拢，进攻又不易奏效，因此决定22日晚暂停攻击。当时，估计敌人行动有两个可能：

1. 可能固守莱芜。果如此，我则于23日晚集中第一、第二、第四、第七、第八纵队实施总攻。敌靠拢虽难打，但过于密集，挤成一团，便于我首先集中炮火予以大量杀伤后将其歼灭。

2. 可能向口镇方向突围。因莱芜城过于狭小，口镇比莱芜城大数倍，且储有近百吨弹药和数十万斤粮食。如敌向口镇突围，我则布置于运动中将其歼灭。

23日上午，敌分两路平行向北突围。第七十三军沿矿山、南白龙向北，先头到达高家洼地区，正与我第一纵队前哨接触，其后卫仍扼守矿山。第四十六军沿北铺、山子后向北，先头到达芹村地区，正与我第六纵队前哨接触，其后卫仍控制莱芜。当时有同志建议在敌未全部撤离莱芜时即将其切断，我们没有同意。因莱芜尚有第四十六军两个团，矿山仍为第七十三军一个团扼守，在敌人最后脱离工事以前，过早出击，已向北之敌可能缩回来，这样易打成僵局，增加我军伤亡损耗。

23日中午12时，敌最后撤离莱芜，我乃以第四纵队一个师占领莱芜，切断敌再回莱芜的归路，其余部队于下午1时全线出击，李仙洲总部及第七十三军（欠一个师）、第四十六军全部遂于芹村、高家洼南北狭小地区被我全歼，战斗于当日下午5时全部胜利结束。

就整个战役说来，我们部队不断调动，部队指挥不断变易，由于敌情的变化，我们也只得跟着变更部署。

这次战役，解决敌人快，但情况变得也太快。我原预定于莱芜战役结束后，向北扩张战果，继续在胶济线上歼灭敌第十二军及第八军一部。22日晚，我们同意第九纵队以两个团的兵力攻击博山外围。23日晚，令第九纵队赶往博山以北，迅速包围张店之敌，以待主力北上歼敌；第十纵队向明水前进，以切断胶济线上之敌向济南撤退的道路。但由于敌人跑得快，加上我们是超越敌之第一线，打敌第二线，通信联络工作做得差，因此我们的战役第二步继续歼灭第十二军的计划未能实现。

以上是莱芜战役的大概经过。

莱芜战役的主要收获

先讲政治上的收获。

1. 粉碎了敌人占我临沂以后的狂妄宣传。敌占我临沂后，曾大肆宣传歼灭共军14个旅，但不到10天，我们即予以歼灭其7个师的严重打击。对此，美国官方报纸也不得不承认，"国军占领临沂未及十日，共军又包围济南"。新闻记者访问国民党中央宣传部长彭学沛，质问鲁中形势时，彭答："你们勿轻信共方宣传，只要看国军在各战场始终是前进的，即可知道。"记者又问："共军既被消灭十几个旅，又有何力量包围济南？"彭哑口无言，敌之狂妄宣传终于被完全揭穿。

2. 轰动了国民党统治区各界人士，表现了群众对我解放军胜利的关切。一般中间与进步人士一致认为：国民党的军事失败，将更加助长其政治、经济危机。正因为如此，国民党恼羞成怒，要赶走我们在南京、上海、重庆等地办事处的代表，逼迫我们撤退。

3. 引起了敌人内部的恐慌和不安。在国民党高级要人中，张群说要寻找更好的办法来恢复和谈。张治中则唉声叹气，说如果和谈没有办法，只好听天由命。连美国大使司徒雷登也故意透露和谈意向，说要劝国民党接受共产党的两个条件。

4. 更重要的是，这次胜利鼓舞了全解放区军民的斗争情绪，提高了斗争勇气，增强了胜利信心。在延安及东北、晋察冀、晋绥、晋冀鲁豫各解放区，到处开会庆祝。临沂周围有些群众在我撤出临沂时一度动荡，胜利后，情绪立即稳定下来。地方党政军民在支前工作上，也做得比过去更加积极有效，如军工部门某单位一个月的生产计划在13天内就完成了。正面战场的胜利，同时也有力地支援了敌后。淮北已站住脚跟，盐阜、淮海已打开局面，苏中前两个月很紧张，现在也已经开始打开局面，敌后军民的信心较前更加提高。我们部队经过这次胜利，士气更加高涨，新兵更加容易巩固；俘虏也受到教育，相信我们有力量。根据各兵团首长反映，政治工作好做了，全体指战员懂得了只有相信和服从正确的领导和指挥，才能歼灭敌人，战胜敌人。铁一般的事实证明了毛主席战略指导的正确。

再讲军事上的收获。

1. 给了敌人首脑机关一个严重打击，敌人的军事机构开始由动摇逐渐走向崩溃。蒋介石本人于24日晚亲赴济南，停留五六小时，又匆匆飞回南京。王耀武怪陈诚不采纳下级意见，陈诚怪蒋介石干涉其军事职权。徐州绥署也因此被撤销，薛岳另候任用，由顾祝同率陆军总部移驻徐州，统一指挥徐、郑两绥署部队。根据我们了解，薛岳用兵尚机敏果断，而顾祝同则历来是我军手下的败将，这无异以庸才代替干才。在高级军事指挥人员的更迭上，正象征着国民党的日暮途穷，最后必然会走向崩溃。

2. 滋长了敌高级将领的悲观失望情绪，同时也增加了敌人内部的矛盾。王耀武写给第八十三师师长李天霞的信中说："莱芜战役，损失惨重，百年教训，刻骨铭心。"敌第七十四师师长张灵甫要求休整，并说："本师装备不适合山地作战。"李天霞则屡次装病请假要求不干。莱芜战役的胜利，在精神上的确给了敌人一个严重打击。

3. 在军事战略上，我们达到了错乱敌人部署，使敌人手忙脚乱，仓皇应付。他们花了不少人力物力经营了半年才打通的胶济线，不得不弃于一旦。我们只经过一个莱芜战役，就收复了县城13座、重镇数十处，控制铁路线500余里。敌人物资无法运走，仅周村一地即丢下3个满储弹药的仓库和百万多斤粮食。在北线，最近敌又拟空运几个师到济南。在西线，号称全国主力的第五军也调来津浦线，与原来津浦线上的敌人会合，妄图北犯，解济南之危。在南线，敌进攻临沂扑了空，未找到我主力决战，反背上了包袱，骑虎难下，丢了可惜，不丢又怕挨打。记得我军在鲁南歼灭敌第二十六师、第一快速纵队及第五十一师后，敌仍按原定计划向临沂前进，部署未乱，但这次敌人已完全陷入被动。在战略上我们争取了主动权，我们已开始能够调动敌人，使敌人听从我们指挥了。

4. 我们完成了大的机动和大的歼灭任务，获得了空前的胜利，解除了敌对我鲁中山区的威胁，打通了与渤海、胶东的联系。在一次战役中，仅以63个小时就俘虏了4万多敌人，加上被我毙伤的共歼敌6万人左右，我仅伤亡6000余人，这次胜利在中国战史上是空前的。

我们为什么能够取得如此重大的胜利

1. 这次胜利，首先应归功于党中央与华东局的正确领导和军首长的直接指挥；同样地，也由于全军指战员的英勇善战和地方党政军民的全力支援。这次我地方武装和民兵都配合得好，使敌难以漏网。据我们所知，敌第四十六军迄今仅收容了400多人，还是我们放回去的老弱及伤兵。

2. 各地区的配合也起了很大的作用。胶东部队拖住了敌第八军的尾巴，歼灭了第一六六师的1个团和第一〇三师一部；渤海部队对胶济沿线实行破击，并进逼济南，引起敌人恐慌，使其感到四面受敌。

3. 各兵团首长在山地作战、通信联络困难及超越敌第一线作战等条件下，能按照总的意图，机动灵活、果敢坚决地完成了任务，也是这次胜利的重要原因。在各纵队的配合上，第一纵队最吃力，虽然缴获不多，但在整个战役中起了决定作用，应算第一功。第八、第九纵队迅速解决敌第七十七师，打开战场，使我能腾出兵力，功也不小。其他各纵队都有功劳，如第十纵队及独立师在西北牵制敌之援兵，使我能安然解决莱芜之敌；第六纵队虽未全歼口镇之敌，但在口镇以南的一个师，堵击向北突围之敌，起了相当作用；第二纵队虽未打到仗，却切断了敌向西南之退路；第四、第七纵队初期虽未完成切断敌第四十六军退路的任务，但战役后期坚决地完成了任务；第三纵队的功劳也不能抹杀，如果没有他们在南线钳制敌人，我们也就不可能集中全力来解决北线之敌。总之，我们不能单纯以缴获多少来评定成绩。在大兵团作战中，往往有的部队很吃力，但缴获很少；有的部队所付代价不高，但缴获很多。因此在评定战绩时主要应视对整个战役是谁起了决定作用。

我们在这次战役中的缺点

1. 我们原预定于胶济线再歼敌两个军，由于敌情变化，第二步计划未能实现。如果动作快，事先布置更周密些，即使打不到两个军，也可以歼灭其一到两个师。按照我们原来预定的共歼敌4个军计算，还差5个师，这不能不算是一个缺点。因此我们还要继续努力，不能满足于这次战役的胜利。

2. 特别严重的缺点，也是各纵队首长共同提出的，是部队开进紊乱，行军道路交叉，大家争路走，争房子住。这个问题主要应由我负责，因陈参谋长留南线指挥，刘、张副参谋长又忙于后勤，对部队运动道路未能更精细区分，同时在客观上时间不允许。从平原转入山地，道路太少、通信联络不便，也是原因之一。但不能以客观原因来推诿主观责任，如果我们注意的话，至少可以减少这些现象。

3. 通信联络差，这虽然是中国自有红军以来每战都有的缺点，但无论如何应设法改进。今后通信联络，下级也应主动向上级联络，并加强电话与骑兵之使用，才能适当解决这一困难。

4. 个别部队不注意隐蔽，白天行军，或向前集结过于突出，过早暴露我们的意图。今后应注意保守军事秘密，并养成夜间行军的习惯。还有，每次战斗前几乎都有俘虏兵逃跑回去，向敌人告密，值得警惕。

5. 战场追击差，在歼灭第七十七师时，接到第八、第九纵队报告，说敌已大部解决，部队撤回20余里，第二天又发现敌人，再拉上去打。23日战斗中，各纵队都报告敌人已全部消灭，第二天又发现残敌5000余人向和庄地区逃窜，迫使我第九纵队回师歼敌。如当晚各纵队能跟踪搜索，我第九纵队即可按预定计划于24日晚包围张店，至少可以歼灭第十二军的大部。

莱芜战役的经验教训

1. 我们在南线撤出临沂，在北线获得了空前伟大的胜利，中央来电说：今后只要哪里能消灭敌人，你们就到哪里打，不必计算时间和路程。这次在军长和华东局的领导下，毫不留恋地放弃临沂，北上歼敌，证明是完全正确的。

2. 这次战役值得今后学习的是，制造了敌人的错误，错乱了敌人的部署，并掌握与利用了敌人内部的矛盾，争取了我们的胜利。我在主力北上时，故意在运河线架桥以迷惑敌人，敌机又发觉我部队自费县向西北运动，陈诚即认为我主力要撤向黄河以北。我临沂不守，北线敌迅速后撤，我未贪小便宜截击其后尾，仍按原计划继续集结，因而未暴露我之意图，又使敌首脑机关判断错误，再度将部队南伸。我第六纵队对口镇之敌强攻未下，虽然不好，却增长了莱芜之敌向口镇方向突围的希望，最后敌人决定突围，便于我在运动中将其歼灭（但这并不是说口镇不应该打下）。敌第四十六军为保存实力，同我们拉关系，我们做工作，使其保守中立；突围前，该军军长脱离指挥位置，部队失却掌握，减少了我之伤亡。这些说明，今后作战，我们应该想尽各种办法，制造敌人错误，并适当利用其内部矛盾，胜利的希望就会更大。

3. 我们对敌情的了解还不够，特别是对王耀武的指挥特性了解很差。如果我们了解到王的性格大胆果断，能命令其部队一天一晚后撤数百里，那我们即可大胆地将部队插到济南附近，这样，敌第十二军也就无法逃跑了。这说明我们不仅要了解敌人番号、兵力、装备、战斗力及部署等，还应了解敌指挥官的性格特点。如对方是多疑的，我可多设疑兵；如对方是个猛将，我们则来一套软的。

4. 我们的战场追击差。根据苏联红军战斗条令，营以下的动作无战术追击，因追击不应与进攻分开，如未实行战场追击，则进攻任务尚未完成。因此，当敌人溃退时，战场上的追击不应等待命令。此次由于我各部忽视追击，以致第九纵队为敌溃兵拖住腿，未能按时实行第二步计划，这一点值得今后切实注意。

5. 敌人在指挥上犯了一个教条性错误，就是怕分散为我各个歼灭，随时将兵力集中。加上部队素质差，因此抓得更紧、靠得更拢，四五万人挤在东西六七里、南北仅三四里的狭小区域内，无法展开，在我炮火杀伤后迅速为我歼灭。这从反面说明了兵不在多，而在于谁能首先展开兵力火力，并高度发挥其作用，谁就能胜利。江南第三次孝丰战斗，敌11个团两万多人，白天伸展纵横30里，晚上收缩于纵横仅3里的狭小圈子内。我在晚上占领敌外围所有工事，第二天集中炮火即将其歼灭。今后我们应充分利用敌人这一犯教条的毛病，抓住敌人这一弱点。

6. 大兵团作战，各纵队求缴获之心不应过于迫切，而应局部服从全部，个别服从整体。这次第四纵队想截敌尚未撤离莱芜的两个团后尾，我们未予同意，否则这两个团凭借莱芜工事顽抗，我一时不易攻下，而已向北突围的敌军主力在遭到我正面阻击时，有缩回莱芜固守的可能。如此则不仅不能迫使敌人处于狭小地区，求得在运动中将其歼灭，而且要多花两天时间，多付出几千人伤亡的代价，才能最后解决战斗；弄得不好，甚至有打成僵局的危险。

7. 大兵团作战，情况瞬息万变，除非敌人实行总退却，个别部队决不能改变整个部署的决心。第一次敌情变化后，如果我们同意截敌后尾，则5万多敌人就不易消灭。正因为我们没有动，敌人就不再怀疑，否则王耀武即使接到陈诚再向南前进的命令，也不见得就会执行的。

对今后作战的意见

1. 中央要求我们在今后10个月中每月歼敌5个旅。这一艰巨任务的完成，要靠各部队的努力，特别要靠各兵团首长在各种困难条件下，坚决地完成本身所负的任务。

2. 密切友邻配合，近距离内经常保持徒步或传骑联络。我们上下联系虽然做得不好，但总算保持了联系，有的也是做得很好的。只是与友邻的联系较差，今后应特别注意。这次第七纵队第二十师不待命令主动支援第一纵队作战，值得学习和发扬。

3. 根据战局发展趋势，当敌人被歼灭到一定程度失却进攻能力时，可能改取守势，我将由内线转入外线作战，由运动战进至阵地攻击。这就需要我们开展爆破运动，学习土工作业，加强炮兵、工兵的建设。在这次整训中，各纵队应组成炮兵营，下次即须完成炮兵团的建制，另须成立工兵营（或分别配属于师）及战防炮连。要懂得爱惜工兵人才，不要把工兵当步兵使用，否则会增加自己困难。

4. 我们部队不仅开始有而且已经拥有大量近代装备，但缺乏掌握这些装备的干部。这就要争取已经参加工作或正在学习的俘虏人员，并号召我干部学习使用和掌握近代武器，选择培养和大批提拔有发展前途的新老干部，学习各种武器的不同性能和结合使用的方法，研究对敌人新武器（如坦克、火焰喷射器等）的对策，以期在现有水平上提高一步；如仍停留在现阶段上，将不能担负起今后更重大的任务。

5. 加强参谋机关和健全司令机关。各级指挥员应懂得由于生产技术的不断进步，今天的战争已由司令指挥时代进到组织战斗时代。正因为如此，参谋机关和司令机关必须加强和健全起来。过去华中有的部队对参谋的使用是不够妥当的，有的首长把参谋单纯当通信员、侦察员使用，有的首长遇事包办，把参谋放在一边不用；也有参谋水准不高，文的只能写等因奉此，武的只会猛打猛冲，连写个收条都不会，这些都是不应有的现象。各纵队今后应特别重视参谋工作，加强培养各级参谋人员，让他们在实际工作中得到锻炼，成为文武全才。陈参谋长已从南线回来，他是八路军一一五师的老参谋长，相信我们今后的参谋工作一定会做得很好。

6. 最后，部队后勤机关亦应健全起来。担架队、运输队要马上建立。过去我们对这些问题没有很好地注意，将来转入外线作战，伤兵要有人抬，粮食要有人运，后勤机构如不及早建立，是会影响今后作战的。

我的报告很琐碎，不够系统。特别是这次战役，在军长直接领导之下，具体部署由我负责，缺点很多，希望各兵团首长提出批评，以便在今后作战中尽量改进。

（载中国人民解放军军事科学院《军事学术》1984年第4期，

中国人民解放军档案馆188宗11卷）

莱芜战役华东我军战斗序列[*]

一、华东野战军

275810人

司令员兼政治委员	陈 毅	副政治委员	谭震林
副司令员	粟 裕	政治部主任	唐 亮
参谋长	陈士榘	政治部副主任	钟期光
副参谋长	刘先胜		
副参谋长	张元寿		

第一纵队（第一师、第二师、第三师、独立师）

司令员兼政委	叶 飞	副政委	谭启龙
副司令员	何克希	政治部副主任	汤光辉
参谋长	张翼翔	副参谋长	张俊升

---

[*] 华东野战军和华东军区于2月初编成，此表为3月份，供参考。

第二纵队（第四师、第五师、第六师）

    司令员兼政委　　　韦国清　　副政委　　　　　康志强

    副司令员　　　　　张　震　　政治部主任　　　邓逸凡

    参谋长　　　　　　詹化雨　　政治部副主任　　徐海珊

    副参谋长　　　　　吴华夺

第三纵队（第八师、第九师）

    司令员　　　　　　何以详　　政　委　　　　　丁秋生

    副司令员　　　　　覃士冕　　政治部主任　　　刘　春

第四纵队（第十师、第十一师、第十二师）

    司令员　　　　　　陶　勇　　政　委　　　　　王集成

    参谋长　　　　　　梅嘉生　　政治部主任　　　刘文学

    　　　　　　　　　　　　　　政治部副主任　　谢云晖

第六纵队（第十六师、第十七师、第十八师）

    司令员　　　　　　王必成　　政　委　　　　　江渭清

    副司令员　　　　　皮定均　　副政委兼政治部主任　陈时夫

    参谋长　　　　　　杜　屏　　政治部副主任　　谢胜坤

第七纵队（第十九师、第二十师）

    司令员　　　　　　成　钧　　政　委　　　　　赵启民

    副司令员　　　　　林维先　　政治部主任　　　黄火星

    参谋长　　　　　　胡定千　　政治部副主任　　张崇文

    副参谋长　　　　　张元培

第八纵队（第二十二师、第二十三师、第二十四师）

    司令员　　　　　　王建安　　政　委　　　　　向　明

| 参谋长 | 张仁初 | 政治部主任 | 王一平 |

第九纵队（第二十五师、第二十六师）

司令员	许世友	政　委	林　浩
参谋长	聂凤智	政治部主任	刘浩天
副参谋长	叶　超		

第十纵队（第二十八师、第二十九师）

司令员	宋时轮	政　委	景晓村
参谋长	赵　俊	副政委	刘培善
		政治部主任	肖望东
		政治部副主任	张缉光

第十五（特种兵）纵队（炮一团、炮二团、炮三团、炮五团、工一团、骑九团）

司令员	陈锐霆	政　委	张　藩
参谋长	钟国楚	政治部主任	刘述周
副参谋长	董尧卿	政治部副主任	俞新华

二、华东军区

642303人

司令员	陈　毅	政治委员	饶漱石
副司令员	张云逸	副政治委员	黎　玉
参谋长	陈士榘	政治部主任	舒　同

副参谋长	袁仲贤	政治部副主任	唐　亮
			张　凯

鲁东军区

司令员	许世友	政　委	林　浩
副司令员	王　彬	副政委	金　明
		政治部主任	赖可可

渤海军区

司令员	袁也烈	政　委	景晓村
副司令员	廖容标	副政委	王卓如
	曾　生		
		副政委兼政治部主任　周贯五	

鲁中军区

司令员	王建安	政　委	向　明
副司令员	邝任农	副政委	高克亭
副司令员	钱　钧	副政委兼政治部主任　李培南	

鲁南军区

司令员	张光中	政　委	傅秋涛
副司令员	郭化若	副政委	张雨帆
副司令员	万春圃	政治部主任	张　雄
参谋长	赵一萍		

第十一纵队兼苏中军区

    司令员   管文蔚   政   委   吉 洛①

    副司令员兼参谋长 胡炳云   政治部主任   李干辉

    政治部副主任   周文在

第十二纵队兼苏北军区

    司令员   陈庆先   政   委   曹荻秋

    副司令员   覃 健   政治部主任   孙克骥

    副司令员   常玉清   副参谋长   李 元

（1947年3月）

（《中国人民解放军华东军区、华东野战军
第三次国内革命战争战史》）

----

① 吉洛，即姬鹏飞。

莱芜战役国民党军战斗序列

徐州绥署参战部队

一、北进兵团

1. 左路

整编第十一师（第十一旅、第十八旅、第一一八旅）

整编第六十四师（第一三一旅、第一五六旅、第一五九旅）

2. 中路整编第七十四师（第五十一旅、第五十七旅、第五十八旅）

整编第八十三师（第十九旅、第六十三旅）

第七军（第一七一师、第一七二师）

3. 右路

整编第二十五师（第四十旅、第一〇八旅、第一四八旅）

整编第六十五师（第一五四旅、第一〇六旅）

第六十七师

4. 第四十二集团军（第一师、第二师、第三师、第四师）

二、南进兵团（莱芜战役主战部队）

    指挥官　李仙洲

    第四十六军（即整编四十六师）军长　韩练成

        一七五师师长　甘成城

        一八八师师长　海竞强

        新十九师师长　蒋　雄

    第七十三军军长　韩　浚

        十五师师长　杨　明

        七十七师师长　田君健

        一九三师师长　肖重光

    第十二军军长　霍守义

        一一一师师长　李书维

        一一二师师长　王肇治

        新编三十六师师长　曹振铎

三、陇海路、津浦路守备兵力

    整编第二十师（第一三三旅、第一三四旅）

    整编第二十八师（第五十二旅、第一九二旅）

    整编第五十七师（第一一七旅、预四旅）

    整编第七十七师（第三十七旅、第一三二旅）

    新编第十师（第一五五旅、第一六一旅）

四、胶济路守备兵力

    第八军（荣一师、第一〇三师、第一六六师）

第五十四军（第八师、第三十六师、第一九八师）

第九十六军（暂编第十二师、暂编第十四师、暂编第十五师）

注：未整编的军相当于整编师；未整编的师相当于旅。

忆莱芜战役

叶 飞[*]

  莱芜战役，是我军打运动战的一个范例。当时蒋介石虽然在宿北、鲁南战役中损兵折将，但还能集结重兵53个旅、30多万人，分别由陇海、胶济两线南北对进，企图夹击我军。南线敌人进犯山东解放区首府临沂，北线敌人直扑我后方腹地沂蒙山区的莱芜、新泰等地，我们原先打算在临沂外围歼灭敌人突出的一路，并且做了保卫临沂的准备工作。但是南线的敌人采取了"集中兵力，稳扎稳打，齐头并进，避免突出"的战法，不管我们怎么逼迫、诱惑，敌人仍然保持密集态势，肩靠肩地缓慢前进，使我们捕捉不到战机。这时中央军委、

---

  * 作者时任华东野战军第一纵队司令员兼政委。

毛主席不时指示我们"敌愈深进愈好，我愈打得迟愈好"，"不求急效"，"准备于必要时放弃临沂"。当北线的敌人孤军深入，进占了莱芜、颜庄、新泰一线，还要进占蒙阴的时候，野战军首长当机立断，作出放弃临沂、转兵北上、歼灭北线敌人的方案。中央军委、毛主席立即批准并赞许了这个方案。于是，我们大部队秘密向北运动，突然出现在莱芜地区，最后包围并歼灭了北线敌人。电影《南征北战》就是写的莱芜战役，写的打运动战。打运动战好比耍龙灯，要过来要过去，在运动中吃掉敌人。莱芜战役的胜利，证明中央军委、毛主席关于运动战的英明指示和野战军首长的决断、指挥，是完全正确的。

高度集中兵力，是莱芜战役胜利的重要保证。莱芜战役前，毛主席就指示华野"务必集中五十个团于一个战场上作战"。在莱芜战役中，我军以两个纵队牵制阻击南线之敌，而以7个纵队的兵力围歼北线敌人两个多军，牢固地掌握了战役的主动权，保证战役取得完全胜利。但是，要高度集中兵力，必须解决一个思想问题，就是不怕打烂坛坛罐罐，不计一城一地的得失，敢于大踏步进退。解决这个问题，讲起来容易，做起来难哪。不仅在第二次国内革命战争时期存在过这个问题，解放战争初期也存在这个问题。临沂，是我们山东解放区的首府，说保卫临沂，情绪激昂；说放弃临沂，情绪不高，舍不得啊。敌人也认为临沂是我一定要保卫的战略要地，企图强迫我军在临沂作战。部队突然北上时，我们的许多干部战士思想不通，就是舍不得"坛坛罐罐"，舍不得流血牺牲得来的根据地。莱芜一打胜仗，彻底解决了这个思想问题。敌人占了临沂一座空城，我们却吃掉了敌人7

个师，进逼济南，控制了胶济线500里，将我山东鲁中、胶东、渤海三区连成一片，最后临沂又回到了我们手里。从此，毛主席的集中绝对优势兵力消灭敌人有生力量的战略方针，在干部战士的头脑里扎下了根，胜仗也越打越多越大。

大兵团运动战，遇到的困难是很多的。我们20多万大军挥师北上，粮食供应就是大问题。不但人要吃饭，马也要吃草料。可是沂蒙山区的山，大多是石头山，叫这个崮那个崮，山上不长草。马没有草吃怎么行？大炮弹药辎重走不了，仗怎么打？山东的人民群众真是好啊，为了我们打胜仗，他们做出了最大的牺牲，提出了"破家支前"的口号，把自家房顶上的草揭了，把草房拆了，用这些干草来喂马。那时正是数九寒天，天还下雪，部队不忍心，劝老乡不要拆，老乡们坚定地回答说："等你们打了胜仗再盖新的！"有这样的人民支援前线，我们还能不打胜仗吗！部队千军万马打到哪里，山东人民成千上万的支前小车也推到哪里。陈毅司令员说得好：战场上的胜利，不只是部队打出来的，也是山东人民用小车推出来的。

战场情况多变，大兵团打运动战，更是瞬息万变。莱芜战役情况变化之多之快，也是罕见的。这就要求多个参战部队具有坚强的整体观念，局部服从全局，为了全局的胜利，不惜付出任何代价，进行艰苦战斗。

我们主力急速北上时，虽然晚上行动，天亮宿营，竭力隐蔽保密，但这么多部队行动，三天之后也就保不住密了。陈诚判断错误，说什么我军"伤亡重大，不堪再战"，"开始总退却"，将"西窜"或"北渡黄河"，严令王耀武再占新泰，还要他继续进占蒙阴。原来我们为了迷惑敌人，除了在临沂前线留下少数部队节节阻击外，又在兖州以西的运河线上架设浮桥，伪装主力即将渡河西进，还在黄河沿岸大量收集船只，似乎也准备北渡黄河，使敌人作出了错误的判断。王耀武发现我军主力北上，畏惧北线李仙洲，集团遭我围歼，本已令李仙洲伸到新泰的一个军缩回，在陈诚一再严令下，不得不再命令李仙洲重占新泰。但王耀武对蒋介石、陈诚的命令也打了折扣，重占新泰后不再向蒙阴前进了。当敌人判明我军围歼李仙洲集团意图时，就迅速将新泰、颜庄等地的兵力全部收缩到莱芜，企图固守莱芜待援，或全力突围。

我军在向李仙洲集团进行分割包围运动时，由于对地形不熟和山区道路难走，担负切断颜庄与莱芜敌人之间联系任务的部队没有及时赶到，李仙洲趁机将颜庄、新泰的敌人先后收拢到莱芜，小小莱芜城区内外猬集了敌人两个多军4万多人。

对敌情的这一变化，我第一纵队开始时不知道，仍按照原定部署执行包围莱芜之敌的任务，按时发起攻击，夺取莱芜外围，占领有利地形，包围莱芜。可是，打了一天一夜，敌人拼命反扑，越打越多，发觉敌人兵力很强，抓来俘虏一问，才知敌人已几乎全部集中于莱芜城了。不巧，纵队同野司的通信联络一度中断。当野司一位参谋骑马火急赶来通报敌情的变化时，部队已全部展开。为了全局的胜利，我命令围城部队赶筑工事，坚决堵住敌人，不让敌人突围，准备苦战，打恶仗。

果然，敌人对第一纵队三个师的阵地，都拼命争夺，特别是第一师占领的莱芜城北的小洼和400高地，是敌人突围的主要口子，战斗十分激烈，部队以一当十，在小洼阵地上展开了白刃格斗，打得极为英勇顽强，使敌人未能得逞，我阵地岿然不动。就在这段时间里，我第八纵队和第九纵队在博山以南地区伏击，歼灭了南下增援莱芜的敌人一个师，我第十纵队和独立师攻占了锦阳关，切断了敌人退路，我第四纵队、第七纵队火速赶到了指定地域，我第二纵队也从临沂前线日夜兼程北上。第一纵队在连续三昼夜激战中，紧紧包围了莱芜之敌，为多兄弟纵队调整部署，最后共同歼灭李仙洲集团赢得了时间。

粟裕副司令员在1947年3月8日召开的高干会上作"莱芜战役初步总结"报告时，对第一纵队作了如下评价：在多纵队的配合上，第一纵队最吃力，在整个战役中起了决定作用，应算第一功。

华野第六纵队莱芜战役参战纪实

王必成[*]

1947年2月，华东野战军陈毅司令员、粟裕副司令员、谭震林副政治委员采取果断的措施，留一部分兵力伴装主力在南线与敌8个整编师纠缠，主力挥师北上，在鲁中莱芜一带举行了一次大规模的、出色的运动歼灭战——莱芜战役，全歼国民党军队7个师5.6万余人（连同南线和胶济线东段的配合作战，共歼敌7万余人）。其中，生俘济南第二绥靖区中将副司令官李仙洲以下官兵4万余人，收复城镇13座，控制胶济铁路200余公里，使华东战局发生了重大变化，对全国军事形势也产生了重大影响。

---

[*] 作者时任华东野战军第六纵队司令员兼政委。

这次战役中，我们华东野战军第六纵队由鲁南疾进鲁中，六夜行程400多华里，插敌腹背，断敌退路，与兄弟纵队密切协同作战，完成了华野赋予的艰巨而光荣的任务，取得了歼敌2.2万余人（其中俘虏2万余）的重大战绩。光阴荏苒，近40年过去了，但我军指战员那种驰骋疆场、奋勇杀敌的生动情景，至今仍历历在目，记忆犹新。

风雪夜，挥师北上鲁中

1947年1月鲁南战役期间，我们原华中野战军第六师，在完成第二次涟水保卫战的任务之后，开往鲁南郯城地区隐蔽集结，待机参战。鲁南战役胜利之后，奉命转移至临沂以西地区休整。在此期间，山东和华中两野战军统一整编为华东野战军。我们第六师改编为第六纵队，我任司令，江渭清任政委，皮定均任副司令，陈时夫任副政委兼主任，杜屏任参谋长。部队在整编的同时，进行了紧张的军政战备教育，以迎接新的战斗任务。

2月10日中午，我们接到华东野战军的紧急命令，基本内容是，敌人以其进攻山东解放区的23个整编师、53个旅中的11个整编师、29个旅的兵力，分南北两线来犯。南线之敌以8个整编师20个旅，分三路沿沂河、沭河北犯临沂；北线李仙洲集团3个军（同整编师）、9个师（同整编旅）由明水、淄川、博山南下莱芜、新泰、蒙阴，实施南北对进，企图于临沂地区与我华东野战军主力决战。野战军首长决心以一部兵力即第二、三纵队及鲁南军区第十师伴装主力，在临沂以南摆开决战阵势，节节阻击，以迷惑、迟滞南线敌人，诱北线之敌放胆南进；与此同时，秘密移动野战军主力第一、四、六、七、八纵队，会同北线我第九、十纵队，围歼李仙洲集团于新泰、莱芜地区，令我们第六纵队由现驻地出发，经费县以东、以北，穿过蒙山山区，务于16日前进至羊流店以北地区集结。暂留一个师在苍山、神山、傅庄以南地区阻击敌人，待第二纵队接防后随主力之后跟进。接到这项命令后，我和江渭清、皮定均、杜屏等同志一起分析了情况，一致认为，华野首长避强击弱、南堵北战的作战方针是十分明智而正确的。而部队不暴露企图，按时到达指定位置，又是实现华野首长决心歼灭北线敌人的先决条件。因此，我们必须采取一切措施，坚决完成北上行军的任务。从驻地到羊流店以北集结地域，行程有400多华里，在山路崎岖和我纵队初到山东对地形不熟的情况下，要在6个夜晚赶到，时间相当紧迫。时不可误，机不可失，我们当即决定将华野首长的命令迅速传达到部队，坚持执行。除留十八师暂时担任指定地区的防御外，其余部队全部轻装，当晚就从驻地出发了，边走边进行战斗动员和战斗准备，克服一切困难，务于2月16日前赶到指定位置。

2月10日黄昏，部队陆续出发，多路向北疾进。那时，沂蒙山区天寒地冻，冰封雪飘。战士们大多是南方人，对北方的气候、生活习惯一时不能完全适应，但为了消灭敌人，保卫解放区，在党委、支部的坚强领导和文工团的有力鼓动下，大家冒严寒，踏冰雪，饿了吃煎饼，渴了喝冷水，夜行晓宿，连续行军。鞋底磨穿了，就用破布包着脚走。有的战士脚上磨了很多血泡，也决不掉队，还风趣地说："沂蒙山区有七十二崮，我们脚底也有'七十二崮'。"战士们这种以苦为乐、勇往直前的精神令人十分感动。

一场大雪过后，一个晴朗的夜晚，我和江渭清同志并马而行，借着初上山峰的月光，举目眺望，只见一路路全副武装的解放军，一队队满载粮弹的小推车，一排排整齐的担架队，形成一股巨大的铁流，浩浩荡荡，向北奔驰。我们边走边谈论着：陈粟会合，相得益彰，挥军自如，连战皆捷。这次挥戈北上，兵力之强大，气势之雄伟，前所未有。看来，李仙洲集团是难逃被歼的命运了。

在我军向北运动的同时，山东各地群众在党和政府的领导下，形成了一个支援前线的新高潮。我们路过村镇时，亲眼看到男女老少齐动员，碾米磨面，做军鞋，摊煎饼。武工队和民兵小分队活跃在山区、村镇和交通线上，儿童团手拿红缨枪，站岗查路条，封锁消息。此情此景，全体指战员看在眼里，喜在心头，很受鼓舞，增添了战胜敌人的力量。

经过六夜的急行军，我纵队终于全部按时到达了羊流店以北地区。当地党组织和人民政府立即与我们取得了联系，向部队介绍了敌情、地形、民兵和支前组织等情况，并派来2000多民工支援我纵战斗，为我纵队顺利完成战斗任务提供了有利条件。

攻口镇，切断敌人退路

2月15日、18日，华野首长两次颁布的作战命令中指出：北线敌酋李仙洲率第七十三、四十六军及第十二军之新三十六师已进占莱芜、新泰、吐丝口（简称口镇）一带，野战军决心集中8个纵队（增调第二纵队率两个师参战）将该敌全歼于莱芜地区。命令我们第六纵队并指挥鲁中军区警四团，全力攻歼口镇和青石桥之敌新三十六师师部及其所属两个团，切断莱芜之敌的退路，并准备配合第十纵队打击由明水来援之敌，战役定于2月20日晚发起。

我们接到命令后，十分振奋。随即组织了现地侦察，接着在纵队指挥所召开了有各师师长、政委参加的作战会议，分析了地形和敌情，下定了决心，明确了各师的任务。口镇长3里，宽2里多，面积比莱芜城还大。它处于明水、博山通往莱芜的"丫"字形公路交叉点的中央，为胶济线之敌出入鲁中的咽喉。李仙洲集团的军用物资仓库设置在这里，储有上百吨弹药及数十万斤粮食。我若攻克口镇，便分割了敌之南北联系，既能堵歼莱芜向北突围之敌，又能阻击明水来援之敌。驻守口镇附近之敌第十二军新编第三十六师，原系伪军，曾长期担任守备任务。被国民党整编后，更新了装备，粮弹充足，又吸收了一批极端反动的还乡团，比较顽固狡猾，其兵力部署是：师部率第一〇八团、辎重营及炮兵部队驻守口镇，第一〇六团驻口镇以北约7公里之青石桥，第一〇七团驻口镇以北约20公里的上游庄，其中口镇是该师守备的重点。我们清醒地认识到，口镇的得失，关系全局，是敌我必争之地，我军将面临一次艰巨的攻坚战斗。为此，我们决心以第十六师和第十八师两个团，采取偷袭和强攻相结合的手段，坚决攻占口镇。以第十七师并指挥警四团，插入口镇以北，主力警戒青石桥之敌，一部配合第十六师、第十八师攻歼口镇之敌。战斗定于20日20时发起，会后各师进行了紧张的战前准备工作。

第一次攻击是2月20日晚。夜幕降临之后，担任主攻的第十六师，隐蔽地进入了口镇西南的攻击出发阵地。20时许，北风凛冽，寒气袭人，四野一片漆黑。第四十八团突击连在向导带领下，由田家庄出发，沿着一条深约2米的水沟向口镇秘密运动，在逼近外壕时，被敌哨兵发觉，说时迟，那时快，敌喊叫口令声未落，即被我猛冲上去的战士击毙倒地，部队便一拥而上，搭人梯抢占了圩墙，不到10分钟我突击连就控制了数十米长的突破口。守敌被这突如其来的袭击搞得蒙头转向，不知所措，纷纷向后退缩。40分钟后，我第四十八团全部突入，并乘胜扩张战果。守敌拼命顽抗，并以约一个连的兵力在密集炮火支援下向我反扑。第四十八团先以猛烈炮火打击敌人，接着步兵勇猛出击，将敌一个连全部歼灭，俘虏10余人，巩固了既得阵地。与此同时，第四十七团采用迂回战术，以一部兵力监视当面敌人，主力由西南方向突入圩墙，打通了与第四十八团的联系，两个团并肩突击，几个小时后，第十六师便控制了口镇街区的大半，取得了初战的胜利。第十八师则因后续部队延误了时间，迟至23时才开始攻击，且当夜攻击受阻，没有得手。拂晓，敌炮兵和飞机对我军进行疯狂的火力袭击和轰炸扫射，妄图将我攻击部队消灭在阵地上。我们认为阵地上的部队太多，容易遭受敌火杀伤，遂令第十六师暂停攻击，留一部分兵力控制已占阵地，将主力撤出，整顿战斗组织，准备再战。

2月21日夜间进行了第二次攻击，为了查清敌情和组织当晚的总攻，我带领几个参谋到口镇与部队指挥员一起研究了地形和敌情，并作了具体的战斗部署。敌人的主阵地为环绕口镇的石砌围墙，高约3米，长达10余华里，并筑有工事。圩墙之外是深达2米、宽约3米筑有暗堡的外壕,外壕外侧还设置一道鹿寨。镇内多系石墙瓦顶房屋,大小街巷均构筑了街垒和暗堡。敌师指挥所设在镇东北角核心阵地内之高等师范学堂(即关帝庙)。这里有密集的地堡群,以地道相连接。这证明敌人准备在此凭坚固守顽抗。将敌情搞清楚之后,我和纵队几位领导同志一起作了分析研究。大家都认为,对付这种有多层坚固防御工事的敌人,必须轮番使用兵力,在巷战中大胆实施穿插分割,运用灵活的战术,组织连续突击,不给敌人以片刻喘息的机会,一鼓作气将敌人歼灭。于是,决心集中第十六师、十八师共6个团的兵力于当夜歼灭口镇之敌。

当日16时,第十八师第五十三团由南门第十六师部队的突破口进入,沿南圩墙向东门攻击前进,将第五十二团迎入,经过5个钟头的激战,至夜21时攻占了小东门。此时,第十六师3个团由西向东并肩突击。敌人凭借既设阵地,拼死抵抗。我攻击部队与敌逐屋、逐街争夺。我占领房顶,敌人即在房内向房顶打枪;我在墙上挖洞前进,敌人即以密集火力封锁,并以燃烧弹焚烧房屋,不让我部队有掩身之地。我指战员们冒着熊熊烈火,前仆后继,英勇拼杀,先后攻占了小东门至北门以西的全部街区,控制了口镇全部街区的三分之二,将敌人压缩到东北一隅。但这时我军伤亡较大,进展缓慢,激战到22日黎明,被阻于大柳巷以西,与敌处于相对峙的状态,我们当即决定白天停止攻击,再次调整组织,研究战法,鼓舞士气,准备当晚再战。

歼援敌，智取青石桥

我纵第十七师智歼援敌一个团，乘虚占领青石桥的战斗，是莱芜战役大合唱中一支精彩的插曲。

20日晚上，敌我在口镇、莱芜地区的鏖战进入高潮，李仙洲集团已被我各路大军四面包围，插翅难逃，陷于全军覆灭的绝境。这时，在口镇被我纵打得焦头烂额的敌三十六师师长曹振铎，惊恐万状，接连两次发电报向李仙洲呼救。可是李仙洲集团主力和他本人被围于莱芜，也是四面楚歌，自顾不暇，哪有力量解口镇之危？曹振铎无可奈何，只好令驻守青石桥的一〇六团向口镇靠拢，企图合兵一处，增强口镇的防御力量。可是曹振铎万万没有想到，他与李仙洲来往的电报内容和他向青石桥守敌下达的命令，全被我军截获，其第一〇六团的命运已操在我军手中。

在我纵主力攻击口镇的同时，第十七师及加强该师的鲁中军区警四团、纵队特务团一营，已按预定作战方案，插入青石桥与口镇之间，切断了青石桥与口镇之敌的联系，并随时准备歼灭青石桥的守敌。第十七师为了准确掌握敌人的动向，又派出侦察人员装扮成卖柴农民，骗过敌人戒备森严的岗哨，潜入青石桥，对地形、敌情进行了周密的侦察，进一步证明敌第一〇六团确有窜往口镇的意图。

为了保障我攻击口镇部队翼侧的安全，歼灭由青石桥南窜之敌第一〇六团，第十七师决心在青石桥以南设一带形阵地，待该敌脱离青石桥之后，在运动中将其一举歼灭，并乘势占领青石桥。他们随即明确了各团的任务：以第四十九团秘密占领青石桥西南之三山庄、文凤山。待青石桥之敌向口镇行进时，从其右翼攻击；以第五十一团及纵队特务团一营，埋伏青石桥与口镇之间的下水河两侧和青石桥东南的月庄湾、塔山头一带，待青石桥之敌南窜时，从正面和左翼发起猛攻。另以警四团占领青石桥以北一公里之狼山和以东约二公里之谷堆山，如敌北逃，则坚决予以迎头堵击；如敌南窜，则伺机抄后路袭占青石桥，防敌回窜。20日夜，各团趁夜暗行动，分别进至预定位置。构筑工事，隐蔽待机。21日拂晓，我第五十一团发现了青石桥与口镇之敌的电话线，即派通信人员挂上单机监听敌人通话内容。不一会儿，口镇守敌给青石桥守敌打电话，哀叫口镇吃紧，情况危殆，要第一〇六团立即向口镇靠拢。我军得此消息后，觉得良好的战机就在眼前，群情异常振奋，很快完成了一切战斗准备，严阵以待，随时准备收紧已经撒下的罗网。

愚蠢的敌人还自作聪明，要了个声东击西的把戏。21日7时许，青石桥守敌出动一个营的兵力，摆开阵势，5次猛攻青石桥以北之梁山。敌这一行动，除相机解除我军对其侧背的威胁外，主要是做出全团向北突围的假象，妄想以假乱真，骗我上当。其实，敌人这种掩耳盗铃的拙劣行动，早已被我识破，丝毫没有影响我们的决心。我主力部署不变，仅以警四团将其击回。敌此计不成，又于13时以一个营兵力向青石桥以南之三山庄以北无名高地进攻，企图掩护其主力抢占枣园，夺路南窜口镇，第十七师各团求战心切，未等敌全部离开青石桥，即对其先头部队出击，这时敌因有青石桥为依托，又见我兵力强大，即慌忙缩回青石桥，我未能扩张战果，仅歼敌百余人。

当天下午，我们为尽快解决青石桥之敌，以便转用兵力，加强攻击口镇的力量，遂令第十七师于20时开始强攻青石桥。黄昏后，我攻击口镇的枪炮声响成一片，这时青石桥之敌自感孤木难支，准备趁夜暗在口镇战斗空前激烈之时，南窜口镇。19时，敌在我第十七师攻击青石桥之前一小时，开始分两路南窜。我第十七师及时查明了敌情，改变了决心，调整了部署，确定歼敌于运动之中。他们接受了上午打得过早使敌缩回的教训，便谨严地掌握战机：敌人不全部离开青石桥不打，未进入我口袋阵地不打；不打则已，打必全歼。当敌第一〇六团先头部队进至枣园，后尾脱离青石桥之后，遂令各部迅速出击。第四十九团一营首先从北面冲上公路，切断了敌人的退路，向敌侧后攻击。该团第二、第三营从敌之右翼，特务团一营从敌之左翼，第五十一团从敌之正面同时冲向敌人，一下子打乱了敌人的部署，将其四面包围，各部队乃趁势对敌实施向心攻击，大胆揳入敌阵，发挥了我军近战夜战的特长，很快把敌人分割成数小块，仅30分钟激战，我第十七师即将敌第一〇六团一网打尽。警四团在战斗打响之后，由北向南，乘虚而入，不响一枪占领了青石桥，至此，援军被歼，退路切断，口镇守敌遂陷欲逃无路，欲战无力的困境。

设伏兵，堵歼莱芜逃敌

22日中午，从华野发下的紧急通令中得知，李仙洲率第七十三军、第四十六军共5个师，企图放弃莱芜向北突围逃窜，令我纵队在攻击口镇的同时，派出一部兵力在口镇以南堵击敌人，协同兄弟部队将突围之敌全部围歼于运动之中，不使一个漏网。纵队几位领导同志立即分析了当前战场上的具体情况，大家认为，我纵队既要攻克口镇，又要堵击莱芜突围之敌，任务十分艰巨，战场形势的急剧变化，对我们纵队是非常严峻的考验。我们一定要从全局着眼，克服一切困难，不惜任何代价，坚决完成华野首长给予我们的歼敌任务。为此，我们决定调第十八师于当日下午进至口镇以南，选择有利地形布置钳形阵地，隐蔽埋伏，堵击莱芜北窜之敌。第十六师、第十七师于黄昏后继续攻击口镇，当夜解决残敌，并随时准备参加围歼莱芜北窜之敌的战斗。

第十八师受领任务后，首先勘察了地形。口镇与莱芜相距15公里，有两条间隔二至三公里的平行公路相连接，两条公路之间地形低洼，泥土松软；公路以东多为断绝地，部队行动困难；公路以西地形平坦，村庄较多，有一条蜿蜒曲折的小河，从东北向西南横穿两条公路而过，河堤可构筑阻击阵地。第十八师决心以一部兵力在港里一线正面，主力在公路两侧，构成钳形阵地，坚决堵歼莱芜北窜之敌，以第五十四团在张家庄、崔家庄、毛子庄一线占领阵地，并派出小分队到张家洼担任警戒；以第五十三团在山头店、郭家镇、李家镇一线占领阵地；以第五十二团集结于港里、周家高庄地区，为师预备队，担任正面出击。在我们批准该师的这个决心和部署后，部队按时到达指定位置，立即构筑工事，补充粮弹，进行伪装和战斗动员。至16时，完成了各项战斗准备。

在第十八师完成阻击部署的同时，第十六师、第十七师也完成了攻击口镇的战斗准备。17时许，在我对口镇发起总攻之前，敌集中高射炮对我攻击部队进行了猛烈的火力反击，部队遭受伤亡。于是又一次整顿了战斗组织，将总攻时间推迟至21时开始。第十七师由西、西北向南攻击，第十六师以两个团由西南向东北攻击，特务团一营在东北角佯攻。当夜，战斗空前激烈。第十六师的两个团分别由东大街南段及小东街阵地全力向东北攻击，连续夺占几栋房屋，当进至刘沟胡同时，丧心病狂的敌人，竟向我军占领的房屋发射大量的燃烧弹和照明弹。顿时，浓烟滚滚，烈焰冲天，火舌漫卷，好几条街成了一片火海。部队冒着熊熊烈火，不顾一切，继续奋勇攻击，与敌激战于刘沟胡同以南地区。第十七师投入战斗后，采用爆破、火力、突击相结合的战术，向敌连续发动了数次凌厉的攻势。接连攻占了四条街巷和一个弹药库，缴获了大量的迫击炮弹和手榴弹。该师越攻越猛，残敌不支，退至师指挥所盘踞的核心阵地关帝庙内，凭借坚固的院墙负隅顽抗。这时，该师师、团领导干部亲临第一线，组织指挥对关帝庙守敌的突击。我爆破组在轻重机枪火力的掩护下，将敌人院墙炸开一个约2丈长的缺口，我突击队趁爆炸的烟雾冲进突破口，与敌展开了逐屋的争夺战。

　　第十八师指战员于口镇彻夜激战的枪炮声中，在阻击阵地上度过了寒冷的夜晚，时刻警惕地注视着莱芜方向敌人的行动。23日刚亮，飞机的嗡嗡声由远而近，20多架敌机在口镇至莱芜之间疯狂扫射，十几个村庄被烈火浓烟笼罩着。与此同时，莱芜方向也传来了密集的枪炮声，种种迹象表明，敌人已经开始向北逃窜了。我们遂令第十八师严密注视敌情，做好准备，严阵以待。不久，野战军通报，莱芜李仙洲集团已开始突围逃命。敌兵分两路，第七十三军在左，第四十六军在右，李总部和辎重车辆居中，在飞机和炮火掩护下，并列向北突进。我第一、七纵队在左，第四、八纵队在右，以及刚赶到加入战斗之第二纵队，正在勇猛侧击追击敌人中。10时许，敌先头部队进至我第十八师阻击阵地前沿，指挥员高喊一声"打！"各种枪炮一齐开火，炮弹、子弹、手榴弹铺天盖地飞向敌人。敌先头部队遭此突然打击，惊慌失措，纷纷后退。这时李仙洲忙调后续部队，以汽车开路，步兵紧相跟随，在其指挥官的威逼下，潮水般地向我涌来。我即以密集火力猛烈射击，连续打退了敌人的多次集团冲锋。敌因屡攻不下，损失惨重，丢下一大片一大片伤兵、尸体和车辆仓皇回缩。12时，我第一、七、四、八纵队以排山倒海之势，从东西南三面冲向敌阵，在我第十八师迎头痛击下，敌人5个师被压缩在东西五六里，南北四五里的狭窄地带内。这时，敌人像堕入陷阱的老虎，乱窜乱撞，企图打开前进的大门，夺路向北逃窜。敌人为了掩护大部队的突围，不但以大批飞机对我军阵地疯狂扫射轰炸，而且从纵深调来炮兵向我进行猛烈轰击，我军阻击阵地一时炮弹呼啸，火光闪烁，硝烟弥漫。敌人则趁机逼令他们的后续部队再次向我发起更大更凶猛的集团冲击。面对拼死挣扎的敌人，我们命令火线上的战斗部队不惜一切代价，坚决顶住敌人。第五十三团和第五十四团，依托公路两侧高地，把各种火力发扬到最大限度，炮弹、子弹、手榴弹像暴风骤雨般地倾入敌群，敌人上来一批消灭一批，来多少消灭多少；不一会儿，阵地前边积满了敌尸，有的地方叠了六七层。敌第七十三军军长韩浚率1000多人，从第五十三团和第五十四团的结合部小洼村冲开一个口子，正向东北夺路逃窜。我第十八师副师长罗桂华立即带领第五十四团一个营猛扑过去，以猛烈的火力消灭了一批敌人，封闭了被敌人冲开的缺口。这时，在合围圈中之敌已失去指挥，建制更加混乱，人马互相践踏，车辆拥挤不堪。我们见到最后歼击敌人的时机已到，便急令第十八师马上转守为攻，全线出击，各团乃以营、连为单位，猛烈冲击，揳入敌群。与此同时，我各兄弟纵队也以雷霆万钧之力冲入敌群，附近十几个县的民兵也随部队之后，浩浩荡荡进入战场。至此，敌人便完全陷入人民战争的汪洋大海之中。当时，战场上的炮弹爆炸声、机枪扫射声、敌机轰鸣声和冲杀声汇成一片。敌我犬牙交错，分不清两军界限。天上敌机的炸弹无处投，机枪无处打，眼看着其地面军队被消灭，只得在上空乱转，发出阵阵哀鸣。敌人在我军强大攻势与火线上的政治瓦解之下，有的被歼灭，有的举手投降。第五十四团骑兵通信员吴成良，见一股敌人企图逃窜，不失时机地拍马冲入敌群，大吼一声"缴枪不杀"！吓得300多名敌人魂飞魄散，乖乖地当了俘虏。第五十三团九连一班战士邓江海见敌一军官乘马落荒而逃，端起枪来，"叭"的一声，将敌人击落马下。受了伤的敌军官见我军只有一人，便掏出一支金光闪闪的钢笔送给小邓，企图买得小邓放他一条逃路，当即被小邓严词拒绝，并把他押送到俘虏营。原来他是一个少将师长。激战持续至17时许，枪声渐渐平息，除敌第七十三军军长带少数残敌窜至口镇，会合该地守敌逃至青石关被我第九纵队歼灭外，余敌悉数被歼。历时三昼夜的莱芜战役胜利结束。

莱芜战役的光辉胜利，是毛泽东军事思想的伟大胜利，是中央军委华野陈、粟、谭诸首长正确指挥和华东军民浴血奋战的结果。莱芜大捷前，华东野战军首长面对优势敌人的南北两面夹击，沉着多思，韬略运用自如，采取南避强敌，北击孤军的方针，以南线临沂等几座空城，换取了北线歼敌数万的胜利，给敌人在华东全面进攻的战略以毁灭性的打击。在战役过程中，尤能纵观全局，因势利导，创造和捕捉战机，牢牢掌握战场主动权。我纵队在战役过程中，由于未能按时全部攻歼口镇之敌，当时我们非常担心影响整个战役的胜利。然而，随着战场情况的演变，坏事竟变成了好事，促使敌人把口镇作为他突围逃窜的跳板，下定放弃莱芜，会合口镇之敌继续向北突围的决心。野战军首长将计就计，改变作战计划，对莱芜之敌实施围而不合，放开一面，纵敌北突，把对凭坚防御之敌的进攻，变成对运动之敌的进攻。这样，不仅缩短了战役时间，而且以较小的代价换取了重大的胜利。李仙洲集团全军覆灭之日，也是蒋介石对华东解放区全面进攻寿终正寝之时，对国民党统治集团是个极其沉痛的打击。当时任济南第二绥靖区中将司令官的王耀武曾哀叹说："莱芜战役，损失惨重，百年教训，刻骨铭心。"负责指挥华东战场作战的徐州绥靖公署主任薛岳，也被蒋介石撤了职。这一胜利，一方面进一步坚定了我解放区军民内线歼敌的胜利信心，壮大了华东我军的力量，提高了大兵团协同作战的能力，为取得尔后更大的胜利创造了条件；另一方面也加深了国民党的政治、经济、军事危机，使其不得不孤注一掷，把对解放区的全面进攻改为重点进攻。

（1986年5月）

我参加莱芜战役

王　德*

　　自1946年11月的宿北战役和1947年的鲁南战役之后，国民党军虽然连续遭受我华东野战军的重大打击，但并不甘心失败，仍依仗其兵力优势，妄图消灭我军主力或者压迫我军退到黄河以北，全部占领我华东解放区。

　　为实现其狂妄野心，国民党军制定了以攻占临沂为目标，以徐州、济南为基地，集中31万多人，组织南北夹击，逼迫我军主力决战的所谓"鲁南会战"计划：在南线集中了由欧震指挥的包括国民党军嫡系主力的第十一、七十四、二十五等8个整编师、25个旅（师）为

---

　　* 作者时任华东野战军司令部参谋处副处长。

主要突击集团，以陇海路为依托，从台儿庄、新安镇、城头一线分三路向临沂进攻；北线由李仙洲指挥第四十六、七十三、七十二等9个师（旅）为辅助集团，以胶济路为依托，由淄川、博山、明水经莱芜、新泰南犯，企图乘虚进占蒙阴，配合南线之敌进攻临沂。此外还从冀南、豫北战场抽调王敬久兵团4个整编师，集结于鲁西南地区待机。并派参谋总长陈诚坐镇徐州，亲自督战，声称："党国成败，全看鲁南一役，只许成功，不许失败。"在这种形势下，惯于投机取巧，曾于1946年1月被迫起义的郝鹏举，于1月27日率部叛变，被蒋介石改编为第四十二集团军，摆在新安镇、海州之间的白塔埠、房山街地区，担负掩护其进攻临沂主力右翼安全的任务。一时战云密布，充满杀机！

这时，我华东地区党、政、军、民，正在庆祝鲁南战役胜利，民心振奋，士气高昂；同时，更加警惕地注视着敌军动向。我华东全军，正在陈毅等同志的领导下，遵照中央军委指示，利用战役间隙，抓紧时机，统一整编，把原来华中和山东两个野战军的机关合编为华东野战军领导指挥机关，把原来华中和山东两个野战军所属部队，统一整编为10个纵队。为了统一干部思想，总结7个月来的作战经验，进一步动员大家迎接更大规模的战斗，华东野战军于1月下旬，在临沂附近召开了鲁南会议。这是在华野建军史上一次十分重要的会议。会上，陈毅同志代表前委作了《一面打仗，一面建设》的报告。他说，最近，我们军区副参谋长袁仲贤同志提了个建议：我们的部队应该一面打仗，一面建设，使作战和建军更加紧密地结合起来。这个意见很好。鉴于作战是长期性的，我们就必须在连续战斗中进行军队建设，要以战养战，以战教战。军队建设的目的，首先就是要打胜仗，不断争取战斗的胜利。要以作战的要求来指导部队建设。我们部队的各项工作，都要经得起战争的检验，要在战争中锻炼、成长、壮大和发展，这是已为我军历史所证明了的。接着，陈毅同志针对两个军区机关和两个野战军部队刚刚合编的情况作了具体要求，他强调要搞好军队内部和军队与地方之间的团结，密切官兵关系、军民关系和军政关系，要严格组织纪律，要各级领导以身作则，做加强团结和执行纪律的模范。还要求部队不断总结作战经验，加强战术技术训练，提高军事指挥艺术和战斗能力。要打一仗，进一步。在谈到我军面临敌军大举进攻的严重形势，必须有足够的思想准备时，他又激动又风趣地说："根据过去7个月以来的作战经验，无非是'打了胜仗开庆祝会，打了败仗开检讨会，打死了就开追悼会。'"以此表示同敌人决战决胜的决心，并动员全军以实际行动，争取即将到来的更大规模的胜利。会后，陈毅同志还写了《决胜之歌》，请人谱写了曲子，在部队中传唱。歌词的内容是："同志们，战斗吧！自卫战争决胜的时刻来到了，把华东变成敌人的坟墓。让敌人的进攻，像蒙山的雪，沂河的水，迎风消解，化为尘土。让我们以空前的歼灭战，欢庆胜利的新春，向着即将诞生的新中国，红旗报捷，狂歌献舞！"

就在这时，党中央、中央军委和毛主席统观全国战局，向全军提出了必须在今后几个月中再歼国民党军40—50个旅的作战任务；要求华东我军在一个半至两个月内，再歼敌10个旅左右，以配合其他战场的反攻，并为自己转入战略反攻创造条件。

为了寻求比较有利而又可行的作战方案，他不仅经常与他的得力助手粟裕、谭震林、张云逸、黎玉诸同志交换意见，还经常到作战室直接询问、启发、听取参谋人员的想法和建议，并召集各纵队首长来临沂附近的一个村庄开会，以便更充分地发扬民主，集思广益。会上，首先让我简要汇报了一下敌情，随即由粟裕副司令员提出作战设想和方案，而后动员与会人员展开讨论。就如何保卫临沂和万一因作战需要放弃临沂这一中心问题展开了热烈的讨论。陈毅同志针对大家所提问题，根据中央军委、毛主席的作战指导方针，全面地进行了分析，他说："鉴于临沂是我华东党政军机关的所在地，如轻易放弃，将对地方和群众产生不利影响。为此，应力求在临沂以南地区集中兵力，逐次歼灭进攻之敌。这是上策。"他把话语一转接着又说："但是临沂已经成为这次敌人进攻的主要目标，是敌人组织'鲁南会战'中南北夹击的中心。敌军必以全力来攻夺，而我们的作战指导方针，是以歼敌有生力量为主。从目前敌我力量对比来看，尚不利于采取坚守防御的方针，为此，我之作战行动不宜局限于临沂一地。相反，如敌占领临沂之后，必将分散兵力，这样可为我们创造各个歼敌的战机。因此，应视情况发展，有计划地诱敌于临沂以北地区为第二方案。"他略微停顿了一下，又接着说："鉴于敌正集中主力从南线进攻临沂，同时又命李仙洲集团从胶济线南下配合，如果敌乘虚冒险深入我沂蒙腹地，既威胁我之后方安全，同时又将为我创造战机，如我能乘机再向胶济线扩张战果，则可打通我鲁中、渤海、胶东三个地区的联系，巩固我战略后方，尔后对大举南下歼敌，又非常有利，应作为第三方案。"这时，他提高了嗓门："不论采取哪个方案，临沂地区将成为战场，机关、群众和后方应马上进行疏散转移。"陈毅同志讲完后，一再问大家还有没有不同意见，大家一致表示同意。陈毅同志要求大家按会议精神，从各方面进行准备，同时报请中央军委批示。

1月31日，徐州以东陇海路之敌开始北犯。由于接受宿北、鲁南战役被我分割歼灭的教训，这次采取了"集中兵力、稳扎稳打、齐头并进、避免突出"的战法，直到2月3日才进到重坊、郯城、桃林一线，平均每日前进6公里左右。陈毅同志等首长商议决定，让我们告诉正面阻击部队，要加强工事，组织顽强抗击，同时通知沂河以西和沭河以东部队，适当放松对敌人的抗击，诱使敌人放胆前进，以便寻机歼其突出一路。但终因敌人采取乌龟爬行的战术，致我难以寻找战机。

此时，李仙洲集团已从胶济路南犯，其先头部队于2月4日到达莱芜。毛主席又电示陈毅、粟裕和谭震林同志："敌愈深入愈好……并准备必要时放弃临沂，则我必能胜利。"

为严惩叛逆郝鹏举，并借以调动敌人增援，创造歼敌战机，陈毅司令员第二纵队以奔袭战术，歼灭郝部。但当我军于2月6、7日全歼郝部后，南面敌人立即向后缩，而北面李仙洲集团又于8日进占新泰。这时，军委、毛主席电示陈毅同志：同意华野集中主力北上歼敌的方案。陈毅同志接电后，立即与粟裕、谭震林同志商定：迅速调整部署。以佯攻迷惑敌人，隐匿我主力北上作战的行动意图。具体部署是：1. 位于临沂东南和西南地区的第二、三纵队，由陈士榘参谋长指挥，实行宽正面的防御，并以小部队伪装全军，组织节节抗击，尽力迟滞、消耗敌人，不使敌人过早进占临沂；2. 主力第一、四、六、七等四个纵队隐蔽北上，会同已由胶济线南下和位于泰安西南地区的第八、九、十等三个纵队，共歼李仙洲集团；3. 以地方武装进逼兖州，在运河上架桥，造成我将西渡黄河的假象；4. 通知北上各纵队，一定要严守组织纪律，尽快从前线隐蔽撤出，同时尽量利用山间小路夜间行军，缩小目标以免暴露。

2月10日晚，我军主力分三路隐蔽北上，预定16日到达莱芜地区集结。陈毅、粟裕、谭震林等首长的预定歼敌决心是：首先集中主力歼灭位于第二线、进出莱芜南北地区的王耀武嫡系七十三军及李仙洲总部，尔后再歼灭先头挺进新泰的四十六军（这个部队系广西军，非王耀武嫡系，且与我们有些联系，可以暂时先采取麻痹方针）。并对各纵任务作了概略区分，同时，要各纵经常保持电台联络，报告敌情变化和部队到达位置，随时准备接受任务。各邻近纵队之间，也要相互沟通联络，以便协作。这样就使华野司令部的组织指挥有了保证，由于这次部署变化比较突然，开始时不少同志不大理解，但通过苏中、宿北、鲁南等战役实践，广大指战员和山东人民群众，对毛主席诱敌深入打运动战歼敌的思想，有了切身的体会，对陈毅司令员、粟裕副司令员、谭震林副政委的正确指挥，已经深信不疑。各部队坚决贯彻，认真执行。在开进途中，采取了边布置、边动员、边准备的方法，利用一切时机，召开干部会和连队各种会议，传达陈毅同志北上作战的部署。野战军政治部也遵照陈毅同志的指示，在部队中开展杀敌立功和团结互助运动，从而进一步以毛主席的运动战思想教育全军，使全体指战员都明确走路和打仗的关系，理解放弃临沂北上歼敌的重大意义。因此，部队情绪十分高涨，虽冒着严寒，却日行百里，各项保障工作也能迅速跟上。山东支前委员会也根据陈毅同志的指示，及时采取有效措施，广大群众掀起了支前热潮，基本上保证了部队长途行军的各种供应。鲁中的地方武装、民兵，在胶济路之敌南犯时，广泛开展了游击战和政治攻势，日夜袭扰敌人，迫使敌人抽调一个军的兵力维护交通；当我主力北上时，又积极协助侦察敌情，封锁消息，保证了部队的隐蔽开进。

我主力北上以后，南线之敌于15日进占临沂。虽只占了一座空城，却大肆吹嘘"胜利"，宣称"在临沂外围歼共军16个旅"。在济南的王耀武，却从空中侦察中发现了我军的行动，因此，对进占临沂的"捷报"发生怀疑，判断我们可能放弃临沂，北上作战，因而于16日令李仙洲集团迅速后缩至莱芜、颜庄地区，而蒋介石、陈诚却对其部属的荒唐战报信以为真，又侦悉我在运河架桥，有西渡模样，即判断我"似将在东阿、范县间渡黄河"。遂严令李仙洲率部再度南进，确保新泰、莱芜，并派部队向蒙阴、大汶口侧击我军，同时令第十一师、六十四师等西开临城，沿津浦路北上，兜堵我军。

当李仙洲集团收缩时，有的部队首长怕敌人跑掉，曾建议立即截击。陈毅司令员和粟裕、谭震林同志以"放长线，钓大鱼"的战略战术，坚持在主力未完成集结前不惊动敌人，当李仙洲集团再度南犯至新泰附近时，我军迅速向莱芜东西地区进逼。19日，我主力已对敌形成包围态势。这时，敌军才最后判明我之真实动向，又令李仙洲迅速向莱芜收缩，并令第七十三军之第七十七师从博山南下归建，但为时已晚，针对敌军收缩情况，陈毅司令员、粟裕、谭震林同志确定了如下攻击部署：以第八（欠一个师）、九纵队主力于博山、莱芜间伏击第七十七师；以第六纵队攻歼吐丝口及其以北之新三十六师，切断敌之退路；以第十纵队并指挥独立师攻占锦阳关，阻击可能由明水南援之敌；以第一（附第八纵队一个师）、四、七纵队攻歼莱芜、颜庄地区之敌；另从南线抽调第二纵队主力北上为预备队。

20日清晨，敌七十七师由博山南下，午后到达莱芜东北之和庄地区，我预先设伏的两个纵队主力，突然发起攻击，至21日拂晓全歼该敌，首战告捷。接着，我军主力于20日晚发起全线进攻，至21日晨，占领莱芜城以西、以北各要点，并包围了敌人粮弹囤积点吐丝口，同时攻占了锦阳关，但尚未能切断第四十六军与七十三军的联系。22日上午第四十六军缩进莱芜城。敌两个军猬集莱芜，城小人多，军心慌乱，李仙洲彷徨无策，不知所措。王耀武令李仙洲率部迅速突围，退守济南和胶济路。我军及时查明了这一动向，即在莱芜与吐丝口间布成袋形阵势。这时，有的部队首长曾提出不要等敌人全部撤出莱芜城再出击的意见，陈毅、粟裕、谭震林同志则认为，如过早出击，已经出城的敌人可能再回去守城，这样就增大了我军攻城困难，决心等待敌军后尾脱离莱芜城以后再聚歼。

23日晨，敌人开始北撤，先头部队在吐丝口以南遭我正面阻击部队顽强抗击，前进受阻。中午时分，敌后尾脱离莱芜，我立即抢占该城，断其后路，敌军陷于进退两难的窘境，人马车辆挤成一团。正在这时，同中国共产党有着长期联系的第四十六军军长韩练成，在陈毅同志委派的敌工干部协助下，放弃指挥。担负突击的各纵队趁势从四面八方向敌猛攻，指战员不顾天空中敌军飞机的轰炸扫射，也不顾地面上部分敌人据险顽抗，以排山倒海之势，勇猛冲杀，敌人一批批一群群地纷纷投降。下午5时，战斗结束，李仙洲为我生俘，七十三军军长韩浚率千余人窜入吐丝口，伙同新三十六师残部向博山方面逃窜，被我青石关部队全歼，韩浚也被生俘。王耀武得悉李仙洲集团全军覆没，当晚即令胶济路西段各部窜回济南。我乘胜解放了胶济路西段十几座城镇，控制铁路200余公里。

莱芜战役，我军以临沂一座空城和几千人伤亡的代价，用短短三昼夜，歼灭敌一个绥靖区指挥所、两个军部、7个师，共毙伤俘敌5.6万余人，连同阻击部队及地方武装歼敌总数，共达7万余人。这一胜利，粉碎了敌人"鲁南会战"的计划，严重打击了敌军的嚣张气焰，进一步加深了敌人内部的矛盾和混乱，徐州绥署主任薛岳被撤职，王耀武哀呼"莱芜战役损失惨重，百年教训，刻骨铭心"，敌高级将领互相埋怨。而我军则俘获了大量人员、装备，并使我渤海、鲁中、胶东三大战略区连成一片。

这次战役胜利后，陈毅和粟裕等同志进行了战役总结。这次战役的胜利是在中央军委、毛主席直接领导下，晋冀鲁豫野战军有力配合、华东各战场积极协同下取得的。这是毛主席以歼敌有生力量为主，诱敌深入，集中兵力各个歼灭敌人，打运动战、速决战指导思想的胜利；是全军指战员团结一致，密切协同，克服各种困难，英勇作战的结果；是充分利用敌人内部矛盾，积极开展政治攻势，正确执行瓦解敌军政策的结果；也是野战军、地方军、民兵紧密配合，后方大力支援前方，依靠解放区的优越条件，发挥人民战争整体威力的结果。

在"一切为了前线胜利"的口号鼓舞下，支援前线的民工达60万人，特别是鲁中地区的党政民，为我军几十万人解决了粮草供应的问题，保证了战役的胜利。

在战役结束以后，陈毅同志同前线记者畅谈鲁中大捷的意义时，赋诗赞颂：

> 莱芜淄博战血红，
> 我军又猎齐鲁东，
> 百千万众捉狼虎，
> 七十二崮志伟功。
> 泰山霁雪照旌旗，
> 渤海波翻唱大风，
> 堪笑豪帅面缚日，
> 叩头请罪骂蒋凶。[①]

补充回忆——南线阻击战情况片段

在莱芜战役的组织准备和实施过程中，为了保证我集中主力歼灭李仙洲集团于莱芜地区，陈毅司令员和粟裕副司令员、谭震林副政委除亲自组织指挥北线集团的歼敌作战外，对南线作战也做了妥善安排。记得陈毅司令员最后下定集中主力北上歼敌的战役决心时，就慎

---

① 此诗题为《莱芜大捷》，载人民文学出版社《陈毅诗词选集》。

重而仔细地考虑了这个问题。为此确定留下第三、第二两个纵队（二纵视情况逐步转移主力北上参战）、鲁南十师、总部骑兵团和华东军区特务一团等18个主力团的兵力，并由陈士榘参谋长统一指挥。在鲁南军区地方武装和民兵配合下，对南线敌人采取佯动、迷惑、钳制、阻击等积极行动，有效地迟滞敌人，以保证北线歼敌作战的顺利实施。实践证明，野战军首长的这个决心是正确的：既不留下过多的兵力，以免影响北线主战场歼敌作战；又不能兵力太少，而难以达到钳制、阻击南线敌人主力之目的。与此同时，为了保证南线作战中各部队和鲁南、滨海军区地方武装、民兵的密切协同，配合行动，专门抽出陈士榘参谋长具体组织统一指挥，这也是完全必要的。

战役开始阶段，我带作战科副科长金冶、情报股股长彭诚、后勤股股长张鹏展和几个参谋人员以及电台通信人员，随同陈士榘参谋长在南线进行一段具体组织指挥工作。

在进行钳制、阻击南线敌人主力北犯的战斗过程中，我各参战部队在陈士榘参谋长统一部署、指挥下，在沂河两岸，沿敌人前进道路，利用有利地形，采取控制要点的纵深梯次与宽大正面防御相结合，在每一点以少数兵力担任防守，将大部兵力控制于翼侧机动的部署。在战术上强调小分队的顽强阻击与机动反击相结合，采用夜战、近战和袭击分散薄弱之敌的战法，办求迟滞敌人前进。与此同时，鲁南、滨海军区地方武装在民兵于敌前进路上和两侧广泛展开破袭战、地雷战，积极配合主力作战。为了迷惑敌人，各部队与群众配合伪装华东野战军各个纵队的番号，展开侦察、设营、筹粮、架桥等各种活动，欺骗敌人。就这样，促使在宿北、鲁南战役接连遭我打击的敌人不敢贸然前进。从2月10日晚我主力从南线隐蔽北移,直至15日我主力撤出临沂,敌人才进占这座空城,敌人进占临沂之后,小股出扰均为我击退,又不敢远出北犯,只是谎报战果,叫嚣"胜利",自我吹嘘——而这又恰恰为我主力于莱芜地区全歼李仙洲集团近6万人(连同阻击部队和地方武装歼敌共达7万余人)的辉煌胜利所戳穿!

横刀立马　阻敌五万兵

饶守坤*

　　莱芜战役，是解放战争开始7个月后，我军处于战略防御阶段内线作战中，于1947年2月下旬，在山东腹地莱芜及其以北地区进行的，以放弃解放区中心城市——临沂为代价，歼敌5.6万余人的大规模的运动歼灭战。

　　早在1947年1月下旬，敌人制定了鲁南会战计划，集中23个整编师，53个旅的兵力，三面包围我山东解放区，企图在临沂地区与我决战。敌以20个旅在南线担任主要突击，同时，敌以第二绥靖区副司令李仙洲指挥的第四十六、第七十三、第十二军共9个师（未整编），

_____

＊　作者时任华东野战军第六纵队十八师师长。

由淄川、博山、明水经莱芜、新泰南犯，妄图实施南北夹击，歼灭我华东野战军主力，侵占我山东解放区。

我华野首长根据中央军委的部署，决心置少数兵力于临沂以南地区，阻击牵制南线进攻之敌，隐蔽转移主力，歼灭北线南犯之李仙洲集团。

我第六纵队由鲁南昼行夜宿，隐兵北进400华里，插敌腹背，攻击口镇、青石桥，断敌退路。我十八师在协同兄弟部队攻入口镇后，奉令撤出战斗，在口镇以南地区横刀立马，预设阵地。此役，我师仅以伤亡400人的代价，毙俘敌22000人，缴获各种火炮88门，枪3698支，以及大量的弹药物资。十八师为我军夺取莱芜战役的全胜做出了应有的贡献，受到华野前委的通令表彰，也为本军的战史写下了极其辉煌的一页。

顶风冒雪　挥师羊流店

1947年2月10日黄昏，风雪弥漫，春寒料峭。我六纵十八师自鲁南费县以东沿着崎岖的山路向北疾进，直赴莱芜以北地区参战。

苏中、宿北、鲁南大捷后，在华东战场上，我军痛击了国民党58个整编旅、约46万正规军的全面进攻，取得了歼敌近20万的巨大胜利。我军为争取内线大量歼敌，主动放弃了一些城市和地区，集结于临沂一带休整待机。此时，国民党的主力猬集徐州以东的新安镇地区，准备继续北犯。这样，华东的主要战场便转入了山东境内。

党中央、毛主席根据战争形势的发展，向全党全军指出，在今后几个月内再歼国民党军40—50个旅，以彻底粉碎敌人的进攻，迎接中国民主革命的新高潮。并指示华东我军，歼灭鲁南进犯之敌后，国民党必和我军争夺陇海、台枣两线，我军应集中50个团的兵力，准备在这两线打几个大歼灭战，在一个半月至两个月内歼敌10个旅左右。为完成党中央、毛主席提出的作战任务，山东和华中两地区的野战军统一整编为华东野战军，统辖11个步兵纵队和1个特种兵纵队，以更有利于大兵团作战歼敌。整编时，华东野战军陈毅司令员在临沂附近召开的军事干部会议上，作了《一面打仗，一面建设》的报告。要求部队进一步明确树立运动战思想和整体观念，实行高度的集中统一指挥，要坚持党对军队的领导，加强政治工作，实行"以战养战、以战教战"。他在谈到我军面临敌军大举进攻的态势须有足够的思想准备时，风趣地说："根据过去7个月以来的作战经验，无非是打了胜仗开庆祝会，打了败仗开检讨会，打死了就开追悼会么！"他还写了一首《决胜之歌》鼓舞士气，内容是："同志们，战斗吧！自卫战争决胜的时刻来到了，把华东变成敌人的坟墓。让敌人的进攻，像蒙山的雪，沂河的水，迎风消解，化为尘土。让我们以空前的歼灭战，欢庆胜利的新春，向着即将诞生的新中国，红旗报捷，狂歌献舞！"会后，部队抓紧时间广泛进行了政治思想教育，并结合前一时间的作战实践，掀起了练兵高潮。同时，华东局号召山东人民再接再厉，大力搞好土改、生产、支前三项中心工作。这样，华东军民为粉碎敌人的进攻，迎接全国民主革命的新高潮，奠定了坚实的基础。

我军主力集结临沂地区，蒋介石认为该地是山东解放区首府，我军必将固守。这时，即将召开苏、美、英三国外长会议，蒋介石企图借助军事上的胜利影响三国外长会议，以取得更多的援助打内战，便急忙制定了一个"鲁南会战"计划，调11个整编师，29个旅分南北两线对进。南线以8个整编师20个旅，组成主要突击集团，分三路沿沂河、沐河北犯临沂；北线以李仙洲集团3个军9个师（未整编），由明水、淄川、博山南下莱芜、新泰、蒙阴，以捣毁我后方基地，陷我于腹背受敌。敌妄图迫我军在临沂地区决战。蒋介石亲临徐州视察，参谋总长陈诚坐镇徐州，亲自督战，并声嘶力竭地叫嚣："党国成败，全看鲁南一役。只许成功，不许失败。"

敌重兵压境，华东野战军就如何保卫临沂和万一因作战需要放弃临沂这一中心问题，展开了热烈的讨论。陈毅司令员运筹帷幄，对战局的发展作了精辟的分析。他说："鉴于临沂是我华东党政军机关的所在地，如轻易放弃，将对地方和群众产生不利影响。为此，应力求在临沂以南地区集中兵力，逐次歼灭进攻之敌，这是上策。"他把话锋一转："但是，临沂已经成为这次敌人进攻的主要目标，是敌人组织'鲁南会战'中南北夹击的重心，敌军必以全力来攻夺。而我们作战指导方针，是以歼灭敌人有生力量为主，从目前敌我力量对比来看，尚不利于采取坚守防御的方针。为此，我之作战行动不宜局限于临沂一地。相反，如敌占领临沂之后，必将分散兵力。这样可为我们创造各个歼敌的战机。因此，应视情况发展，有计划地诱敌于临沂以北地区为第二方案。"他略停顿了一下，又说："鉴于敌正集中主力从南线进攻临沂，同时又令李仙洲集团从胶济线南下配合，妄图南北对进夹击我军。此敌乘虚冒险深入我沂蒙腹地，既威胁我之后方安全，同时又将为我创造战机；我可在南线以少量部队牵制阻击敌人，秘密转移歼灭北线之敌，尔后乘机再向胶济线扩张战果，则可打通我鲁中、渤海、胶东三个地区的联系，巩固我战略后方，此仗胜利后对大举南下歼敌，又非常有力，应作为第三方案。不论采取哪个方案，临沂地区将成为战场。"

随后，华野首长视战情发展，即令第二、三纵及鲁南军区第十师伴装主力，在临沂以南摆开决战阵势，以采取宽正面的部署，节节阻击，以迷惑、迟滞南线敌人，诱北线敌人放胆南进。同时，又以一部地方武装进逼兖州，并于大汶口附近运河上架设浮桥，造成我将西渡运河的假象。而集野战军主力一、四、六、七、八纵，多路秘密北上，会同北线的第九、十纵队，围歼李仙洲兵团于新泰、莱芜地区。为了隐蔽我军北上的意图，部队昼伏夜行，兼程北上。

早春的沂蒙山区，冰封雪飘，寒气逼人。战士们大多是南方人，对北方气候水土一时不能适应，尤其对主食煎饼卷大葱还"望而生畏"，再加之任务紧迫，许多战士对放弃临沂，舍近求远不理解，认为可能空跑冤枉路。针对这些问题，我们在开进中边走、边动员、边准备，及时传达华野北上歼敌的意图和决心；以毛主席的运动战思想教育大家，使每个战士都了解走与打的关系，理解放弃临沂、北上歼敌的重大意义；号召部队开展团结互助运动，要求党、团员和基层干部在连续的强行军中起模范带头作用，在即将展开的战役中开展杀敌立功运动。在强有力的政治思想工作的鼓动下，指战员们冒严寒、踏冰雪，饿了啃口煎饼，渴了喝口冷水，继续行军。鞋底磨穿了，用破布包着脚走。有的战士脚上打了血泡，还风趣地说："沂蒙山的土包包，都踩到我脚底下了。"

过蒙山的夜晚，大雪初霁，月悬高天。我和张闯初政委并肩而行，我望着浩浩荡荡、疾速北进的队伍，感慨地说："这次陈、粟合兵，7个纵队挥戈北上，这种运动战的规模和气势，真令人激情难抑啊！"

张政委喟叹道："是啊！更令人感动的，是山东人民支前的火热感情和无私奉献！"

这话确实中肯。我们所过村镇，都是一片灯火，一片忙碌，妇女们碾米磨面，做军鞋，摊煎饼；男青壮年则推小车，抬担架，组成强大的后勤保障运输队；小孩和老人们则在路口巷道站岗、查路条，封锁消息。这一切都激励着部队的士气，促使指战员们更加努力奋勇杀敌。

十八师经过6夜急行军，行程400多华里，按时到达上级指定的羊流店以北地区待命。

攻击口镇　切断敌退路

我主力北上以后，南线之敌于15日进占临沂。虽只占了一座空城，却大肆吹嘘"胜利"，宣称"在临沂外围歼共军16个旅"。这时，坐镇济南的国民党第二绥靖区司令王耀武从空中侦察所得的情报中，发现了我军的行动，判断我军可能主动放弃临沂，北上作战。他既怕我军回歼孤军深入的北线李仙洲集团，又顾虑济南城防空虚，急于16日电令已进至颜庄地区的李仙洲集团迅速后缩至莱芜、颜庄地区。但蒋介石、陈诚对其下属的荒唐战报信以为真，又侦悉我军在运河上架设浮桥，并有部队向西北移动，便错误地判断我军放弃临沂是由于"伤亡巨大""不堪再战"，"将在东阿、范县间渡黄河窜逃"。遂严令李仙洲集团再度南进，确保新泰、莱芜安全，并派有力部队向蒙阴、大汶口侧击我军。同时令第十一师、六十四师等西开临城，沿津浦路北上堵截我军。

18日，华野首长决心集8个纵队歼李仙洲集团于莱芜、新泰、口镇（吐丝口）一线，命令六纵于20日晚攻歼口镇和青石桥之敌，切断莱芜之敌的退路。

接到命令后，十八师担任六纵的右翼迅速抵达口镇东北、沙河以东的山地小村隐蔽；十六、十七师担任纵队的左翼，也抵达指定地域隐蔽。20日上午，我即组织十八师各团长化装逼近口镇侦察地形，分析敌情和研究打法。

口镇处于胶济路西段明水以南，莱芜以北，是明水、博山通往莱芜的"丫"字形公路的交叉点，是由胶济路进入沂蒙山区的咽喉要道。李仙洲集团的军用仓库就设在这里，储有上百吨弹药及数十万斤粮，敌三十六师师部和一〇八团、辎重营及炮兵部队在此防守。口镇东西长约3里，南北宽约2里，比莱芜城还大。镇周围筑有土墙，墙基由石块垒成，较为坚固。土墙向四面开有6个门，东侧墙外有条宽约420米的沙河。敌人环绕围墙构筑了多层次防御工事，墙外挖了深2米、宽3米的外壕，壕外还置有鹿砦。敌师指挥所设在镇东北核心阵地内的关帝庙里。这里暗堡密集，地道相连。整个镇子对外视野、射界均较开阔，我军不易接近和攻击。

返回十八师指挥所，我凝视着口镇沉思：口镇的得失，关系着全局。若攻克口镇，便可分割敌之南北联系，既能切断莱芜之敌的退路，又能阻击明水援敌的进路。按照纵队的部署，十八师的任务是配合十六师、从东面佯攻牵制敌人，拿一个团在北面监视从胶济路南下的敌人。十六师担任西面、南面的攻击，主要突击力量放在南面，以便突破后插向北门与十七师会合，将口镇分割为东西两部分。待东西两面攻击的部队突破后，迅速插至纵深，再将敌人分割成四块，然后边战斗，边穿插，彻底打乱敌人的部署和指挥联络，一举攻占口镇。另以十七师从口镇以西插至口镇以北、青石桥以南占领有利地形，阻止青石桥之敌向口镇集中靠拢，并相机攻占青石桥。鉴于口镇易守难攻的地形，我须采取偷袭和强攻相结合的手段才能得手。我即命五十三团从东担任攻击，五十四团去镇北担任警戒，五十二团做预备队。各团迅即展开了紧张的战前准备。

20日晚，我部队借夜幕掩护进入攻击出发阵地。20日，担任南门主攻部队的十六师四十八团、四十七团发起了攻击，突击连迅即接近敌人外壕。击毙了敌哨兵，抢占了敌圩墙，控制了十几米宽的突破口，掩护后续部队攻入镇内。

与此同时，我十八师五十二团、五十四团从东、北两面发起了强攻。炮兵抵近平行射击，直轰敌人圩墙。顿时，敌圩墙纷纷崩塌。我步兵勇猛地扑上去，撕开了突破口，控制了部分民房，迅即向纵深发展，但却遭到敌人强有力的反击。敌人凭借既设阵地，拼命拦击我突击部队。激战至23时，由于敌人火力过猛，我突击部队前进受阻，与敌对峙。

21日凌晨1时，纵队王必成司令员打电话给我："饶师长，刚才接到颜伏团长的报告，他的四十八团已全部突入，你赶快带五十二、五十三团从南面突入。"当时，我心中犯疑，便问："四十八团突入纵深有多少米？""大概1000米。"我想，1000米怎能装下4个团的兵力呢？即使装下，兵力又如何展开呢？倘若拂晓敌炮轰击，部队过密，不是徒增伤亡吗？想到这，我便对五十二团彭冲政委说："你带五十二团随我去看看，五十三团留此待命。"

拂晓，我带五十二团到达四十八团突破口。这时，正值敌炮火和飞机对四十八团已占阵地实施狂轰滥炸，妄图将我攻击部队消灭在阵地上。阵地上一片火海，墙倒屋塌。由于部队过于集中，四十八团伤亡较大。王必成司令员迅即命令十六师暂停攻击，部队除留少数兵力控制已占阵地外，主力全部撤出，整顿战斗组织，准备再战。

上午，王必成司令员带几个参谋进入镇内，了解敌情和部队进展情况。我和王司令员在一间破民房里，观察敌人的街垒巷堡。我觉得对付多层防御工事的敌人，必须轮番使用兵力，在巷战中大胆穿插分割，并且组织连续突击，一鼓作气，不给敌人以片刻喘息的机会，方能取胜。王司令员同意我的想法。于是，决定集中十六师、十八师共6个团的兵力，实施强行攻击。

下午4时，攻击开始。我十八师五十三团沿南门的南圩墙向东门攻击前进，激战5小时，攻占小东门，并迎五十二团进入镇内。两个团并肩由南向北攻击。与此同时，十六师歼灭镇西北之敌，然后由西向东以3个箭头平行攻击。敌人依托阵地，拼命抵抗。我攻击部队与敌人展开逐街逐屋的争夺。我占领房顶，敌人即在屋内向房顶开枪射击；我在墙上挖洞前进，敌人即掷燃烧弹焚烧房屋。整个街道上烈火熊熊，浓烟滚滚，我突击部队冒着浓烟烈火前仆后继，英勇拼杀，激战竟夜，夺取了口镇街区大部，将敌压缩至东北关帝庙一隅。

22日黎明，我军向东北角关帝庙一带的敌人发起攻击。敌人拼死顽抗，集中迫击炮、六〇炮和轻重机枪、手榴弹和枪榴弹向我突击部队集中射击。我前进受阻，与敌形成对峙状态。为减少部队的伤亡，我们便决定白天停止攻击，待晚上继续鏖战。

横刀立马　阻敌五万兵

22日上午，正当我师准备再战、全歼口镇守敌时，其他兄弟纵队已占领莱芜城以西、以北各要点，同时攻占了锦阳关，但尚未切断敌四十六军和七十三军的联系，致使敌四十六军缩进莱芜城与七十三军合拢。敌两个军猬集莱芜，城小人多，军心慌乱。李仙洲彷徨无策，不知所措。王耀武即令口镇守敌第三十六师死力固守，以作策应；又催令李仙洲率部迅速突围，经口镇退守济南和胶济路。

华野前指根据敌情动态，决心待敌脱离莱芜，向北突围时，将敌歼灭在运动战中。这时，粟裕同志打电话给我，询问口镇的战斗情况，我简要地作了汇报，并告诉他我就在口镇，王司令员也在。粟裕同志让王司令员接电话：莱芜的敌人明天可能向北突围。你纵队既要坚决攻克口镇，又要堵住北窜之敌。可抽出十八师到口镇以南，设立袋形阵地，隐蔽埋伏，堵击敌人。粟裕又告诉我说："守坤同志，你迎头堵截，任务相当艰苦。无论如何，都要不惜一切代价，给围歼部队创造歼敌条件。李仙洲集团的5个师能否全歼，就看你们能否堵住！这关系到整个战役的成败啊！"我向他保证："决不让李仙洲跑到口镇！"

十八师受领任务后，迅即撤出，向口镇以南开进。

口镇与莱芜相距15公里，是敌北窜的必经之路，有两条间隔二三公里的平行公路相连。公路之间地形低洼、泥土松软；公路以东多为断绝地，部队行动困难；公路以西地形平坦，村庄较多；有一条蜿蜒曲折的沙河从东北向西南横穿两条公路而过，河堤可供我构筑阻击阵地。

在沙河大堤上，我召集师团干部详细分析了敌情和地形，商讨御敌方案。大家集思广益，献计献策。最后，我综合了大家的意见，指着前面的两条公路说："敌人5个师夺路突围，人众车多，必依赖这两条公路。我们必须迫使敌人离开公路，陷入公路之间和沙河里面。这样，既能减缓敌人突围的势头，又能利于我歼敌。我们要利用东侧公路和西侧河堤及两侧有利地形布成袋形阵势。五十三团在山头店、郭家镇、李家镇一线占领阵地，为右翼侧击部队；五十四团为左翼侧击部队，一、二营在张家庄、崔家庄、毛子庄一线，三营在张家洼组织防御，并迫敌离开公路，进入我堵击阵地，然后担任尾击；五十二团配置在港里、周家高庄两侧地区，为正面堵击部队。各部队的火力重心都要配置在第一线，构成严密的火力网，大量地杀伤敌人，决不能让一个敌人窜过阵地去！"

　　各团迅即展开构筑阵地。下午4时，我十八师完成了各项战斗准备，横刀立马，严阵以待。

　　22日夜，凛冽的寒风低吼着。战士们紧伏在阻击阵地上，警惕地注视着莱芜方向敌人的行动。我坐在师指挥所里，彻夜未眠，香烟一支接一支，烟雾充满了整个房子。我思虑着明天的战斗：5万多敌人突围，势头不小呀，我其他纵队再在后面追打，敌人会潮水般一个浪头接一个浪头地冲过来。这几天，部队连续行军和作战，已相当疲劳。再说，我们的装备差，弹药又缺乏，阵地消耗战我们打不起。明天的战术，阵地防御要与主动出击结合起来，拦住敌人的几个浪头以后，部队要迅猛地出击，放开胆子猛冲猛插，冲乱敌人的建制，冲瘫敌人的指挥机关，冲它个人仰马翻，越乱越好。这样，我们才能扬长避短，在混战中取胜。即使十八师打光了，也要堵住敌人，给其他兄弟纵队创造歼敌条件。

　　23日晨，自莱芜上空传来嗡嗡的飞机声由远而近。几十架敌机疯狂地轰炸和扫射，莱芜至口镇公路两侧十几个村庄被烈火和浓烟笼罩着。这时，李仙洲集团兵分两路，以第七十三军在左，第四十六军在右，李总部和辎重车马居中，在飞机和炮火的掩护下，并列向北突进。我华野第一、七纵在左，第四、八纵在右，勇猛侧击追杀敌人。敌人不顾一切地拼命向口镇突击。

　　这时，师指挥所里电话铃声大作，侦察员不断地报告情况，指挥所又迅即通告各团……张政委在房里踱来踱去，我紧伏在地图上，不停地吸烟。一场恶战即将开始。

　　10时，敌先头部队进至张家洼，我在电话里高喊一声："打！"

顿时，各种枪炮一齐开火，炮弹、手榴弹、子弹铺天盖地飞向敌人，打得敌人惊慌失措，纷纷离开公路向中路靠拢，与李仙洲集团总部混成一团，继续北突。这正中我下怀。

当敌人蜂拥进至毛子庄、山头店地区小洼以南200米时，我五十三团、五十四团预置的200多挺轻重机枪一齐怒吼，犹如暴风骤雨。宽大密集的火网阻住了敌人。前面的敌人死伤累累，乱作一团，而后面的敌人又蜂拥扑来。我各种火器更加猛烈地扫射，密集的子弹像蝗虫一般飞过去，战士们把成束的手榴弹投向敌群，各种火炮猛轰挤成疙瘩的密集之敌。顿时，弹片横飞，尸碎血溅，敌人成片倒下。

这时，受我三面打击的李仙洲突围心切，忙调后续部队，以飞机掩护，以汽车开路，以步兵紧随，潮水般地向我涌来。我即以密集的炮火迎头痛击敌人，连续打退了敌人的多次集团冲锋。我阵地前沿敌尸积如山，血流成河。

12时，敌后尾部队脱离莱芜城。我四纵队乘机抢占，断敌归路，迫敌陷入进退两难的窘境。我第一、七、八、四、二纵队以排山倒海之势，从东、西、南三面冲向敌阵，我十八师迎头痛击，将敌人5个师压缩在东西五六里，南北四五里狭窄地带。

这时，敌人像受伤的野兽，夺路向北逃窜。敌人20多架飞机对我十八师阵地狂轰滥炸，并集中各种炮火向我猛烈轰击。十八师阻击阵地上炮弹呼啸，像爆炸中的弹药库，一片火海。敌人趁机再次向我发起更凶猛的集团冲锋。面对垂死挣扎的敌人，我抓起电话告诫各团指挥员："五十四团、五十三团二营，要用猛烈的侧射火力支援正面守备部队，五十二团要用迫击炮火支援各团。要不惜一切代价，坚决抵住敌人，决不能放走一个！"我各种火器发挥到了最大限度，炮弹、子弹、手榴弹旋风般地倾入敌群。前面的敌人倒下去，后面的敌人又拥上来，战斗异常激烈。敌七十三军军长韩浚亲率1000余人，冲开十八师五十三团和五十四团结合部的小洼村防线，向东北逃窜。五十三团张英政委给我打电话："师长，敌人来势太猛，我防守力量单薄，冲过了我的防线，是不是撤？"我控制不住感情，怒不可遏地吼道："你这个政委知道你的职责吗？保证战斗胜利，你要守住阵地！五十三团死光了，你也要钉在那里！丢了阵地，我的枪可要走火！"我迅即抓起五十二团的电话，命令彭冲政委："你马上组织出击，限15分钟消灭这股敌人！"彭冲政委迅即带部队猛扑上去，干净利索地全歼了这股敌人，封闭了被敌人冲开的缺口。我迅即赶到五十三团阵地，组织指挥战斗。

下午3时，在我各路纵队的压迫下，合围圈里的敌人建制更加混乱，人马互相践踏，车辆拥挤不堪，指挥失控。我见最后歼敌机会已到，便命令全师全线出击。各团乃以营、连为单位，勇猛地冲入敌群，各兄弟纵队也以雷霆万钧之力发起了全线反击。

当时，整个战场上，炮弹的爆炸声、机枪射击声、飞机的轰鸣声和冲杀声汇成一片，直冲云霄。敌我犬牙交错，搅和在一起，敌机失去了战斗作用，发出嗡嗡的哀叹。敌人在我各路大军的冲击下，迅即土崩瓦解，纷纷跪地举械投降。我十八师全体勇士插入敌阵后，越战越勇，边冲边插，边插边割，边割边抓。五十三团九连一班机枪射手邓江海，老远瞟见一个骑四川小马的敌军官逃跑，他把机枪交给班长，换了一支步枪，"叭"的一枪将敌人击落马下。受伤的敌军官掏出两支金笔，哀求说："小兄弟，我是一七五师师长甘成城，这点东西送给你，放我走。"小邓严词拒绝。五十四团骑兵通信员吴成良，单枪匹马冲入敌群，高喊："你们已经陷入重围，缴枪不杀！"300多名敌人做了他的俘虏。我在五十三团阵地上，一面吸烟，一面观察混战的场面。整个战场人群涌动，忽而东西，忽而南北，如骤风突起，掠过洋面，激起滔滔大浪；似马群疾驰草原，卷起弥天沙尘。我不由得感叹："真是兵败如山倒啊！"这时，五十三团的一个炊事员挑饭上来，说："师长，我也到前面去。""好，你去吧。"他扛着一条扁担冲了上去。一会儿，他兴高采烈地跑回来，说："师长，我赶了一群羊来。""赶羊干什么，乱弹琴。""师长，我在家是放羊的，你看……"原来是100多个俘虏，我不由得哈哈大笑。

混战至17时，枪声渐稀，到处都是俘虏，一群一群，一堆一堆，人山人海，万头攒动。历时三昼夜的莱芜战役胜利结束了。敌人全被歼灭了，我身上觉得格外轻松，也觉得肚子饿了。张政委、罗参谋长开玩笑地说："晚饭还吃不吃？要不就睡觉！"我说："不，晚饭是要吃的，最好能喝一杯。"逗得他们哈哈大笑。

这次战役，我军取得歼敌1个总部、2个军部、7个师，连同阻击部队共歼敌7万余人的巨大胜利。李仙洲集团全军覆没，李仙洲亦被活捉。这一胜利，沉重打击了国民党的嚣张气焰，彻底粉碎了敌人"鲁南会战"的计划，也彻底粉碎了敌人的全面进攻。王耀武哀呼："莱芜战役损失惨重，百年教训，刻骨铭心。"当晚，王耀武即令胶济路西段各部撤回济南。我军又乘胜解放了胶济路西段敌十几座城镇，控制铁路200余公里，并使我鲁中、渤海、胶东三大解放区连成一片。莱芜战役结束后，我军举行了盛大的庆祝会，陈毅和粟裕同志进行了战役总结，陈毅诗兴大发，赋诗贺胜：

莱芜淄博战血红，

我军又猎齐鲁东。

百千万众捉狼虎，

七十二崮志伟功。

泰山霁雪照旌旗，

渤海波翻唱大风。

堪笑豪帅面缚日，

叩头请罪骂蒋凶。

（1987年12月）

莱芜战役中的口镇战场

陶振民

1947年2月震惊中外的莱芜战役取得了伟大的胜利,此次战役距今已半个世纪了。对这一有伟大战略意义的战役早已载入史册和有很多回忆文章。但对口镇战场的单行材料却不多。我当时在口镇区担任区委书记,对于口镇战场作战情况,有许多亲身经历的事例,经回忆撰写成文,以启迪后人。

口镇(吐丝口)是莱芜的一个重镇,全镇分4个街(村),5000多居民,设镇委、镇政府。它地处莱芜中心地带,是较富裕的一个地区。章(丘)莱公路纵贯全区,博泰(安)公路(简易公路)横穿其间,交通四通八达,是敌我必争的战略要地。因而设有镇委和镇政府直接领导。

口镇战场是莱芜战役主要战场的北端，国民党第十二军霍守义部，由济南南来占据口镇。我华东野战军第六纵队则负责攻打口镇。口镇以南的20多个村庄则是全歼七十三军活捉李仙洲的主要战场。口镇区的广大党员、干部、群众在战斗中及战后的善后处理，做了大量工作，有许多可歌可泣的动人事迹，简述如下。

霍守义率部进犯，口镇区全民备战

1946年口镇区同其他解放区一样，实行了土地改革，广大农民分得了土地，翻身解放，情绪异常高涨，纷纷参加变工队、互助组，积极投入大生产运动，当年就获得了较好的收成。正当广大人民群众准备过翻身后第一个春节时，蒋介石及其国民党撕毁《停战协定》，挑起了全国内战，调集大批军队向莱芜进攻。1947年1月30日国民党第十二军军长霍守义率部沿章莱公路南犯，当日下午即侵占口镇以北三四华里的大、小水河村一带。我们即紧急动员组织群众迅速撤离口镇，除一些老弱病残者留家外，大部分男女青壮年和少年儿童都转移到本区西部一些村庄。我和区武装部长康旭东、区干部李修业、区中队长陶福恒、副镇长郑立恒（口镇南街人）等同志带区中队组织口镇四街年轻力壮的党员、村干部和民兵70余人，晚上在口镇街内各条主要街道、几所小学院内和几个广场，埋设了地雷（都是自制的石雷）。晚上9时许，敌人从水河一带窜至口镇北门外打了一阵枪，进行武装侦察，不多时，即从北门而入。我们完成了布雷任务后，10时许从南门撤出。当夜听到街内数声巨响，炸伤了一些敌人（事后了解，在东街、南街，敌人踏响地雷五组，伤亡十余人）。敌十二军的一一一师及一个工兵团占据了口镇。其指挥部安在了有利地形——东街路北的赵家庄。在西街、北街、南街，凡是大的、砖石结构的民宅都被敌人占领。敌人一进口镇，即四处抓夫抢修围墙和碉堡，沿旧围墙挖了很深的壕沟和设置路障，在镇中心的圩头街十字路口修筑了碉堡，设火力点。敌人并在口镇以北10余华里的章莱公路要冲青石桥村驻有一个团的兵力作为口镇的外围据点和屏障，以此控制章莱公路北段。经过半个多月的强行施工，敌人的防守工事修好，更加疯狂地四处抢劫、扫荡，人民处于水深火热之中，迫切盼望我解放军来消灭这些凶恶的敌人。

解放军挥师北上，六纵队攻打口镇

1947年2月中旬（我记忆中是2月16日），忽接县委紧急通知，要去部队接受重要任务，我即带武工队从陶家陈村星夜赶到圣井区的鹁鸪楼村，向部队指挥部介绍了驻口镇敌人的全面情况，指挥部要我完成几项紧急任务：

首先绘制口镇地形图。组织口镇四街的党员干部共同研究绘制了口镇街内外的地形图，把口镇街内的大街小巷、广场、敌人据点、碉堡的位置以及从西街许家湾流向冶庄一带水沟的情况；口镇西南一里许丘陵地带，正西一里多路的杨、韩两家的两个大墓地内有许多高大的坟堆和密集的大柏树，可用此隐蔽部队，口镇以北两三华里处有个水河寺（又名兴国寺），寺前有一条广阔的河滩，南岸有一二丈高的陡壁，地形优越，可以埋伏数千部队等都详细地绘制出来交给部队参考。

其次配备作战向导。从口镇区村干部、党员、民兵中挑选了身体强壮、表现积极和勇敢的30多位同志，交给部队，为每个连队配备两名作战向导。

战役前两天，我六纵队指挥部设在口镇西南六七华里路的片家镇，由六纵司令员王必成、副司令员皮定均将军亲自指挥，攻打口镇的前线师（我记得是第十六师）。指挥部设在口镇以西四五华里的大小曾家庄，大批主攻部队驻在口镇西南12华里的陶家陈村一带。我们区又继续紧张地做了以下工作。

（1）监视敌人动向，派出便衣武工队到口镇周围佯作农民在地里干活，以监视敌人动向，及时报告部队。

（2）严密封锁消息，保守部队调动和驻防情况的秘密，凡到口镇的路口都派人把守，断绝来往行人，封锁消息，保密工作做得相当好，大批部队集结在离口镇只有10多华里路的地方，敌人始终没有发现。直到战斗打响，我军接近口镇西门时敌人才察觉，仓皇应战。

（3）全力以赴，支援前线。群众得知我军要攻打口镇敌人的消息后，情绪特别高涨，自动地从各方面支援部队。当时我们的口号是"砸锅卖铁支援前线"，群众积极凑集粮草，星夜碾米、磨面、做豆腐、送鸡蛋、杀鸡宰猪供给部队。当时还是春寒料峭的时候，没有蔬菜，群众自动地把储藏在地窖里的大白菜、萝卜等贡献出来，把自己仅存的一点油盐也送给部队。柴草也很缺乏，有的群众把刚铺在屋顶上的谷秸也拆下来供给部队当柴烧。由于群众的积极热情，顺利地解决了大批部队的给养供应。另外还挑选一批青壮年组成几十副担架队随军接送伤员。

（4）武工队员当向导，带领主攻部队冲进口镇街。2月20日在战斗开始的傍晚，由区干部李修业、口镇西街村韩传琪和李会瑛等同志从片家镇纵队指挥部出发，带领部队侦察人员，机智地穿过敌人在下水河村的据点，翻越北山，越过几道火线，终于在战斗打响前在城子县村找到我包围青石桥据点的团指挥所，传达了指挥部的命令。次日一早回到片家镇纵队指挥部。当日晚口镇的敌人已退缩到东北角，负隅顽抗。纵队指挥部把李修业同志等找去，又进一步了解口镇东北角的地形，李修业等向部队首长作了详细介绍。敌人突围时，在黎明之前，李修业、韩传琪、李会瑛等几位同志，从片家镇出发随指挥部机关人员又参加了歼灭李仙洲部队的战斗。

西街党员民兵队长刘泗环和民兵金尔圣带领侦察员化装成民夫，天黑以后从口镇西南顺河沟摸进西街一个做裁缝的谭广家里，向老人了解敌人在西街的碉堡火力情况后，迅速退出报告了设在西南岭（离西门一里多路）的我军前线指挥所。晚上11时许战斗打响，刘泗环、金尔圣等同志又带领主攻部队从西南角冲进西街。南街支部书记魏佑生等几位同志带领部队从南面及东南角冲入南街。北街支部组织委员魏世先等几位同志带领部队从北面进攻北门。在敌人未发觉的情况下，我主攻部队一举冲进西街，向盘踞西街的敌人发起猛烈进攻，敌人仓皇应战。当晚消灭了驻西街的敌人一个多营，俘虏敌人700多，西街大部解放。以十六师参谋长为首的我前线指挥所当夜进入西街西南园指挥作战。第二天，驻守青石桥敌人一个团被我军歼灭，打掉了口镇敌人的外围据点。进攻口镇的我军继续向敌人发起进攻，北街、西街、南街全部解放。前线指挥所移往西街与南街交接处一户较好的房子杨广家里，敌人退至东街路北赵家村一带固守，凭借有利地形和坚固砖瓦房负隅顽抗。战斗打得异常激烈。敌人的飞机配合地面部队对我军阵地轮番轰炸，当时被我军击落一架，敌机驾驶员当场死亡。敌人每退一座房子就纵火烧毁，我军冒着浓烟和烈火推墙挖洞前进，每夺得一座房院，都要同敌人展开肉搏战，都要付出沉重的代价。第三个晚上，我纵队指挥部向口镇前线指挥所下达了严格的命令，当夜一定拿下口镇，否则拿主要指挥同志是问。第三夜我军向敌人发起了最猛烈的进攻。当战斗打得白热化的时候，李仙洲率七十三军从莱城突围沿公路北上，企图同口镇敌人会合北窜。下半夜2点多钟，大股敌人一窝蜂般地窜到口镇以南三四华里路的港里村、山头店、张家洼一带。为全歼大批敌人，我攻打口镇的部队，奉命抽出大部兵力向南截击，配合从莱城追赶敌人的一纵，在口莱公路两侧向溃逃的李仙洲部队展开激烈的围歼战。约5点钟时，战斗胜利结束，在港里河、山头店一带全歼了七十三军，并活捉李仙洲。

固守口镇的敌人察觉我军进攻的火力减弱，趁我部队南调的机会从口镇突围沿博莱公路向博山方向逃窜。口镇区职工会长李光墨同志带领几个民兵在大冶村以东的公路边伏击敌人，缴了敌人的步枪10多支。后边赶来了大股敌人，由于众寡悬殊，李光墨同志不幸光荣牺牲。当大股敌人跑到和庄时被我八纵某部歼灭。有少数小股敌人向北和西北方向逃窜，但都未逃脱我民兵的截歼。

战斗结束后的善后工作

（1）安葬我军烈士遗体。在攻打口镇战斗中，我军付出了沉重的代价，牺牲了320多位同志，其中有位营教导员。许多同志是在同敌人逐房逐屋争夺战中牺牲的，衣服被火烧得残缺不全，有的只剩两只鞋子。一些烈士的遗体又同敌人死尸混杂在一起。敌我的军装又都是灰色的，不同的是敌人军衣是细布的，我军的军衣是粗布的，我战士穿的鞋子是黄色鞋面。我们很细心地从符号、衣着、鞋子等标志逐个甄别和辨认。我牺牲的320多位烈士遗体，当时只能用点白酒擦洗下血迹，每位烈士用一丈二尺白纱布包裹安葬在口镇西门外的一块丘陵地里。对牺牲的营教导员，在西门外路边立了一块石碑，这块石碑被当年7月敌人重点进攻时砸坏。

（2）收容敌人伤兵。在战场上有大批敌人的伤兵呻吟和叫喊，我们本着人道主义精神由区里干部、武工队和各村干部组织群众把敌人大批伤兵收容到村里简单包扎后转运到西部治疗。

（3）掩埋敌人尸体。在口镇以南港里、山头店、张家洼至芹村、白龙一带10多里路战场上，满地遍野都是敌人的尸体。特别是港里河的河滩里到处堆满了敌人的尸体。如何迅速掩埋这大批尸体，避免细菌传染是个刻不容缓的任务。当时只能大力动员群众就地挖掘深坑掩埋。战斗中敌人空投了很多炸弹，遍地是炸弹坑，成了敌人自掘的坟墓。我亲眼看到在港里河滩，一个四五米深的重磅炸弹坑掩埋了敌人尸体二三百具。经过几天的紧张处理，在口镇区范围内共掩埋2000多具敌人尸体。幸好到了夏季，接连几场大暴雨的冲刷，才避免了一场大的细菌病疫的传染。

（4）战斗结束后我部队和敌人几万俘虏住满口镇区及邻区几十个村庄，对俘虏进行教育整编。几万人的供应压力很大，粮食柴草、油盐很缺。由区长朱林甫同志带领区公所全体干部会同各村的村长负责动员群众把自己仅有的一点粮食、油盐贡献出来供应部队，使部队顺利完成了对俘虏的教育整编工作。

在敌人占领期间，由于我们事先动员组织群众撤出，安置在各村，年轻力壮的村干、党员、民兵武装起来，组成武工队投入战役。在整个战役中，除李光墨同志和北街组织委员魏世先同志光荣牺牲外，其他武工队员都安全归队。各村的村干部党员和撤出的群众也都安全回家。

在伟大的莱芜战役中，口镇区的广大党员、干部、群众同全县人民一样，在支前中都做出了应有的贡献。部队领导同志曾多次称赞说，由于你们提供了准确的情报，画出了详细的地形图，又有一批熟悉地形的同志做向导，勇敢地带领部队冲锋陷阵。后勤一切供应十分充足，使战役进行得很顺利。这次战役的伟大胜利与你们的大力支援是绝对分不开的。

战斗结束后，华东野战军陈毅司令员曾撰写《会战中的莱芜人民》的文章热烈赞扬莱芜人民在莱芜战役中的重大贡献。

陈老总巧设疑兵计

封振武[*]

    1947年2月上旬，莱芜战役即将打响，一天，陈毅同志把我叫去当面交代任务，他令我立即率领三个团的部队，沿泰（安）、新（泰）公路向西运动，并要我从杨柳店，经徂徕山，昼夜不停向泰安方向挺进。还特别交代了两句，如若白天行军要注意部队防空，要及时同华野指挥所保持通信联系。至于这次行动的意图却没有向我说明，使我有点不解其意，因我军向来多是夜间隐蔽行动，为什么这回要在白天行军呢？这不是很容易暴露吗？确实感到纳闷，但因情况紧急，也不便多问，心想陈老总善于用兵，这次行动大概与整个战役有

---

    * 作者当时任鲁中军区第二军分区司令员。

联系的。

不久我就获悉，当我率三个团向泰安方向运动时，一些兄弟部队也按照华野指挥所的命令向兖州佯动，并在运河上架桥，造成我军将西渡黄河的假象，以迷惑敌人，而我军主力则隐蔽地向莱芜地区开进。

陈毅同志设置的这个疑兵计，使骄纵而愚蠢的敌人即刻上当。坐镇在徐州的敌参谋总长陈诚，于2月16日发电致王耀武称："共军似将在东阿、范县间西渡黄河。"并严令李仙洲率部向莱芜进犯，这样一来，李仙洲就如同盲人瞎马一般，糊里糊涂地陷入了我主力部队的包围圈。

几天以后，陈毅同志派人到我分区驻地，叫我马上去华野指挥所领受任务，看样子情况很急，我即刻随同来人前往。记得华野指挥所临时设在蒙阴县野店附近的一个小村里，我到了那，看到机关人员刚吃过晚饭，正要准备行军，便急忙走进陈毅的住处。他见我来了，立刻交代任务。他说："现在情况很急，我们马上就要转移。大部队走后，这里只剩下你们二分区的队伍了，打算由你们同敌人周旋几天，我估计李仙洲的四十六军将会乘机由莱芜南犯，占领新泰、蒙阴两县。现决定由你率分区三个团阻击敌四十六军，迟滞其行动，目的是叫敌人不能那样迅速占领新泰、蒙阴。能抗击5天到7天最好，你有信心吗？"我当时还没有完全理解首长的作战意图，心想：我这三个团多数是新建的，武器装备也差，除步机枪外，每团只有四门八二迫击炮，怎么抗击具有现代装备的敌四十六军呢？心里正犹豫，但未说出口，陈毅同志好像看出了我的心情，又说："当年诸葛亮大摆空城计，身边只有两个老兵和一个琴童，迷惑了握有重兵的司马懿，你现在有三个团的兵力还不能同敌人周旋一番吗？你这个阻击战打得越好，越有利于我们大部队调整部署。"这时我才领会了陈毅同志的意图。他又说："详细情况请粟裕同志给你谈吧。"

粟裕同志带我到地图前，按照敌我当时的情况，具体说明这次仗的打法。他说："这次给你的任务很艰巨，但也有许多有利条件，争取抗击5到7天不成问题。首先，敌人的这个部队同他们的上级有矛盾，对南犯蒙阴不甚积极，正处在进退两难之际。另外，你们可以打出主力部队的番号，虚张声势，迷惑他们。陈毅同志叫你唱空城计，就是使敌人造成错觉。古时不是有个孙膑战庞涓的故事吗？孙膑用每日减灶的办法诱庞涓上当，你这次不妨以增灶的办法，使敌人摸不清我军的虚实。"经粟裕同志这一番明确而又具体的指点，我更加树立了战斗的信心。

当时敌四十六军已进犯至莱芜的颜庄，我遵照野战军首长的布置，仅率三个团的兵力在清泥沟一带阻击他们。面对强我数倍的敌人，首先运用机动灵活的战术同敌人周旋，当敌兵接近前沿阵地时，我们便集中火力猛烈射击，给敌人以严重杀伤，但决不恋战。得手后立即转移，如行云流水一般，使他们无可奈何。同时我们想方设法迷惑敌人，部队每天晚上到村子上宿营时，我通知各团多搞一些草铺，第二天转移时让草铺原封不动摆在那里，这是叫敌人看的，使他们摸不清我们到底有多少兵力，这就是我所体会的"增灶"。由于敌人搞不清我军虚实，又慑于我军的威力，始终不敢轻举妄动，只是不停地打炮，虚张声势而已，其动作十分迟缓，5天只行进了60里。正是因为我们坚决执行了陈毅同志和首长们的作战意图，经过一个星期的战斗，我分区部队只轻伤20人，无一阵亡，拥有两万余众的敌四十六军，则如临深渊，如履薄冰，始终未敢冒进，我们完全达到了预期的作战目的，为我主力部队调整部署赢得了时间。

2月中旬，当我们完成阻击敌四十六军的任务后，在行军途中遇见陈毅同志时，向他简要汇报了这次执行任务的经过，他表示很满意。这时他同野战军的首长们正忙着部署莱芜战役，我军正频繁地调动，许多部队冒着严寒，日行百里，兼程北上。当时有的同志看到行军队形密集，又比较暴露，就担心会把李仙洲吓跑。陈毅同志听到这个反映后，斩钉截铁地说："我断定他跑不掉！毛主席不但指挥我们，还指挥蒋介石，我在山东也能指挥王耀武。"

一个星期后，完全实现了陈毅同志的预言，我军以短短的三昼夜时间取得了莱芜战役的伟大胜利，歼敌正规军的1个绥区指挥所，2个军部，7个整师，共毙伤和俘敌5.6万余人。这一胜利，彻底粉碎了敌人企图南北夹击我军的狂妄计划，沉重地打击了敌人的气焰，进一步加深了敌人内部的矛盾和混乱。

莱芜战役中鲁中军民支援主力部队作战

邝任农*

1947年1月中旬，鲁南战役刚刚结束，胜利的消息很快传到了鲁中区党、政、军、民中间。广大干部群众在欢欣鼓舞地议论着："我军在鲁南消灭蒋军五六万人，缴获那么多大炮（指国民党军第一快速纵队的野炮、榴弹炮）！""这么大的胜利过去是没有过的！""蒋介石快要完啦，日子不会长啦！"但是，国民党当局是不会甘心失败的。鲁南战役后，他们又制订了一个"鲁南会战"计划，对山东解放区又开始了新的进攻，妄图南北对进夹击，消灭我华东解放军主力，占领山东解放区。

---

* 作者时任鲁中军区副司令员。

　　1月底，胶济线敌人进至明水、周村、张店、博山地区，欲向南蠢动，乘虚直犯我莱芜、新泰、蒙阴，配合南线敌人夹击我军。此时，我华东解放军主力正集结在临沂地区待机歼敌。华东军区司令部立即指示我鲁中军区："设法阻止李仙洲集团南进，配合南线作战。"我们立即召集一军分区（泰山专区）司令陈奇、二军分区（沂蒙专区）司令封振武、三军分区（沂山专区）司令单洪开会研究。当时的情况是：鲁中区的四师、九师由王建安同志率领参加南线作战。当时，能掌握的只有5个团（包括军区教导团）和10个独立大队，8000人的兵力。我们决定以两个团4个大队和5个民兵基干团在明水、周村、博山地区开展游击战，配合当地民兵群众日夜袭扰迷惑敌人，阻止敌人南进；以三军分区一个团，两个独立大队配合两个民兵基干团，到潍县、安丘和渑河以东进行游击战，监视阻击潍县敌人向西进犯；组织民兵群众在莱芜至明水、周村、博山的道路上埋设地雷；展开破袭战，阻滞敌人南进。陈奇、封振武、单洪同志当天回去作了部署。2月2日李仙洲集团开始向莱芜进犯。各军分区部队在广大民兵群众的配合下，英勇阻击南进的敌人，特别是莱芜地区的民兵群众，配合地方武装，破坏了敌人前进的所有道路，有效地阻滞了敌人。

　　大约在2月5日，华东军区司令部来电，让我们去接受任务，记得是我和高克亭同志去的。我们到了临沂以北的一个村庄，见到了陈毅司令员、张云逸副司令员、谭震林副政委。陈司令先询问了2月4日进到莱芜的敌部队人数，接着讲了当时的形势。指出国民党军对解放区的全面进攻，已基本失败，现在他又集中兵力，开始重点进攻山东解放区，企图用南北对进夹击的办法，把我们消灭在沂蒙山区。我们决心先在南线歼灭敌人，粉碎其进攻。但南线敌人采取集中兵力，稳扎稳打，齐头并进，避免突出的战法，我们不好寻找战机，又拟订了三个作战方案，其中一个是转兵北上，歼灭李仙洲集团。这个方案已上报中央军委，如果军委批准此方案，战场就转移到鲁中地区，鲁中党政军民要全面动员，支援前线，组织地方部队和大批民兵武装，封锁消息，破坏铁路、公路交通，袭扰打击敌人，配合主力部队作战。陈司令最后说："中央军委已有指示，'敌愈深入愈好'，你们可把敌人放至新泰，这更利于我军歼敌……"陈司令员讲完后，张云逸副司令讲了山东、华中野战军统一整编问题。谭震林副政委讲了1月下旬野战军开会的内容。他说："会上陈毅同志代表华东野战军前委作了《一面打仗一面建设》的报告，提出了必须树立整体观念，实行高度的统一指挥，克服山头主义、本位主义，统一意志、统一行动等问题。"

我们带着任务急速回到鲁中区驻地——南麻，准备立即开会贯彻落实。当时，鲁中区党委书记向明兼华野第八纵队政委，军区司令员王建安兼第八纵队司令，军区参谋长张仁初兼第八纵队参谋长。他们带领部队和野战军一起作战。区党委副书记、军区副政委兼政治部主任李培南，行署副主任程照轩，主要在鲁南前线组织支前。在机关的有区党委副书记兼军区副政委高克亭、行署主任马馥塘和我。我们召开了有区党委、行署、军区有关部门负责同志及地委书记、军分区司令员参加的会议，传达了支前任务。会后，行署、军分区立即开始了紧张的工作。早在2月1日，区党委就根据华东局的要求，发出了《为粉碎反动派进攻，全党全军紧急动员指示》，在全区开展了深入广泛的战争动员。在此基础上，区党委组织了区支援前线委员会，各专署和县也都加强了支前工作的领导，党政军机关抽调大批干部参加支前工作。在很短的时间内，就组织动员了大批人力、物力支援前线。鲁中军区也做了充分的准备，发布了动员令。在原来的基础上，共组织起40多个民兵和民工团（总称子弟兵团）。其中一军分区组织了21个团，二军分区组织了17个团，三军分区组织了11个团，每团500—800人。按班、排、中队、大队的编制，由乡、区、县的干部负责，干部不足的从基干民兵中调补。这40多个子弟兵团的分工是：辎重团——主要运输粮草弹药；担架团——主要抢救、转运伤员；民兵团——主要是配合骚扰敌人，破坏桥梁道路，埋设地雷，看押和管理战俘以及配合地方部队打扫战场等。多数是分开编，少数是混合编。为了更好地配合主力部队作战，2月上旬末，我们又成立了一个前线支援指挥所，从军区司令部作战科、情报科、通信科、政治部、人武部、后勤部等部门抽调干部组成，统一指挥全区地方部队和广大民兵进行破袭、爆炸。我特调军区人民武装部部长曹宇光同志到指挥所负责这件事。他是专搞民兵工作的，对组织民兵爆破有经验。我向他交代任务说："要准备大批地雷。铁雷不够，要造石雷。严密封锁敌人通行的要道路口、驻地边沿地区。"他们组织大批民兵，在博山至莱芜、莱芜至新泰的几条公路上开展破袭爆炸和配合地方部队积极进行日夜袭扰。这样一来，有效地迟滞了北线敌人的前进速度，杀伤了一些敌人，使其不敢轻易出动。同时，破坏了敌人的交通，使其物资运输极为困难。在我解放区实行空舍清野的情况下，敌人的供给发生了恐慌。由于我们地方部队和民兵的封锁，敌人得不到我军一点消息。我华野主力从南线转移北上，到了莱芜一带敌人两侧，将要把他们包围了，敌人还不知道。

2月10日，我军改变了在南线歼敌的作战计划，秘密北上莱芜地区，决心歼灭李仙洲集团。几天以后，陈毅司令员率华野司令部来到蒙阴以东、沂水西北一带。15日，他通知我们去汇报情况。我和高克亭同志到了王庄华野司令部，粟裕同志正向陈司令汇报各纵队行军情况和布置歼敌的方案。粟裕汇报完后，谭震林同志说："请陈司令决定。"陈司令说："好，就照这一部署进行。"然后我们向陈毅司令员等领导同志汇报了鲁中区支援前线的准备情况。他听了很满意，认为我们各项支前任务都落实得还好。陈毅同志签发了"华东野战军作战预备命令"后，粟裕同志已经离开。陈毅同志又向我俩讲了一些情况，大体意思是：我军在南线没有寻找到战机，决定调兵北上歼灭李仙洲集团。毛泽东主席已经同意了这一作战方案。并说，在北线作战有五个有利条件：第一，敌人侵入我解放区内地，人地两生，情况不熟，对其不利；第二，他从胶济线南下一二百里，孤军深入，便于我们消灭；第三，该集团中，国民党军嫡系、东北军、桂系部队混杂，内部派系矛盾大，部队都未整编，战斗力不很强；第四，王耀武、李仙洲意见不一致。王要李急速南下（王实际执行陈诚命令），李怕被我军消灭，不愿急速南下；第五，我们在解放区内作战，地利、人和，有胜利的把握……最后，讲了这次战役我军的作战部署。他说，我军决定分左（西）、中、右（东）三路军围歼李集团，从四面同时发起进攻，支援工作要特别加强，当即决定要我靠上第八、九纵队，负责组织支援东线兵团，并指挥破坏胶济铁路中段；让高克亭同志负责组织支援西线兵团（第一、六纵队）。高当时说，西面已派人去了，陈司令仍要求他去，并强调，一定要破坏潍县至张店的铁路，保证不让敌人通车……接受任务后，我们便回到区党委，按照陈毅司令员的要求进行了分工，同时决定，对莱芜以南向颜庄进攻的中路军（第四、七纵队）的支援，由二地委负责，并由行署主任马馥塘指挥。分工以后，我们各自带一部分同志去分头执行任务。

约在17日前后的一个下午，王建安同志回到军区司令部。他问了张店、淄博及莱芜一带的敌情和我们布置的情况后，说鲁南战役中四、九师伤亡较重，只补充俘虏兵2000多人；中央军委要求华东野战军每两个月要歼敌10个旅，今后打仗的任务很重，是否能马上调两个团补充四、九师？我说："部队现正在前线执行任务，是否在战役结束后进行调补。"他考虑后，同意战役后补充。又说："鲁中支前委员会主任由马馥塘同志担任为好，副主任仍由程照轩同志担任。这样，李培南同志可多注意部队战时的思想工作。"（李培南同志当时在场）我说："是这样决定的。"王建安同志又谈到国民党已决定重点进攻山东解放区，进入山东的敌人有50多万，今后的斗争任务很艰巨。军区的四师、九师、警备旅又整编为野战军。鲁中军区在这次战役中应多成立几个团，除补充四、九师外，应还有五六个团为好，以适应今后战争形势的需要。我们又谈了些其他问题，之后，王建安同志回到了八纵队。

莱芜战役于2月20日打响。第一纵队主攻莱芜，第六纵队主攻口镇，第八、第九纵队于普通、和庄地区截歼敌第七十七师。早已做好准备的鲁中子弟兵团，都跟随主力部队参加战地服务，积极支援配合主力部队作战。我所负责支援的东线兵团——第八、第九纵队主力，于20日上午伏击包围了从博山南下莱芜归建的敌第七十三军的第七十七师。经一昼夜激战，全歼该敌，莱芜战役首战告捷。尔后，第八纵队又奉命参加对莱芜敌人的总攻，第九纵队向北监视博山、张店的敌人。当时，我靠近和庄东侧，带了11个子弟兵团支援部队作战。子弟兵团的队员们，冒着敌人的炮火向前方运送给养、弹药，在战场上救护伤员，并及时向后方转运。此外，我们还承担了站岗放哨、打扫战场、看押俘虏等项支援任务，野战军有什么要求，我们都坚决地接受任务，认真地去完成。张店以东到潍县这段铁路破袭阻击任务，我放了鲁中教导团（600余人）、三地委一个大队和一些民兵基干团，并派军区参谋处长赵锡纯去组织指挥。他们配合渤海区的民兵武装（约1万人），彻底破坏了铁路数十处，炸毁铁路桥梁多处，搬掉了很多道轨和钢铁枕（那时，枕木是德国用钢铁铸成的轨道，被称为钢铁枕）。这段铁路，1946年上半年我在军事调处执行部济南小组时，是我们同美方、国民党方面斗争的重要问题之一。他们坚持修通，以利用铁路准备内战；我们则坚决反对。这次经我方破袭之后，铁路无法通车，潍坊和青岛的敌人不能向西增援，使我华东野战军主力部队毫无后顾之忧地在莱芜地区作战歼敌。在西线和南线，高克亭、马馥塘同志负责的支援任务也都完成得很好。

战役自2月20日开始，共打了三天。23日，国民党第七十三军、第四十六军分两路从莱芜向北突围。我华东野战军主力从四面将敌人包围于莱芜至口镇之间东西10余里、南北20余里的狭小地区，激战至下午5时，将国民党军七十三、四十六军的两个军部，7个整师5.6万余人全部歼灭。战役将结束时，鲁中军区及时下了紧急戒严的命令，严密封锁了莱芜战区，布下了天罗地网，搜捕溃散的国民党军，并负责打扫战场，修复道路，配属到各纵队的子弟兵团，都跟随部队进至胶济路西段的两侧地区。

在战役中，鲁中地方武装和民兵，共毙伤俘虏敌军2000多人，缴获轻重机枪30余挺，枪8000多支，子弹1万多发。莱芜战役结束后，我华东野战军在淄川一带进行休整。3月8日，华野司令部在大矿地以东召开莱芜战役总结大会，陈毅司令员表扬了鲁中地方武装和民兵群众。

（牛之营　整理）

莱芜战役中的鲁中人民

高克亭[*]

　　莱芜战役期间，山东人民在华东局和山东省政府领导下，全力支援前线，有力地保证了这次战役的胜利。鲁中地区是这次大战的主战场，鲁中人民更是站在支前斗争的最前列，为这次战役的胜利做出了突出的贡献。如今虽已过去近半个世纪了，但当年鲁中人民那种不怕流血牺牲，英勇参战，不惜一切代价全力支前的动人情景，却依然深深地印在我的记忆里。

　　鲁中区是老解放区，早在1939年，我党就在这里开辟了抗日根据地。在艰苦的抗日战争中，根据地虽数次受到敌人破坏，但仍然坚

----

　　[*] 作者当时任中共鲁中区党委副书记兼鲁中军区副政委。

持和发展起来了。到抗日战争结束时，已发展成面积为2.8万余平方公里，550万人口的解放区。在过去的战斗历程中，鲁中人民不管斗争多么残酷，环境多么恶劣，始终跟随共产党，英勇地和日军、汉奸拼，与顽固派斗，赢得了抗日战争的伟大胜利。抗日战争胜利后，鲁中人民开展了反奸诉苦运动，特别是经过土地改革，广大农民分得了土地（据鲁中部分县统计，有200余万亩土地分给了农民）。他们在政治上翻了身，生活上有了保障，政治觉悟空前提高，都把参战支前，保卫解放区，当作义不容辞的责任。这为后来解放战争的胜利，创造了有利的条件。

莱芜战役期间，我们遵照华东局的指示，在全区展开了广泛深入的战争动员。2月1日，区党委发出了"为粉碎反动派进攻全党全军紧急战争动员指示"。向鲁中人民指出了形势的严重性，和我区支前任务的艰巨性，号召全体党政军民紧急动员起来，全力支前，积极参战，以爬山头的精神，争取战争的胜利，对支前工作做了全面部署。与此同时，整顿和加强了各级支前领导机构，实现了支前工作的集中统一领导。支前委员会还在前线设立了前方办事处，以随时为前线调拨人力、物资等。

鲁中人民不愧为老解放区人民，区党委动员指示下达后，全区上下顿时形成了参战支前热潮。各级党政机关立即转入为战时服务，三分之二以上的干部直接参加支前工作；有200多个民兵爆炸队，及时完成了作战编制，当时即有百余队开赴各个前线，广大人民群众为了争取战争的胜利，积极踊跃到前线服务。沂源县历山区菜园庄贫农张秀等兄弟三人，其三弟参军在我主力部队，二弟已出夫，他本人也刚出夫回来，本来不需他再出夫，但他坚决要求再到前线服务，并鼓励别人说："打老蒋，大家干，我兄弟三人要去对半！"村里只好同意了他的要求，这一切使我深切体会到人民战争的真正本领，体会到我们的力量所在。

2月上旬，我华东野战军计划在鲁南地区寻机歼灭敌人，鲁中区一方面派干部带领数以万计的担架队、运输队，载运着粮食、物资，日夜向鲁南地区赶运，支援南线作战；另一方面，坚决抵抗北线李仙洲集团三个军的进攻，保卫我南线主力部队的后方安全。2月3日，北线的敌人从胶济铁路的明水、张店出发，南犯我鲁中区的莱芜、新泰等地。我们按照上级命令，把地方部队部署在莱芜、新泰和胶济铁路西段两侧地区，阻挠打击国民党进犯部队，已组织起来的民兵爆炸队，也活跃在上述地区，配合地方部队，展开地雷战、游击战，英勇地袭扰、杀伤敌人。他们在道路上、炉灶下、厕所内埋上地雷，使敌人处处挨炸，几天之内，敌人死伤300多人。他们还用各种办法打击、消灭出扰、侦察的小股敌军。更令人振奋的是，在敌人开始进攻前夕，莱芜一带人民动员了近十万人，几夜之间破坏了章莱、博莱、莱新等数条公路，使敌人无法前进，他们又实行了空舍清野，敌人要修路，却抓不到民夫，只好派四个团的兵力修路护路。要吃饭，公路不通，粮食无法运输，要抢粮，群众把粮食都藏起来了，抢不到，加上民兵的袭击，使敌人军心动摇，有些官兵罢战逃跑。敌人在我鲁中军民的英勇阻击下，前进很慢，一日行程不足20里。这既给我后方军民争取了备战时间，又有力地配合了南线主力部队作战。

2月5日，华东军区司令部通知我们去开会，我和邝任农同志及时赶到了军区司令部（驻临沂附近的一个村子里），陈毅、张云逸、谭震林等领导同志接见了我们。他们分别向我们讲了当时的形势、我军的作战意图和部署，主要交代了鲁中区的任务。我军原打算在南线寻机歼敌，粉碎敌人进攻，但由于敌人齐头并进，兵力密集，不好寻找战机，于是决定改变原来的作战意图，留少数部队在南线阻击，主力火速秘密北上莱芜，歼灭孤军深入的李仙洲集团。这样，战场就转移到鲁中地区。要求鲁中严密封锁消息，就地支援我军，配合主力作战，我们接受任务后，迅速回到区党委驻地沂源，抓紧进行部署落实。

当时的情况非常紧急。我军主力从2月10日开始从南线启程北上，20多万大军几天之内要云集莱芜周围地区，原赶运鲁南的大批物资，一时跟不上来，要从给养、草料、民夫、向导等方面满足部队需要，无疑是一个严峻的考验。我们召开紧急会议，抓紧研究、部署，分派干部到各地督促落实，区支前委员会下达了紧急训令，号召人民群众全力支前，保证供应，决不让一个战士挨饿，不让一个伤员停留在火线上。

"就地支援"的一个首要任务，就是准备给养。20多万军人吃饭，还有紧跟而来的支前大军，这个需要量是相当大的。粮食的来源，一部分是战前从渤海区运来的；一部分要从群众中筹集。鲁中人民听说要打老蒋，情绪极为高涨，他们宁肯自己吃糠咽菜，决不让部队挨饿，都纷纷把自家的粮食拿出来。有了粮食，还要加工成面粉、小米和熟食，劳动量之大，是可想而知的。但这难不倒鲁中人民，各县各区，村村户户，男女老幼都行动起来，克服一切困难，坚决完成任务，他们把所有的碾子、磨子都转动起来，把所有的锅灶、鏊子都利用起来，日夜不停地给部队赶做给养。很多大嫂甚至五六十岁的老太太，都几天几夜不眠不休，在锅台前、鏊子旁忙得不可开交。有的眼睛熬得通红，有的竟累得困倒在鏊子旁边。十二三岁的娃娃，年逾花甲的老大爷，也都抱起磨（碾）棍转个不停。当时碾米的任务很重，碾子不够用，人民群众在实践中开动脑筋，想出一个很好的办法，把铜钱垫在磨脐上，用磨"碾"米。这样既能脱去谷糠，米粒完好无损，效率又高。经过几天几夜的奋战，各地都做好了充分的准备：沂源县备好白面、熟食百余万斤，碾好小米300万斤；蒙阴县制就生熟给养200万斤；新泰县青龙区，七昼夜磨面100万斤；莱芜、博山人民烙做了大量煎饼；章丘人民做了大批馒头、窝头等熟食，各地还组织了许多运输队，把给养运送到战区。这样，既保证了我大军的急需，也为以后准备了足够的食粮。这在当时的条件下，的确是一个奇迹。

鲁中的沂蒙山区，道路弯曲难走，部队夜间行动，需要很多当地群众做向导，人民群众便积极给部队带路。当时仅莱芜县即出向导8000余人，男的不够用，妇女踊跃参加。有的妇女甚至背着孩子，带领部队穿山越岭向战区开进。与此同时，还紧密配合部队，严密封锁消息，直到把莱芜敌人团团包围。

在2月16日左右，当我们几人正在紧张地工作时，陈毅、粟裕和谭震林等领导同志从临沂抵达蒙阴一带，通知我们去汇报情况，我和邝任农同志立即赶去，几位首长正在研究作战命令。我们向三位首长汇报了莱芜敌人的动向，和鲁中支前准备工作情况。陈毅同志听了汇报后很满意，认为我们各项工作做得很好。我们汇报的情况，也证明了华野司令部制定的作战命令符合实际，粟裕、谭震林同志即请陈毅同志签发作战命令。陈毅同志从上衣口袋里掏出一个红皮小本翻开，上面记录着国民党军队的序列和将官姓名，他用红笔在李仙洲名字上有力地一圈，坚定地说："活捉李仙洲！"随即签发了作战命令。然后，陈毅司令员向我们讲了一些情况，及我军北线作战的部署，最后对我说："叶飞纵队主攻莱芜，任务很重，为确保他的后勤供应，最好你亲自到那里去和叶飞一起活动。"当时区党委已派组织部长董琰等同志去莱芜，陈司令员仍不放心，要我一定靠上去支援西线部队一纵队，要邝任农同志靠上支援东线第八、九纵队。

我们按照陈毅同志的指示进行了细致的分工，同时决定行署主任马馥塘同志负责支援中路军（第四、七纵队），之后，便分头行动。我带一部电台和机要警卫人员坐汽车先到了蒙阴，为避开新泰敌人，又由部队护送，于夜间秘密从新泰城南穿过，天明到了羊流，接着赶到莱芜南部的莲花山区和叶飞同志会合。叶飞同志见到我，很高兴地说："我们接到了司令员的电报，知道你要来，我们欢迎。泰山区人民支援得很好，要什么有什么。"我说："还有什么困难，尽管提出来，我们尽力解决。"叶飞同志让我和部队的后勤住在一起，以便随时联系。之后，他便到前边指挥作战去了。在口镇北领导支前工作的泰山地委书记林乎加同志，和区党委去的董琰同志听说我来了，就派在莱芜城南负责支前的泰山区副专员刘舜卿同志来向我汇报情况。他说支前准备工作做得很充分，地委、专署及县、区的干部都层层进行了分工，深入战区，领导支前工作。担架、民工都组织好了，跟随部队行动；粮食、蔬菜、军鞋等准备得很足，供应不成问题；还准备了大批白布，以备包裹战斗中牺牲的烈士遗体。听完汇报后，我对支前的一些具体问题作了研究，然后发报向陈毅同志作了汇报。

20日，莱芜战役打响，我军各部队相继向和庄、莱芜、口镇之敌发起了猛烈进攻，战斗十分激烈。此时，鲁中人民的支前工作达到了高潮，在前线，40余个民兵子弟兵团活跃在炮火炽烈的战场上。他们人人抱着支前立功的决心，与其他地区的子弟兵团一起，冒着敌人的枪林弹雨，不顾敌人的扫射轰炸，一趟又一趟地向前方运弹药，向后方送伤员，表现得非常英勇顽强，沂南县民兵排长张学成、沂东县民兵班长郭明春，不顾疲劳，连续参加了12次火线抢救；沂源县民兵乐素文等三人，在战场上勇敢地打死冲向我伤员的敌人，救出伤员，再转运到后方。在转运伤员的途中，担架队员们抬得稳，走得快，跋山涉水，不怕劳累，还热情周到地照顾伤员，使伤员很受感动。运输队员把弹药一直送到火线上，情况紧急时，有的还直接递到战斗员手里。莱芜县贫农出身的民工刘玉举，不顾生命危险，多次用小车向口镇的火线上运送弹药，在途中不幸被敌机射中，英勇牺牲。临终时他断断续续地叮嘱同伴："不要管我，快把子弹送上去！"

在后方，鲁中500万人民全力以赴为这次战役奔忙，其中有50万人参加战地服务。据不完全统计，全区出动担架18000余副，出动小车2万多辆，还有很多大车、挑夫等。当时青壮年男子除参加子弟兵团、担架队之外，其余主要参加了运输队。广大妇女、老人、儿童则在家挑起了支前工作的重担，他们站岗、放哨、修路、磨面、做给养，各项工作都完成得很好。特别是妇女，在这次战役中贡献很大。男干部都上了前方，许多妇女干部代替他们领导村的全面工作。当时鲁中就有100多名这样的区妇女干部，工作都做得很出色。战勤运输紧张时，妇女们积极向前方运送给养。莱芜的妇女就向火线运送给养5.5万多斤；沂南、沂中有1万多名妇女参加运粮。战役开始后，我军一些伤员转运到后方医院，妇女们很快组织起许多伤员招待所、慰问团，备下鸡蛋、挂面慰问照顾伤员。有的还到医院给伤员洗衣、做饭、喂饭。莱芜县的10个区，就给伤员送了1600多只鸡，4万多个鸡蛋和2万多斤挂面，表现了军民之间无限深厚的阶级感情。

在战斗中，鲁中人民配合我军英勇歼敌，在战场外围，广大民兵配合我地方部队，破铁路、炸桥梁、打袭扰、阻止敌人援军。在战区，更是全民皆兵，人人参战。2月23日，我军围歼了李仙洲集团后，敌人有许多溃兵逃散在战区及其周围的山野中，当地人民遵照鲁中军区的命令，配合地方部队四处搜捕。莱芜县茶叶区的民兵，战役中共捉国民党军散兵400多人；这个县常庄区的车辐南峪村民兵，包围了13名国民党军散兵，敌人负隅顽抗，该村男女老少一齐出动，手持权、锨、木棍，高喊着号子冲向敌人，吓得敌人全部缴枪当了俘虏。这次战役中，鲁中民兵共毙伤俘敌2000余人，缴获迫击炮1门，小炮12门，轻重机枪34挺，长短枪500多支，电话机1部，还有大批弹药和军用器材。

战役结束后，我主力部队迅速撤离战场，准备向北歼灭进犯胶济线的敌军。鲁中的子弟兵团和运输队便随军执行新的任务。我们立即组织人民群众及时修复被炸坏的公路，使我军迅速北进。当时，仅莱芜县境内就修通公路达400余华里，从而保证了我部队畅行无阻。此役，我军俘敌4万多人，看押俘虏的任务很重，广大民兵和地方武装，以高度的警惕性和认真负责的精神，把俘虏押送到指定地点，圆满地完成了任务。大战之后的莱芜战场，敌尸盈野，弃物纷扬，充满腥臭气味。为避免瘟疫的发生和迅速恢复生产，鲁中一地委遵照陈毅、黎玉同志的指示，发动组织当地人民群众彻底打扫战场。他们首先将牺牲的烈士遗体用白布裹好，安葬在新设的烈士墓地中，又把敌尸和战场上的碎棉布、马尸、乱纸等狼藉之物分别进行深埋和清理。很短的时间，他们共安葬烈士450余名，埋葬敌尸6400余具，战场恢复得一如战前。

我军在莱芜战役的胜利，威震四方。此时，张店、博山等地的敌人，惶恐不安，弃城逃跑。我军乘胜扩大战果，收复了几十座城镇，华东局、华东军区、华野司令部进驻了淄川。

3月份，华东我军进行了大休整，在淄川以东大矿地召开了军事会议，总结莱芜战役经验，华野各纵、华东军区、我们区党委及军区负责同志都参加了，陈毅同志主持会议，粟裕同志作了总结报告。休整期间，我又一次见到陈毅同志，他热情表扬了鲁中人民，特别是莱芜人民在这次战役中的贡献。他说，人民群众吃苦了，莱芜的老百姓贡献很大。他一再嘱咐要把尸体掩埋好，以防引起瘟疫。他还指示我们，战后人民一定很困难，区党委要从财政上支援他们，要搞好生产救灾，要表扬慰问莱芜人民。我们在清扫战场、掩埋尸首的同时，派干部带赈济粮10万斤、款百万元，慰问救济了遭国民党军劫掠的受灾人民，使灾区群众得到莫大的安慰，受到很大的鼓舞。

在莱芜战役胜利40周年到来的时候，我撰写了这篇回忆，以纪念这次具有重要意义的胜利，纪念山东人民、鲁中人民在这次战役中创立的历史功绩。

（1987年）

关于争取国民党第四十六军军长韩练成的工作情况报告

刘贯一[*]

　　四十六军是1946年冬由海南岛船运青岛转入胶东的。事前他与我中央建立了关系。该军到山东后,中央即将此关系转告华东局,经数次派人疏通及我高级负责人前往接谈,即又在山东正式与我建立了关系。随后我派员打入,前后三个月。由于我党的领导及工作同志正确地掌握政策,配合完成了(莱芜战役这一)空前的胜利,兹简略报告经过情形如下:

　　＊　刘贯一,当时任华东军区政治部联络部部长。

甲、（略）

乙、（略）

丙、三个时期我内线工作情况

第一个时期：兰（底）胶（县）时期（1947年1月6日至29日）

当杨斯德同志①（当时化名李某）及刘同志②二人（以下俱称李刘）开始进入该军正式工作时，该军军部已调往胶县附近。这个时期曾进行了以下工作：

要求韩约束留驻兰底部队，不得出动，而韩则答称："兰底仅驻一个师，是为便于彼此联络。当然你们（指我军）下级干部看得很狭小，其实这是小问题，要照顾大的方面，请你们告诉舒（同）主任。"

从韩之口中得到他对胶东战局之观察，实系一重要情报。如韩说，关于最近情况，他有两种判断：第一种，五十四师可能沿津浦线向南打通，韩这个军可能接受胶济线防务。韩并说出他的计划：一个师驻高密，一个师随军部驻胶县东。如此，请我们不要破路，并说我们南北交通可以畅行无阻。第二种可能，五十四军由高密沿高诸路（高密到诸城）进攻诸城，韩这个军也可能配合。如此，建议我们，如决心保卫诸城，应集中力量消灭五十四军，用少数部队牵制他韩部一下，以便迟缓前进。并请我们拿出一部分力量积极威胁胶东，以便使韩之部队仍拖回胶东。韩说，这是他的判断，假如超出以上情况，

①　杨斯德，当时任胶东军区联络科科长。

②　刘同志，原名解魁，化名刘某，当时为胶东军区联络科干事。

临时通知我们，并说今后联系很重要。我工作同志又要求增加了一个交通。此时，为反映情况，研究对韩工作，我李同志曾返胶东军区一次。

我工作同志回去后，又得报告，韩之四十六军即西调淄博，配合十二军行动，1月29日即由兰底撤退。韩希望我们能让其安全撤退，即驻青岛部队亦要让其全部顺利西开。他建议我们，当时应对胶济线采取沉默方针，待该军西开后，可即向即墨、兰村等地行动，以求得将该军牵回。我工作同志当即派人将此种情况告知军区。

第二个时期：全军西调博山，向我鲁中进攻到莱芜战前时期（2月3日至20日）

1. 在博山期间

该军2月3日全部到达博山，因陈诚部署在山东南北夹击我军，王耀武、李仙洲等于1947年1月31日抵博山，于2月1日召集高级军官会议。会议讨论向我军进攻，韩亦参加。我工作同志当晚叩询韩情况和军事布置，以便向鲁中军区联系和报告。

韩答复谓：鲁南正处于决战关头，双方正调集军队进行会战。此一会战是整个形势的转折点。决定北线由韩统率四十六军，并七十三军一部、十二军全部，准备各就原地向莱芜、新泰进攻，十二军担任莱芜方向；四十六军直开新泰方面。关于十二军我有法约束，故须鲁中很好掌握政策，同时胶济线上可以动作。快与鲁中取得联系，问其有何要求，为便于约束部队，亦请王（建安）司令告知其部队一般情况。

我们工作同志得到上项情况后，2月3日这天派刘出来，以寻找韩之旧友杨□雷为名，到我鲁中军区联系；除报告各种情况外，并向鲁中提出建议：派干部并在要道设联络点；即印发宣传品及宣传方针内容；请将鲁中一般情况告知。

2. 由博山南下占领我莱芜、新泰期间（2月4日至8日）

该军是4日由博山出发的，8日占领了我莱芜、新泰两城。这时我李同志随韩一起行动，途中所谈问题颇多。主要内容有，韩于出发前一天谈："今天山东只有四十六军比较完整，王耀武还不是指望这个军吗？我不能白白牺牲此军，能错开战争焦点，将来作用很大，小可控制胶济路，大可北向平津，给李（宗仁）、白（崇禧）撑腰，到一定时期迫李、白出面表明态度……"

我工作同志听到他这些话，向其提出："初到鲁中地区，应注意以下问题：尽量拖延时间，以给鲁中部队好印象，亦是你对人民之具体表现，否则恐引起误会。刘初到鲁中，人地生疏，必然中途颇多困难，而舒主任是否电告鲁中，亦不得知，应掌握部队纪律，如发现民兵不要积极进攻，最好用火力威胁一下，以避不必要伤亡……"

在第一天宿营和庄时，韩告李说，上面命令让他6日占领新泰城。表示对上级不满，说，他要给鲁中一些时间准备，同时谩骂其上级。

在第三天，行止于蛇沟一带途上，韩未见刘回，相当着急，马上要李在当地寻一人带一封信去联系。适遇两老头行走，将他们叫来询问种种情况。二老头闭口不答，一问三不知，同时已知当地群众逃避一空。李向韩说："这些人送信不可靠，只要路上没多大问题，刘很快就会回来，因此仍要等候，不然，我可出去。"韩同意等候。

第三天行军晚上,李已得悉七十三军跟在后面。向韩说:"你这个军在前面掩护他们,很难不让人怀疑。"韩即向李解释:"当然这是蒋介石一贯政策,王耀武不会令七十三军在前头的。但咱们在前也可给鲁中一些方便。我决定明日不动,让一八八师(进攻鲁中先头部队)炮击颜庄南山,如此就可以争取两天时间让鲁中准备。"次日果然执行,事实上该师亦有整顿必要。李提出:"如进新泰,不能带还乡团。"韩说:"县长等都在李仙洲处,可让他们迟一点去。即去,我亦有交代。"

3. 进驻新泰及颜庄期间(2月8日至20日)

该军于8日占我新泰城后,9日即调整布置。此时刘仍未回(刘是2月3日出去前往鲁中军区的,到9日已一周未返)。一方面韩相当着急,一方面我李同志看到敌人在军事上可能暂告停止,同时需将情况报告鲁中,因此决定于2月10日前往蒙阴(蒙阴在新泰南为我地区)。恰遇我野战军侦察科长,李除将四十六军等部进攻鲁中等情况详细报告外,并陈述了韩之意见。大意如下:

(1)建议陈军长一心一意掌握鲁南大会战,因这次会战关系整个大局,不必顾虑北线。如北线有力量,动作时可告诉我,以便配合,最好打十二军和七十三军;如没有力量亦请告诉我,可以设法应付。

(2)最近行动可能有两种,故我有两种建议:一种可能攻占蒙阴,这种可能让我这个军去占,在新(泰)蒙(阴)地区打击和消灭七十三军;第二种可能是两个军齐头并进,但这个可能性不大,这种情况下,当然执行起来有困难,但如七十三军前进,我则将部队向后拖，如不去更好。

（3）为便于联络及时，及我将来向他处调时，可搞一部电台距我二三十里，并可继续派联络人员。

（4）如将七十三军、十二军完全消灭，仅剩我这个军时，可派一负责干部具体研究出去之办法。

（5）能否派人前来，有何要求否？

这时，我山东军事形势是：敌人集中大量兵力于陇海线，每师相距不远，采取肉球战术。因兵力过于庞大，硬骨头我军啃不掉，已决定大军向北，把北来敌人吃掉。（因北面）敌人兵力比较弱，又有四十六军内部工作，全部消灭北线敌人比较有把握，故此时大军已秘密向北线急剧运动，野战军情报科长亦正是搜集情况而与李相遇于蒙阴北者。当时该侦察科长建议李速返回四十六军，以便了解北线敌人各军情况、驻地，因此，李未到蒙阴去，于10日当天即中途折回。

回时，李这样答复韩："我与军部某同志已取得联系，你所谈问题，已详为转告陈军长，故陈军长之意见可能由鲁中转来，明后日再派人前往。"

这时，李即正面叩询北线各部队的位置，韩大体上告诉了点，但韩又郑重向李提出：

（1）现在已决定要我向蒙阴进攻，是用全军兵力或一个师兵力暂不详。

（2）假设我全军行动，一定拖延至18日到达蒙阴；如果一个师进攻，先进至常路，看情况决定前进或后撤。

（3）告诉我是否决心保卫蒙阴城，及军事机关布置物资所在地，以免发生误会和不必要之损失。

（4）如果决心保卫蒙阴城，应马上大量制造宣传品，在我前进道路上发帖（内容最好是欢迎各个番号之主力军保卫蒙阴城），同时广泛散布流言，我好借此吓唬李仙洲说："八路军主力军多，前进困难。"

（5）我未前进以前，首先向前进路上空打二三炮，如他们决心阻止我前进，应在高地上放一把火，我即不前进或缓进。

（6）告诉陈军长对我不要怀疑，同时通知部队不要摸岗哨，应从大的方面着眼，因这样不能解决基本问题。

在这里，我们谈谈刘之行止。刘是3日（从）博山出发前往鲁中军区的，因等候数日，辗转于14日始到蒙阴。此时，陈军长已到蒙阴。刘将韩部情况报告后，陈军长嘱刘于15日返回韩部，并带回陈军长的意见如下：

（1）他诚意地告诉我们好多问题，表示谢意。我们希望他永远为民主事业携手。

（2）我党中央与我对其毫不怀疑，请放心。我野战军决不打他，为了使咱们的工作不暴露，不能把这个问题告诉地方兵团，因而摸岗捉哨在所难免。希望不要在意，没有什么关系。

（3）我们有足够力量确保蒙城，如不保蒙阴会直接影响南边之会战。告诉他最远进到常路（距蒙阴北30里），否则任何军队去即打。至于南北两线，我们亦有足够力量与充分条件取得胜利，亦希望其放心。

（4）希望今后不间断地取得联系，以免发生误会。

（5）我们的机关物资所在地，新蒙山区都有，我之主力完全在常路东山一带，地方兵团完全在两侧。

当晚（2月15日），我李即将陈军长意见告诉了韩。韩表示："很好，很好！我的计议上边（指李仙洲）已采纳，决定部队后撤，不进攻蒙阴了。如此不仅蒙阴可以暂时免去威胁，而且南线可以放手大打。你说的情况很对，我也已了解新蒙山区一定是物资所在地，汶南有政权机关（专署）。我感觉陈军长对我多少还有些怀疑，希望他以对待自己同志的态度对待我。另外，如这次部队北撤，仍希望不要打车破路，因为从新泰到博山途中都是我的部队。七十三军、十二军他们在莱芜方向，要打，就集中力量打他们。"我李当即说："那就让刘明天出去。"3月16日（刘返回第二日），我刘同志又被派出来到陈军长处报告情报。此外，当四十六军于8日进驻新泰后，唯恐向南突出，驻数日，曾将其军部一度北撤到颜庄，因陈诚不同意，该军部又于3月17日重返新泰。

第三个时期：莱芜战役打响到结束时期

莱芜战役是从20日打响，至23日全部结束。因我正确掌握了策略，四十六军工作至此完成了配合全战役的光辉军事胜利。

第一天过程（2月20日）

（一）2月20日这天，四十六军又奉命北开颜庄地区，到午后4时，博山南北有炮声。同时，在颜庄东北蛇沟东北高地，四十六军与我某部接触。

（二）天已黄昏，刘返。霎时韩的情报科长即来说："军长请李先生。"李即答："稍等一会儿。"刘回来，陈军长指示他们要点如下：

（1）我们对莱芜战役之决心和布置：决心把李仙洲总部和七十三军、四十六军、十二军一个师全部吃掉，不过开始不打四十六军，先打莱芜城李仙洲总部和七十三军全部与十二军一个师，待解决后，再将四十六军包围起来，迫其举义或放下武器。

（2）估计战役的炮声响了，李仙洲一定要韩增援，因此，我们第一阶段应该力争不让他增援。说明只要他不增援，绝不打他。等着莱芜解决后，应积极活动。告诉韩，如果增援，那就没有办法，必遭被歼之命运。

（3）为了求得这个战役的彻底胜利，决不撤出你们两个同志。你们在其内部应积极活动，动摇韩之军心。

（4）你现在马上回颜庄（四十六军驻此），等着打响了，再把我们之决心和布置大体告诉他一下。

（5）略。

（6）最后我代表党中央和华东局向你们两个同志表示党对你们的态度，党对同志是非常爱护和关心的，为了完成这一光荣任务，需要你们两个同志去担当。这时我刘同志即向上级表示："党和上级耐心地教育了我好几年，请上级放心。"又说："杨科长（指李）的质量比我高得多，亦请首长放心。"

（三）正在研究上级指示，韩之情报科长熊××又到李、刘处说："请李先生。"李又对其情报科长说："刘先生还未谈完，告诉军长再稍等一会就去。"这时，他们即根据上级的指示，加以研究。后韩又派其卫士来请，估计时间已差不多，炮声快要响了，当即同往，将所研究之问题一一陈述于他。韩听后说："王建安能掌握政策吗？下级干部们眼光很短，一旦将七十三军打完后，回过头来再打我，那怎么办呢？再说亦晚啦！因此，明天一定要派刘去联系，尽可能让李政委到前方来掌握政策，另外派一高级干部化装进来，以便具体研究七十三军消灭后这个军如何行动问题。"李即提明日无论如何不增援的问题，最后研究可打假仗。同时，事实上东北方向早已打响，对李仙洲也说得过去。韩最后即同意。

韩即拿起耳机告知一七五师前边部队，令他们在战场上喊话说："我们是'钢军'四十六军，今天才开来，你们走吧！我们是韩练成将军指挥的队伍。"又向李仙洲打电话，线已被截断。李又以安慰的口吻说："东北接触之部队不要再积极进攻，否则惹起误会，即不好办，事实上那边部队又没来攻击。"韩即同意用威力和火力攻击，故晚间枪炮声不绝于耳。

（四）韩提出明天出去联系问题。当晚刘、李研究，认为不能出去。原因就是：韩要请一个高级干部来谈，也不过是一般的问题，同时他之企图要我们让开一条路，尽早突出包围圈，当时估计在这个时机高级负责人也不可能来，也没有来之必要，如出去再回来使我们也很难回答他，故决定不出去联系。

第二天过程（2月21日）

（1）21日早晨，李向韩说，情况这样复杂，出去很难马上回来，又无联系地点，一旦不能回来，到紧急情况就无法出去联系。韩同意。这时韩说："李仙洲已令我增援，故决定今日到南冶一带。我已告诉部队迟一点前进，最低能争取昨晚和今日半天之时间。如此莱芜即可解决问题。"李又郑重向他说："如前往增援一定打上，同时一定会引起误会，因此要慎重。"韩即说："李之命令不去不行，还是向前动一下，看情况再说，哪里打上哪里停下。"于是当日即慢慢前进，不巧我途中没有打援部队，故至下午4时即到达了南冶一线。这时，我之部队即跟踪追击而来，战斗相当激烈。

（2）正在战斗激烈之际，王耀武乘飞机而来。先与李仙洲讲话说："要四十六军进城"，李未答，王又和韩讲："限你即刻入城门"，王即离去。这时，韩摔电话机说："完啦，完啦！我这个部队毁在他们手里。李！你说怎么办？"李说："这已经很难分出了，还能进城吗？我同意不能进城。"

（3）到晚间，四十六军即进城，因事先七十三军不清楚，发生了误会，不让进城，后交涉了一下，韩带李进去，至李仙洲处。当晚他们决定部队仍宿河南（靠莱芜城有一条大河），只军直及特、工、炮、辎等部驻城东关。李在李仙洲处与七十三军军长随从副官谈话，了解到七十三军七十七师已被我歼灭，吐丝口已经攻入，昨晚我×部已攻入莱芜城东关，是夜我军又攻击三次。李仙洲等原决定该夜即突围，但韩不同意，韩说："我的部队都在河南那边，晚间行动困难……"

第三天过程（2月22日）

（1）22日拂晓，四十六军驻河南部队从河南向城内收缩时，受我杀伤很大。据说当时失掉联系的及伤兵不下千余人。在其部队极度混乱动摇之际，韩说："李，你有什么意见？完啦！"李即反问："你能掌握哪些部队，你的意见如何，李仙洲等他们在搞些什么？"

他说："我只能掌握特务营，其他你知道，他们都是贵族子弟，不到一定程度我说他们能听吗？"李又说："举义那是最好的，但你说不能掌握部队，那有何法？我现在只有负保护你的生命安全之责。我想只有一法，提早离开部队，免受个人生命危险，尤其你不同于一般人，否则，随军突围，那是危险的。至于我们牺牲了，对于一个共产党员来说，是没有什么关系的。"李意在使其部队失去指挥，以利消灭。韩即同意说："好，就决定这样办。"

（2）22日晚，李仙洲与七十三军军长韩浚、四十六军韩及李之情报处长陶××开会，研究如何应付这种情况，各种办法亦多研究了。后决定于23日向吐丝口方向突围。经过20日、21日、22日，三天之战斗，官兵情绪已起了很大变化，尤其是疲劳不堪，真是"主官无主见，小官光埋怨"，形成极度混乱局面。

第四天过程（2月23日）

23日拂晓，部队向北突围，李即将韩带出藏于莱芜城内，我军当即将其全军消灭于莱芜以北地区。至此，工作告一段落。

在莱芜战役期间，我做到了使韩（之）部队迟迟不进，便利我部队顺利地运动和完成军事布置，同时亦拖住了七十三军。两军相并突围时，能争取其提早脱离部队，使全军失去指挥，在我大军重重包围之下，迅速崩溃解体，直接影响了七十三军，故在很短时间内胜利地结束了这一战役。

（1948年1月3日）

（华东战史资料政工类第十五卷第23号。本文有删节）

在国民党第四十六军内部工作的情况

解 魁

　　四十六军是1946年冬由海南岛船运青岛转入胶东的。四十六军是广西军桂系的主力，不是蒋介石的嫡系，素有"钢军"之称，崇拜李宗仁、白崇禧。同蒋有矛盾，他们不称蒋介石是蒋主席。全军约有2.6万人，下辖新十九、一七五、一八八三个师，韩练成任中将军长。少将副参谋长郭鉴淮和他关系不错，还有一个少将参谋长兼政治部主任叫杨赞谟。新十九师少将师长巢威，我听说这个人是个特务。一七五师少将师长甘成城是李宗仁的侄子，一八八师少将师长海竞强是白崇禧的外甥。这个军大体分为两派，以军长韩练成为首的一派，包括副参谋长郭鉴淮和部分参谋人员、部分营、连、排长；另一派以海竞强为首，因为士兵百分之九十以上是广西人，韩练成是甘肃人，实际上四十六军为海竞强所掌握。

听说周恩来和董老（董必武）都和韩练成相识，根据韩本人及四十六军是桂系部队，不是蒋介石的嫡系，同蒋有矛盾，又有反蒋思想；部队转入我胶东后怕被我歼灭，具有浓厚的保存实力这个特点，所以中央指示华东局可主动与韩练成打通关系，经数次派人疏通后，华东局派舒同、杨斯德同志前往接谈，即在山东正式与我建立了关系。韩练成要求我方派员打入内部做联络工作。

1947年1月初，杨斯德同志带领我进入兰底，开始在四十六军内正式工作，名义是高级情报员，韩将我们两人的名字都报南京。后杨科长（杨斯德）又以秘书的名义出现，杨科长化名李一明，我化名刘志斌。1月份在胶东兰底一带时，杨科长曾回胶东军区汇报过一次。我们要求韩练成约束他的部队不要出动，以免发生误会；他也要求我们不要破路，这样便于南北交通畅通无阻。他说，如果五十四军进攻要他配合时，他要我们集中兵力歼灭五十四军，用少量部队牵制他韩部一下，他即缓慢前进。如果要他离开胶东，他要我们积极进攻，把他韩部拖回来。这就可以看出，韩练成是不愿意离开胶东的，他企图保存实力，怕被歼灭。

1月底，韩部由兰底西调淄博，配合十二军行动，他要求我们在胶济线上保持沉默，待他西开后，要我们立即向即墨、兰村等地行动，以求把他这个部队拖回来。这也看出韩练成是不愿离开胶东的。这个情况杨科长也向胶东军区回报了。

2月初，四十六军全部到达博山。王耀武、李仙洲在博山召开七十三军、十二军、四十六军三个军的高级军官会议，研究向我军进攻事宜，韩练成亦参加。杨科长当晚向韩询问军事部署情况，并将会议的详情对我讲了。当晚下半夜，即派我去鲁中军区联系和报告。

我是第一次到博山，地理不熟，下半夜出去，路上碰到两次便衣盘问，都被我以国民党谍报人员的身份搪塞过去。并向他们问明了到东南方向去的路线。到了博山边界的饭铺里，我吃饭时碰到十几个还乡团，还乡团老看我，我便拿烟抽，也给他们烟抽。为了了解情况，便于顺利地出去，同他们谈了两三个小时，从他们口中知道了鲁中军区的住址及要通过边缘村庄的路线。他们说这两个村中，白天是国民党的便衣特务、还乡团去活动；晚上是我们进去活动。村外不远都被我们县大队、区中队民兵封锁了，到处都埋下了地雷，出去也危险。我为了安全地完成任务，找人带路。我又问还乡团，这些村哪些人最好，哪些人最坏？他们说，最好的是倾向他们的，最坏的是我们的人。

从他们那里还了解到：左边村子东北角上，有个开中药铺的老板，50多岁，他们说可能是个共产党员。根据了解的情况，我拂晓便进了左边这个村子，找到了中药铺，但还没有开门。我便以买药救老娘的名义把门叫开，目的是让他把我安全送出去。结果开门的不是那位50多岁的老板，而是个30多岁的青年。一见面我就说，我老娘病重，急着买十多味药，请老先生出来给我配。他说老先生不在家，要我把药方给他，他也能配。我一考虑，天刚拂晓，他披衣开门又会配药，肯定是药铺家里的人，可能是老板的儿子。于是，我马上改口说，同志，请你不要害怕，实话对你说，我不是邻村来买药的，我是借买药救老娘的名义来叫你的门，我不这样说你也不会开门。我是胶东军区的侦察员，从胶济铁路线跟踪国民党军队刚到博山，要找鲁中军区报告敌人的情况。我反复诚恳地对他说了约3个小时，他不吭声。我又讲，据还乡团说，这里已经被县大队、区中队民兵全部封锁了，到处都埋下了地雷，外出危险。因为我要向鲁中军区报告一个特别紧急的情报，怕路上不安全，耽误了重要任务，对党和人民造成重大的损失，所以，才来请老先生带一带路，告诉我们的部队、民兵都在什么地方，我好去找他们，把我送到鲁中军区去。他也听说，出村2里多路被地雷封锁了，也不知道部队、民兵在什么地方。无论我怎么讲，他都不肯带路。最后我讲，我刚才吃饭时，在饭铺里碰上了10多个还乡团，从他们口里知道，你家老先生是共产党员，是自己的人。所以，我才敢对你讲，求你帮助，就我一个人，身上什么都没有，只有几包香烟。这时，我把衣服都脱了给他看，以示身上什么都没有带。我又说，还乡团已经知道老先生是共产党员，请你告诉老先生要特别当心，格外警惕。一会儿，老先生从后边出来，我又给他说了一会儿。他看出来，不给我带路，我是不走的样子，才对我讲："我不是共产党员，我不管你是哪一面的，看你硬要我给你带路，我只能给你往前带一段路，不能带很远。"这个老同志才领着我顺着挖煤的小路，送出我一里多路。他说我不能走了，前边不远的地方就有人，他就指路让我前行，要我注意。

离村有2里多路，我刚下坡，就被十几个带枪的民兵用枪指着了。为了避免误会，我马上举起双手说："请不要误会，我不是敌人，我是咱们自己人，用不着枪口对准我，不相信，你们可以搜。"他们把我全身上下搜了个遍，把我的香烟、国民党的钞票、胶东军区的一个通行证及小手巾全部拿走，把我双手向后绑起来，4个民兵持枪把我押到3里多路以外的一个民兵指挥部，反复进行了大半天的审查。把全身衣服脱下来检查，把香烟撕开检查，问我到底是干什么的。我说：我是胶东军区派出的侦察科长，从胶济铁路线跟随国民党军队进行侦察，刚到博山，我是来找鲁中军区报告紧急军事情报的。他说：胡说！你是高级特务。我说：你们不相信，请快把我往上送，越快越好，千万不要耽误了时间，因为我的情报太紧急了，最好直接把我送到鲁中军区，否则，你我都负不了这个重大责任。我不是什么高级特务，是胶东军区的侦察科长，我叫解魁。假设我是高级特务，你们也应该尽快把我送上级去审查，以便了解敌人的重要情况。又耽误了大半天的时间，我再三要求赶快上送，他们才派了4个人把我押送到区中队。这时，我才知道这确实是民兵指挥部。

到了区中队，他们又派了两位持枪的同志，把我看起来了。而后又来人对我审问。我反复对他们说，我是胶东军区派出来的侦察科长，我叫解魁，从胶济铁路线跟踪国民党军队，进行侦察刚到博山，因获得特别重要的军事情报，要向鲁中军区报告。他们问我什么特别重要的军事情报，我说这是上级的指示，只能向鲁中军区报告，再速告华东军区，不允许向任何人、任何部门泄露，这是纪律。所以，我不能向你讲，请你原谅。不管你问我多少遍，说句不好听的，就是把我打死，我也不会告诉你的。我从博山出来已经快两天了，再不能耽误时间了，请快把我送到鲁中军区，事关重大，情况紧急，如果耽误了时间，对党和人民就会造成无法估量的损失，你我都成了罪人。经过这番交涉，他们才把我松了绑，区中队又看了我一天。我多次要求他们，请县大队的负责同志，或者军分区的敌工科长，或者是县的敌工部长、敌工委员来谈一谈。后来，才找了一位县敌工委员。

县敌工委员没进来之前，他们告诉我说，敌工委员来了。所以，敌工委员一进门，一见面我首先和他握手，并说，咱们是一家人，是同行，我是胶东军区联络部的，我叫解魁，是华东军区派我打入敌军内部的。我不能告诉你在哪个敌军内部工作，这是干我们这一行的纪律。我不能暴露我打入敌人内部的身份，我现在有特别紧急的情报，对鲁南会战特别重要，需要尽早报告鲁中军区，并转报华东军区陈司令员。我没有来过鲁中地区，人地生疏，口语也不对，衣服也两样，请速派人把我送到鲁中军区，你若不相信，请你多派几个人。我们反复谈了3个多小时，最后他说，回去研究一下，再告诉你，结果又是个大半天。回来对我说，你不知道路，再不要耽误时间了，我们派6个同志保护你，给你一头骡子，送你到鲁中军区去。我当即表示感谢。

经过几番周折，耽误了两三天的时间，又从半夜出发，走到第二天晚上，才找到了鲁中军区。到了鲁中军区后，由军区联络部出面，我把打入国民党军队内部的情况简单地给他们讲了，看样子他们半信半疑。我说，我是华东军区派我打入国民党军队内部工作的。他们还不完全相信，我要求马上见军区首长，报告重要情报，并火速向陈毅司令员报告。

第二天上午军区李炳南副政委见到了我，我向他汇报了我们是怎样打入四十六军的，接着向他报告了杨科长从韩练成那里得到的情报：四十六军已全部陆续到达博山，陈诚的企图是南北对进夹击我军。王耀武、李仙洲在博山召开了南进的七十三军、十二军、四十六军3个军的高级军官会议，进行了军事部署。韩练成说，鲁南正处在会战关头，双方都在调集军队进行会战，这个会战是整个形势的转折点。他们的会议决定：北线由韩练成统率四十六军，并七十三军一部及十二军全部，各从原地向莱芜新泰进攻。十二军担任莱芜方向，四十六军直开新泰方向。韩练成说他对十二军有法约束，要求鲁中军区很好地掌握政策，并要求快和鲁中军区联系，问他们有什么要求。并还要求我为便于他约束部队，请王（建安）司令告知其部队一般情况。

我们同时向鲁中军区建议，对四十六军不打则已，打则痛打、狠打。最好派干部在要道设联络点，注意我们的进出，以免不能及时联络。请军区能多派些地方部队、民兵到前方骚扰，以迟滞敌部队。最好印发宣传品，大力宣传我们的方针政策。另外，请把鲁中军区的情况告诉我们，以便应付韩练成。我要求李副政委赶快把我的以上报告转报华东陈毅司令员，并请求给我们指示。李副政委说，很好，准备把你谈的全部情况向华东联系，向陈司令员报告。他又说，王建安司令带着九团和民兵在前沿阻击骚扰敌人，部队全部调集南面，要我等候华东指示再说。又待了一天多的时间，李副政委找我讲，陈司令员说，你们很勇敢，你们报告的情况很及时、很重要。要你设法安全迅速地返回敌军部队，设法拖住敌人，使敌人停止前进。并向敌人点破，要前进对其不利，易于发生误会，有危险。李副政委说，要你回去及早弄清四十六军、十二军、七十三军的具体部署及他们的企图，亲自向陈司令员报告，华东野战军侦察科阎科长在新泰西南方向接应你。我当即要求李副政委派人到前沿了解敌军前进到什么地方。

弄清了敌人已到达新泰及行军路线后，军区派了一个班，又找民兵打听，找部队询问，问明了情况，把我送到边缘，并指给我前进的方向，我就一个人前往。因那里纵横二三百里都是空舍清野，一个群众也没有，民兵到处埋设地雷，只能注意地下，民兵的冷枪射击，则无法防备，也来不及躲避，仍大大方方地向前走。如果东躲西闪，恐怕引起民兵的怀疑，射击则更加厉害。

当晚，我进了新泰，把以上情况及陈司令员的指示，一一向杨科长汇报了，并进行了研究。

第二次，杨科长把四十六军、十二军、七十三军的新部署及企图告诉了我，要我去向陈司令员报告。我向陈司令员报告后，陈司令员指示的大意是：第一，韩练成诚意地告诉我们不少问题，表示谢意，我们希望他永远为民族事业携手努力。第二，党中央与我对他毫无怀疑，请他放心，我野战军决不打他，为了咱们的关系不暴露，所以不能把咱们的问题告诉地方兵团，因此，摸岗捉哨是很难免的，希望不要在意，没有什么关系。第三，我们有足够的力量固守蒙阴城，如果不保蒙阴，会直接影响南面的会战。告诉韩练成他的部队最远到常路，否则任何军队去了都要打。关于南北两线，我们也有足够的力量取得胜利，也希望他放心。第四，希望今后不断取得联系，以免发生误会。第五，我们的机关、物资，新泰、蒙阴山区都有，我们的主力完全在常路东山一带，地方兵团全部在两侧。我带着陈司令员这些指示，回到四十六军，向杨科长汇报了，并且进行了研究。杨科长又去对韩练成讲了，韩说很好，他决定部队后撤，不前进了。

第三次，杨科长又派我去向陈司令员报告情况，陈司令员指示的大意是：

（1）我们对莱芜战役的决心和布置：决心把李仙洲总部和七十三军、四十六军及十二军一个师全部歼灭掉。不过开始不打四十六军，先打莱芜城李仙洲总部和七十三军与十二军一个师，待吃掉后，再把四十六军包围起来，迫其起义或者放下武器。

（2）估计战役打响了，李仙洲一定要韩练成增援，所以，第一阶段我们应设法力争不让他增援。向他说明，只要他不增援，决不打他。等着莱芜解决后，应积极活动。告诉韩练成，如果他增援，那就必遭被歼之命运。

（3）为了取得这个战役的彻底胜利，决不撤出你们两位同志。你们两个人要消灭敌人两万，你们在其内部要积极活动，动摇韩之军心。

（4）在包围韩部的时候，韩也可能翻脸，或者紧急情况下发生危险性，要机动灵活，沉着应战。为了这个，所以把决心和布置都告诉你。你现在马上回颜庄（四十六军驻地），你应在路上设法拖延时间，最好晚一点进去，晚上10点半才能开始，等着打响了，再把我们的决心和部署大体告诉韩练成，不然，过早泄露机密就会对整个战役增加很大的困难。

（5）战前我要对师以上干部讲，要他们注意，紧急情况找他们，不能对下讲。

（6）最后我代表党中央和华东局向你们两位同志表示：党对同志是非常爱护和关心的，为了完成这一光荣任务，需要你们两位同志担此重任。这时，我立即向陈毅司令员、粟裕副司令员、谭震林副政委表示："党培养教育我这些年，虽然我水平不高，但在任何情况下，决不向敌人屈膝，请首长放心。杨科长（斯德）的水平比我高得多，立场坚定，也决不会向敌人低头，也请首长放心，我们保证完成任务。"陈司令员接着说："好，你们两位同志能圆满地完成这次战斗任务，就是为党为人民立下了特大功勋，无上光荣，祝你们成功。"

遵照陈司令员要拖延时间进去的指示，我拖到了晚上才进入了敌营，把陈司令员的指示向杨科长作了汇报。根据上级的指示，我们反复进行了研究。其间韩练成派人来催杨科长两次，我们则以没谈完为由，故意拖延时间。当韩练成第二次派其卫士来请时，我们估计时间已差不多，炮声快响了，当即同往，将所研究的问题一一陈述于韩。

到了明天，正当战斗激烈之际，王耀武乘飞机而来，命令韩练成把四十六军撤到莱芜城里。到了晚上，韩练成率警卫营急行军到莱城，韩同我们两人在部队最前头，站在鹿寨外的水中，喊李仙洲开城门，结果被城里的七十三军打了个把小时。杨科长和我站在韩的两侧，任敌怎样扫射，始终屹立不动。

进城后，我的脚都肿了。我们住的三间屋被我军迫击炮击中，把我从床上掀到地下。拂晓突围，我们始终跟着韩练成。在其部队极度混乱、动摇之际，韩对杨科长说："李，你有什么意见？完啦！"杨科长即反问："你能掌握哪些部队？你的意见如何？"韩说："我只能掌握特务营，其他你知道，他们都是贵族子弟，不到一定程度，我说他们能听吗？"杨科长又说："起义最好，但你说不能掌握部队，那有何法？我现在只有负责保护你的生命安全。我想只有一个办法，提早离开部队，免受个人生命危险，尤其你不同于一般人。否则，随军突围，那是危险的。至于我们牺牲了，对一个共产党员来说，是没有什么关系的。"杨科长意在使其部队失去指挥，以利消灭。韩即同意说："好，就决定这样办。"

杨科长让韩提前离开了部队，使韩部失去了指挥。同时把韩的谍报处长、参谋和携带冲锋枪的一个排，二三十人，都藏在莱城内的地堡里。

我立即脱下国民党的军官服，换上便衣出来找部队接应。出来不远就被我们的部队抓住，说我是特务、还乡团，不允许我动，还踢了我两脚。我说：我是陈毅司令员派到敌人内部工作的，还有二三十个穿国民党军装的，都是陈司令员派到敌人内部工作的，都在前面两个地堡里，等候我们部队来接应，我带你们去，快把他们接出来。他不相信，不让我讲，也不让我动，还捅了我几捶。我又说，你们千万不能开枪，开枪要犯天大的错误。就是敌人放下武器，你们也不该开枪、不能打骂，何况这都是陈毅司令员派到敌人内部工作的同志。他们始终不信，把我押到他们副团长那里，他更不相信，还要枪毙我。我说，你为什么枪毙我，我是陈毅司令员派到敌人内部工作的同志，就是俘虏你也不能枪毙。正说着团长来了，我又急切地向他说，前面两个地堡里，二三十个穿国民党服装的人都是陈司令员派进去的，千万不能打枪，赶快把他们接出来。这个团长还可以，但硬不让我带他们去，我再三要求，他们始终不肯，并且说没有关系，我们去接。

与此同时，我说：你快把我送到纵队去。他马上派了4个战士把我送到了七纵司令部。我进门就说，我叫解魁，是陈毅司令员派到四十六军内部工作的。这时，从里面屋里出来一位同志，我一看像位首长，我问："你是哪位首长？"他说："我是成司令员。"我马上说，杨科长把韩练成、谍报处长、参谋及警卫排二三十人藏在前面两个地堡里，请你赶快派人去查看。还请转告陈毅司令员，我可以带咱们的部队去接应。一个副团长不同意，打我，还说要枪毙我，这都无关系，请首长赶快派人把我送到陈毅司令员那里。成司令员说："你们工作得很好。"便马上叫参谋长派人快去查看地堡，并让参谋长派人把我送到陈司令员那里去了。

到了陈司令员那里，我立即向他报告说："杨科长把韩练成、谍报处长、参谋及警卫排二三十人藏在莱城两个地堡里，我出来找部队接应，被咱们的部队抓住不放，怎么说他们也不放。他马上派人去找了，把我送到这里。"陈司令员说："很好！这个任务完成得很好，大功告成，跟我走。"

莱芜战役期间，我们遵照陈毅司令员的指示，使韩练成开始动摇、消极、徘徊、犹豫，使其部队迟迟不进，这样也拖住了七十三军，使我们的部队顺利地往两侧运动，很快完成了军事包围，形成了大口袋。及至四十六军和七十三军突围时，我们争取韩练成提早离开他的部队，使其全军失去了指挥，部队立即陷于一片混乱，很快崩溃，也直接造成了七十三军的混乱，结果被全歼。

莱芜战役国民党军被歼记

王耀武*

    1947年2月歼灭国民党军两个军及一个师的莱芜战役，是解放军在运动战中歼灭敌人有生力量的一次重要战役。

    我当时任国民党第二绥靖区司令官，住在济南指挥战事（战场指挥官是第二绥靖区副司令官李仙洲），对于这次战役的实际战斗经过只知概要，现在将我所知道关于这一战役的一些重要情况以及蒋介石对于这次战役的重要指示和他在惨败后张皇失措的情形追述如下，以供有关方面参考。

---

    * 作者于1968年7月病故，生前为第四届中国人民政治协商会议委员；本文中个别地方时间不准确。

一

国民党自1946年6月破坏停战协定，发动全国规模的内战以来，在华东战场上屡遭惨败。尤其在11月以后，整编七十九师在宿迁被歼灭，师长戴之奇畏罪自杀；整编二十六师及归该师指挥的机械化的快速部队在山东峄县城和兰陵镇地区被歼灭，师长马励武被活捉；整编五十一师在枣庄被歼灭，师长周毓英被活捉。在这种形势下，蒋介石妄想打几个胜仗来挽回颓势。他认为驻徐州的绥靖公署主任薛岳指挥不力，名声低落，所以于1947年1月间令参谋总长陈诚前往徐州指挥。陈诚奉命后即令其最亲信的整编十八师胡琏部由苏北开往临沂西南约47华里的地区候命，并电调在广东的整编六十四师黄国梁部开来徐州集结待命。陈诚也即由南京到徐州，与薛岳研究结果，决定薛岳仍驻徐州，陈诚进驻陇海路东端的新安镇指挥。他一面命令整编十八师胡琏部、整编七十四师张灵甫部、整编八十三师李天霞部、整编二十五师黄百韬部等向驻临沂一带地区的解放军进犯，一面命令我派十二军霍守义部经明水及吐丝口镇向莱芜一带地区活动，形成对解放军第三野战军南北夹击的态势。

当2月中旬整编第七十四师等部向临沂进犯时，第三野战军主力即作战略上的转移，由临沂撤入沂蒙山区，一路撤至蒙阴一带，一路撤至沂水一带，准备进行大规模的歼灭战。至2月中旬陈毅、粟裕所指挥的部队，其先头已到莱芜以西范家镇一带地区，有包围李仙洲部的企图。

二

解放军第三野战军自临沂向北转移后，陈诚就捏造战绩，谎称已把第三野战军击败，以图借此振作士气。他还打电报给我说："我军在苏北和鲁南与敌作战，歼敌甚众。敌军心涣散，粮弹缺乏，已无力与我主力部队作战，陈毅已率其主力放弃临沂，向北逃窜，有过黄河避战的企图；务须增强黄河防务，勿使其窜过黄河以北，俾使在黄河以南的地区歼灭之。"

陈诚把这个捏造的战绩报告给蒋介石后，蒋介石就以为第三野战军已无力量与国民党的主力部队作战，梦想乘机将第三野战军陈毅所指挥的部队吸引于新泰、莱芜地区而消灭之。他与陈诚拟定了新的作战部署，由陈诚电令我执行。其电令的大意如下：匪军在临沂等地失败后，已无力与我军主力作战。有北渡黄河避战的企图，着该司令官派一个军进驻莱芜，一个军进驻新泰诱敌来攻，勿使其继续北窜。待我守军将敌吸引住以后，再以部队迅速增援，内外夹击而歼灭之。

我接到陈诚的电令后，认为陈诚夸大战绩。因为自1946年春至1947年2月，国民党军在苏北及鲁南地区并没有歼灭过解放军一个整师和一个整纵队。又据整编二十六师逃回的被俘人员说，解放军死伤虽大，但补充的新兵及武器很多，士气旺盛，他们的下级干部与士兵都不愿意北撤。如认为解放军已无力与我主力部队作战，显然是错误的。当时我不同意分散兵力进驻莱芜、新泰，曾建议仍以十二军以博山为依托，在明水、博山、莱芜之间地区活动，吸引解放军，如解放军大部队来攻，即退入博山的既设阵地，与在博山的七十三军协同作战。但蒋介石和陈诚都不同意我这一建议。2月13日，蒋介石以亲笔信催我派部队进驻莱芜、新泰两城。信的大意是这样："佐民弟鉴：匪军在苏北、鲁南地区作战经年，损失惨重，士气低落，现已无力与我主力部队作战，并有窜过胶济路、北渡黄河避战的企图。为了吸引住敌人，不使北渡黄河得有喘息的机会，而在黄河南岸将敌歼灭，以振人心，有利我军以后的作战，切勿失此良机，务希遵照指示派部队进驻新泰、莱芜。新、莱两城各有一军之兵力，敌人无力攻下，敌如来攻，正适合我们的希望。"

三

我看到蒋介石来信的口气很坚决，一定要我派部队驻新泰、莱芜，即召集副司令官李仙洲、副参谋长罗幸理、第二处处长陶富业、第三处处长钱伯英、第四处处长吴隶基等人研究如何执行蒋介石、陈诚的指示，并作了如下的决定，命令各部执行。

1. 先派正在博山、明水、莱芜之间活动的十二军军长霍守义率领该军一一一师、一一二师进驻莱芜城；以新编三十六师进驻莱芜以北的吐丝口镇维护交通，到达指定地点后迅速构筑工事，竭力搜集敌情，随时具报。

2. 令驻胶济路东端兰村的整编四十六师师长韩练成率领该师乘火车集中博山，集中完毕后即向新泰县城前进。

3. 派副司令官李仙洲率领一部分幕僚人员及通讯人员等组成前方指挥所，前往指挥十二军、整编四十六师；李仙洲于14日先到博山督促部队前进，待部队进驻莱芜后，指挥所进驻莱芜指挥。

4. 派第四处处长吴隶基指挥一个保安团和章丘自卫团，协助十二军的工兵部队修通由明水经吐丝口镇至莱芜的公路，以利作战运输。

2月14日，李仙洲带着前方指挥所的人员到了博山，照蒋介石的指示督催十二军及整编四十六师前进。十二军原系东北军，军长霍守义一向把这支杂牌队伍看作是他的政治资本，以保全实力为第一，决不愿冒险。因此，无论李仙洲如何督促他前进，他的行动仍然非常迟缓。15日行至苗山附近，李仙洲认为霍守义不听他的指挥，感到困难，又恐行动慢了达不成任务，遭受蒋介石的指责，就将情况报告绥区司令部。我接到李仙洲的报告以后，为了使李便于指挥和易于达成任务，于16日即令驻周村、淄川、博山一带的七十三军与十二军对调，以七十三军进驻莱芜，仍以整编四十六师进驻新泰。

四

2月13日，七十三军军长韩浚率领该军的直属部队及十五师、一九三师进入莱芜城。19日我接到韩浚的报告说，莱芜西南地区之刘礼庄与莱芜以西之方下集一带发现有解放军部队（番号不明），并与我派出的搜索部队发生接触。同日，整编四十六师师长韩练成率领该师由苗山以南地区出发，经颜庄向新泰城前进，行至颜庄附近时，据报颜庄以东地区也有解放军出现。当时我判断解放军有集中力量先消灭七十三军、后歼灭整编四十六师之企图。为了集中力量，不使分散，以免被各个击破，我即命令已到颜庄附近的整编四十六师立即开往莱芜，到达后与七十三军协力固守莱芜。该师当日晚赶到莱芜，与七十三军会合。李仙洲召集韩浚和韩练成两人共同布置防务，以七十三军担任莱芜城的防守，以整编四十六师担任莱芜城南面山地的防守。

2月19日上午9时许，七十三军最后由博山开往莱芜的第七十七师由该师师长田君健率领沿博山、莱芜的大道行至和庄附近地区时，被在该处早埋伏好的解放军猛烈袭击，战斗甚为激烈。战至黄昏，该师全部被歼，师长田君健在反攻中被击毙。2月20日晚，解放军向莱芜发动攻势，尤以对西关、城西北角的高地、东关三处的攻击最猛，均遭到防守该城的七十三军的顽抗，未得手。21日，城东北角的高地被解放军攻占，其他阵地无变化。

解放军在向莱芜城发动攻击的同时，于19日分出一部分兵力围攻莱芜以北的吐丝口镇，以截断防守莱芜部队的补给线，该镇西、南两面发生激烈战斗。战至21日，新编三十六师不支，退缩至吐丝口镇东南角负隅顽抗。

这时，守莱芜的李仙洲向绥区要求接济粮弹，守吐丝口镇的新编三十六师师长曹振铎也要求绥区派部队解围。我综合当时情况，分析如下：

1. 截至2月21日，尚未接到陈诚派部队来解莱芜之围的指示。根据过去的作战经验，靠援军来解围是没有希望的；纵有部队来解围，也会在途中遭到解放军的截击（如过去整编七十九师、整编二十六师、整编五十一师被围时，解围援军皆未能到达，结果都被歼灭）。

2. 莱芜守军既缺粮弹，而这样大的部队，光靠空军投送，又无济于事，如粮弹断绝也会遭到失败。

3. 固守吐丝口镇的新编三十六师师长曹振铎一再要求派部队解围，而济南又无兵可派。如没有兵去救援他，只能看着该师被消灭。

4. 2月21日上午据空军的侦察报告说，解放军有1万多人经泰安向肥城方向前进，并要求绥区加强济南西郊飞机场的防务。以用兵的一般原则和华东地区第三野战军的兵力情况来看，解放军是不会同时进攻两个大的作战目标的。但解放军作战一向机动灵活，又加济南空虚，乘机来攻也不是没有可能。

我根据以上的情况，认为固守莱芜极为不利，守莱芜的部队与其在莱芜被歼灭，不如经吐丝口镇撤至明水及其以南地区，东可以支援淄博矿区，西可以保卫济南，又可以解吐丝口镇之围。我下了北撤的决心后，于2月21日令李仙洲妥为研究经吐丝口镇北撤明水及其以南的部署，同时派绥区副参谋长罗幸理携带我的信到南京向蒋介石报告情况与撤退的决定。蒋介石看了我给他的信以后，沉思半晌，对罗幸理说："敌前撤退不利，既已下令北撤，应特别注意后尾及两侧的安全。"蒋说完了以后，带着不安的情绪又匆忙地给我写了一封信。这封信的大意如下："罗副参谋长带来的信已收阅。敌前撤退如部署不周密，掌握不确实，就会受挫折。应做周密的部署，并派强有力的部队担任后尾及侧尾的掩护。固守吐丝口镇新编三十六师必须坚守原阵地，以作北撤部队的依托。我当严令王叔铭指挥空军集中力量轰炸扫射，竭力掩护部队转移。并祈上帝保佑我北撤部队的安全和胜利。"从蒋介石这封亲笔信中，可以充分看出他已经感到他的部队是无力战胜解放军的。所以他在无可奈何中只好祈祷"上帝保佑"。

五

　　李仙洲奉到北撤的命令以后，于21日与韩浚、韩练成研究北撤的部署。李仙洲、韩浚主张22日撤退，而韩练成认为撤退需要准备的时间，主张23日开始行动，最后决定于23日开始北撤。李仙洲指定以七十三军派出有力部队为左侧卫，特别注意对左侧山地之警戒，掩护主力安全，该军的主力沿通往吐丝口镇的道路前进；以整编四十六师派出有力部队为右侧卫，特别注意对右侧山地之警戒，掩护主力北撤，该师主力在军的进行路线以东沿赴吐丝口的另一道路前进。李仙洲自己率领指挥所的人员随整编四十六师前进。

　　由莱芜向北撤的部队于23日上午8时行至莱芜、吐丝口镇中间地区时，解放军从左右两侧山地里以排山倒海之势，向七十三军及整编四十六师猛烈攻击。在此千钧一发之际，蒋介石不断来电询问战况，并严令空军副总司令王叔铭指挥空军集中力量向来攻的解放军猛烈轰炸扫射，尽全力掩护北撤部队撤至指定地点。于是王叔铭调动了几十架战斗机和轰炸机，并亲自驾着飞机至战场上空指挥空军轮流轰炸扫射。解放军的高射机枪也不断地向飞机射击，又加地面正值酣战，炮火连天，战斗极为激烈。解放军先将七十三军及整编四十六师所派出两侧的掩护部队击溃，攻占两侧山地，然后居高临下，继续向七十三军、整编四十六师猛攻。解放军虽不断受到飞机的轰炸扫射，但为了捕捉战机，毫无畏惧，攻势越来越猛。我因战况万分紧急，要求王叔铭再增加飞机前来助战，片刻不停地向解放军轰炸，并且对他说："只有这样才能将北撤部队救出一部分，否则要全部歼灭。"王叔铭回答说："我指挥着飞机轰炸，一直没有中断，可是敌人不怕死，阻止不住他们前进，我有什么办法。"战至11时许，七十三军及整编四十六师被迫后退，缩成一团，混乱不堪。韩练成目睹战事恶化，即率少数部队脱离该师的主力向东南山地逃去，后又逃往青岛。这时国民党的官兵处处听到解放军发出的"优待俘虏、缴枪不杀"的喊话，军心已散，至午后2时许全部被歼。防守吐丝口镇的新三十六师师长曹振铎，见解放军正在集中力量围歼由莱芜向北撤退的主力部队，放松了对新三十六师的攻击，以为这是他逃命的好机会，就放弃支援北撤部队的责任，于23日下午1时许率领该师残余的千人，放弃吐丝口镇向淄博逃窜，后又逃回济南。

　　莱芜战役计歼灭国民党军一个军、一个整编师、一个新编三十六师，共6万多人。将级军官除整编四十六师师长韩练成、新编三十六师师长曹振铎两人逃脱外，其余的不是被击毙，就是被活捉。副司令官李仙洲受伤后被活捉，在前方指挥所工作的第二绥靖区司令部第二处的处长陶富业、七十三军军长韩浚、副军长李琰、十五师师长杨明被活捉。一九三师师长肖重光、十五师副师长徐亚雄受伤后被活捉。七十七师师长田君健自毙。整编四十六师副师长陈炯，副师长兼整编旅长海竞强、整编旅旅长甘成城、整编旅代旅长巢威均被活捉（整编四十六师所属3个旅的番号回忆不起）。

六

国民党军在莱芜战役中被歼灭了6万多人，这一惨败震动了南京和吓慌了蒋介石。2月23日下午2时许，王叔铭将自驾的飞机降落到济南机场后，立即用电话向蒋介石报告说，他驾机在莱芜、吐丝口镇一带上空侦察，亲见地面上已无战斗，看样子我军已被全歼了。蒋介石听到这个消息，带着惊慌的口气问王叔铭说："啊！你看清楚了吗？"王又说："我对地面上业已详细侦察，确未见地面上有战斗。"蒋又说："你再派飞机去看看还有什么情形。"

蒋介石怕解放军在莱芜将李仙洲所指挥的部队消灭后，会乘胜进攻济南，而济南兵力单薄，如一旦被解放军攻占，将使他的战略部署更陷于不利的处境。因此，他就决定偕军务局局长俞济时和参谋次长刘斐飞赴济南，以"振作"防守济南的军心，并亲自指示济南的防务部署。

23日莱芜战役结束后，我因济南兵力单薄，正在忙着调动部队部署济南的防务，忽然接到济南飞机场空军基地司令部的电话说，今日午后南京有重要的人来机场同我谈话，来人不进市区，请我到机场来等候。我问什么人来，他们不肯说明。我以为可能是南京国防部派高级人员来指导济南的防务部署，到了机场空军基地司令部才知道是蒋介石亲来济南。等了一会，蒋介石所乘的专机在济南飞机场降落后，蒋介石站在飞机门口向前看了看，又向我看了一眼，就下了飞机。蒋往日见到我，都是带点笑容，这回可不然了：板着面孔，一言不发，一面走着，一面盯了我几眼，就坐汽车到空军基地司令部去了。他进了给他预备好的房子里，尚未坐定，就急着向我问情况，我的回答大意如下：

1. 敌人将我在莱芜的部队歼灭后，正在清扫战场。如敌军只留一部分清扫战场，而以主力经西营（济南东约40公里）向济南前进，比十二军由周村、淄博一带来济南还近50公里；但西营尚未发现敌人的正规部队，济南西、北两面的40公里内没有敌人的大部队活动。

2. 在莱芜的部队被歼灭后，为了集中兵力加强济南的防务，已令十二军及绥区特务旅放弃周村、张店、淄博等地。特务旅（三个团）已乘火车开回济南，十二军（缺新编三十六师）沿胶济路以北经龙山镇向济南急进中。

3. 济南现在只有绥区直属部队和九十六军陈金城部，这些部队的战力都不强。济南周围既设阵地约有20公里长，本来计划是用三个军以上的兵力来守的，以济南的现有部队来说，实感单薄，只有缩短阵地，重点配备。

我报告了以上情况后，蒋介石说："济南是战略要地，必须固守，东、南两面地形复杂，易于接近，防御重点应放在东、南方面，并确保千佛山。为了使阵地与兵力相适合，须缩短阵地，重点部署。

应催十二军迅速集中济南。对于民众组训必须加强，以增强作战力量。"

刘斐接着说："当初派兵进驻莱芜，我是不赞成的。部队既已进莱芜并被包围，就不应该撤退；现已失败，只有当作经验教训。"他又说："马上来攻济南的可能性不大，但为济南的安全，妥为配备也是必要的。阵地缩小，重点放在东南面，在重点的地方必须纵深配备。"

23日午后约7时，蒋介石把我叫到另一间屋里，红着脸，瞪着眼睛狠狠骂了我一顿。他说："你们只是在莱芜这个战役里就损失了两个军零一个师，损失了这样多的轻重武器，增加了敌人力量，这仗以后就更不好打了。这样的失败真是耻辱。莱芜既已被围，你为什么又要撤退，遭到这样大的损失，你是不能辞其咎的，这次你选派的将领也不适当，李仙洲的指挥能力差，你不知道吗？撤退时他连后卫也不派，这是什么部署？你为什么派他去指挥？如派个能力好的去指挥，还不致失败。李仙洲已被敌人捉去，你们要知道，高级人员被捉去，早晚会被共产党杀掉的。济南无论在军事、政治、地理上都是很重要的，如出意外，你要负责！"

23日当夜，蒋介石在济南飞机场空军基地司令部一间房子里，提心吊胆地过了一宿。他老是怕济南发生事故，使他遭到不测。他一再叮嘱俞济时注意情况和飞机场的警戒。于是俞济时派人守着蒋介石坐来的专机，加强了机场里的警戒，夜里又两次向我问情况，表现得非常恐慌紧张的样子。24日上午7时许，我带着第二绥靖区副司令官兼青岛警备司令丁治磐到蒋介石那里去，看到蒋介石满脸青灰色，好像一夜没睡好的样子。他先问我十二军到了什么地方，我回答说，十二军的主力还没有到龙山。蒋介石又板着脸发了一顿脾气，喋喋不休地骂李仙洲无用，在莱芜葬送了这么多部队，太不成话，又说他今天上午回南京，不等霍守义了。他写了一封给霍的信，要我派人送去。这封信的大意如下：守义弟鉴：莱芜的失败是我们的耻辱，济南要地必须确保，与匪作战意志一定要坚强，望随鼓励志气，勿使官兵受到莱芜战败的影响。

上午9时，蒋介石在空军基地司令部召集国民党驻济南的党、政、军及省参议会的负责人员200多人训话，进行"打气"。他嘴硬心怯、言不由衷地说了一套欺人自欺的谎话以后，就于上午10时许垂头丧气地飞回南京去了。

原说明：参加莱芜战役的国民党第十二军、第七十三军、第九十六军当时尚未改编为整编师，故本文仍称这些部队为"军"；整编第四十六师是由第四十六军改编的，实力等于一个军，并此说明。

关于《莱芜战役国民党军被歼记》

一稿的补充

庞镜塘

约在1947年1、2月间，国民党政府国防部发动国民党军大举向鲁南解放区进犯，除由徐州调集大量军队向北进攻外，还要驻山东济南附近的国民党军向南实行夹击，企图使人民解放军腹背受敌，全部归于歼灭。动员的电令到济南后，第二绥靖区司令官王耀武根据山东地区的自然形势，特别是由济南抽调大部兵力南下，恐怕影响保卫济南的任务，不同意国防部这种部署，曾拟以两个方案建议国防部重新考虑作战计划。在复电的前夕，王令他的参谋长罗幸理携带两案的稿件，来征询我（山东省党部主任委员）的意见。据罗说明两案的优劣时，颇不赞成由济南抽调兵力南下，并十分顾虑济南的防守将会因此而发生变化，我完全同意罗的说法，更强调指出从山东战争的历史来看，自北向南作战有三条路：一是由临朐南出穆陵关遥控沂蒙山区；二是沿泰山徂徕山一线南进临沂地区；三是取道吐丝口出泰山的东侧直捣新泰莱芜地区。前两条道路由高而下成高屋建瓴之势，南攻的军队稳操胜券；后一条道路则出兵峡谷处，处处被动，如果孤军深入，更易于腹背受敌，进退维谷。

上述三条道路的作战，取道临朐为上策，布置好了还可左右逢源，多方得到策应。如取道泰山徂徕山一路（即沿津浦铁路线南下），由于交通便利，调度灵活，也可以运用自如，不失为中策。独采取由吐丝口南下，则军队进入峡谷，前后便不能互相策应，等于自己投入敌人的口袋。一经到了山区深处，必然会遭到四面袭击，首尾不能相顾，最后终于全部被歼为止，这是下策。在对"敌方"的情况不够十分了然的情形下，万不可轻易采用。国防部所决定采用的正是这种路线。我主张顶回去，请国防部重新考虑再作决定，而且对鲁南共军作战，既已胶着了很久，也不必急于求在这次战役中获得全胜。最后我主张对山东地区的战争，应以保全济南为首要之着，必须把济南这一战略据点稳定下来，借可牵制共军较大的兵力以免在鲁南作战腹背受敌。假设济南军事高级指挥部仍掌握较强大的兵力，既可保持津浦铁路这一交通线不致中断，又可随时南下策应，进退居于主动地位较为适当。罗幸理对我的意见极表赞同，并建议我将此意见直达南京请其转给军事主管部门采用。这样，就可以多方照顾，免遭失败。

罗幸理去后，我即将此告诉国民党中央执行委员会秘书长吴铁城。坚决要求他就近和参谋总长陈诚商定付诸实施。但未得陈诚采纳，并且还再三电第二绥靖区促其遵照前令执行。于是王耀武便命令他的副司令官李仙洲率领七个师出兵吐丝口策应沂蒙山区的国民党军（第七十四师张灵甫等部）作战，终于在很短的时间内被人民解放军全部歼灭，高级指挥人员绝大多数被俘，又一次造成了失败。

（1961年7月20日）

莱芜战役始末

李仙洲

1947年2月间，国民党军在向山东临沂地区解放军发动进攻的同时，命令第二绥靖区司令官王耀武派两个军由胶济铁路以南的淄川、博山地区南下驻新泰、莱芜，策应向临沂进犯的部队，以收南北夹击之效。王耀武除派十二军进驻莱芜、整编第四十六师进驻新泰外，并派我以副司令官身份，率领一部分幕僚人员组织前方指挥所，指挥这支部队作战。

1月底，我率领第二绥靖区司令部第二处少将处长陶富业（别号仲伟，湖南人）和少将高级参谋王为霖（别号用吾，湖北人）及参谋、电务员、副官数人，随带第二绥靖区司令部特务团派来担任警卫的士兵一班，同乘火车前往博山。

王耀武派给第十二军的任务是进驻莱芜县城及其附近地区，掩护南下的部队集中，并侦察情况随时具报。但第十二军军长霍守义率领该军三个师，到达吐丝口镇以南、莱芜县城以北约10华里的一个大村庄孝义集，就不敢再向前进。其实这个时候，莱芜县城已是一座空城，不仅没有解放军，就是老百姓听到国民党的军队要来，也早就跑光了。霍守义侦察确实后，才敢派人到城里张贴标语，并且打电报给王耀武告捷，说他已进占莱芜县城，敌人闻风而逃。同时他又捏造假情报，说解放军约有两个师在莱芜县城以南山地及其以东附近地区活动。该军未经请示即自行撤至博山城西近郊不出，事后也未曾报告。我到博山以后，前方指挥所派参谋人员与他联络时，才得知这一情况。我因为南下的部队业已集中完毕待命出发，前进路上无部队掩护，情况不明，不好盲目前进；如霍守义的情报属实，更需要部队掩护。因此，我除了下令给霍守义着即率该军全部到达以前指定地区外，并亲自到他的军部，向他当面催促。他迫不得已，才勉强率领部队出发；但是他到达和庄及其以西吐丝口镇以东附近，就停下来了。莱芜县城及其以东地区仍未派遣部队，行进道路上的情况也未曾报告。整编第四十六师通过和庄以后，第十二军除留下一个新编第三十六师进驻吐丝口镇外，其余全部他调。这是王耀武直接下的命令，我并不知道。新编三十六师是王耀武拨归第十二军建制的一个新成立的师，不是霍守义的基本部队。这个师如受到损失，甚至全部被歼，与霍守义的影响不大，所以王耀武决定把这个师留在吐丝口镇。

整编第四十六师原属桂系李、白的部队，我与该师的师长韩练成以前未见过面，素不相识。第七十三军是王耀武的基本部队，该军的军长韩浚与我是黄埔陆军军官学校第一期第三队同期同队同学；唯自当年毕业以后，未曾见面，但在学校的时候，彼此情感尚不错；而其余各级干部一无相识。在国民党军队中首先讲历史关系及个人感情，已养成一种习惯，因此，这支部队能听王耀武的命令，对别人的命令，就不一定能够贯彻执行。

整编第四十六师于2月2日由博山附近地区出发，经和庄（在莱芜以东）转向南通过南苗山、唐家上坡、徐家店、大辛庄，当天到达颜庄（在新泰以北）宿营，沿途并未发现解放军的部队。但所经各地村庄已是坚壁清野，几无人烟。第七十三军和前方指挥所于5日沿整编第四十六师的行进道路，由淄川、博山地区出发，当天到达和庄以南、颜庄以北中间地区。因第七十三军的先头部队未与整编四十六师的部队切实取得联系，即在此停止。9日继续前进，当天中午即到达颜庄附近。前方指挥所与第七十三军的军部进驻颜庄，该军各师驻颜庄附近，配备警戒，构筑工事。这时颜庄及其附近各村均无老百姓。整编第四十六师已于8日由颜庄出发，经寨子、南师店进驻新泰县城；沿途并无人民解放军的大部队，只有少数零星的人民武装，看见国民党军已到，立即他去，未曾正式接触。该师师部驻县城北郊村庄内，其各旅分驻城南一个旅、城关一个旅、城北一个旅。当即构筑工事，对东南临沂方向严密警戒，并派侦察及武装小组到远方搜索侦察情况。每日各部的行动，均电报济南第二绥靖区司令部。

16日早4时，奉到王耀武的电令，着整编第四十六师即由新泰撤回颜庄。前方指挥所及第七十三军（欠一个师）撤至莱芜县城及其附近地区。前方指挥所立即传令，整编第四十六师遵令即来颜庄。该师到达颜庄后，前方指挥所及第七十三军即转移莱芜县城及其附近地区。

四十六师的先头部队刚到颜庄，前方指挥所与第七十三军尚未出发，又接到王耀武的电令。着整编第四十六师仍进驻新泰县城及其附近地区，前方指挥所与第七十三军仍驻颜庄附近。当即转令各部队遵办……

19日，奉王耀武电令，着前方指挥所与第七十三军立即撤至莱芜县城及其附近，整编第四十六师撤回颜庄。当即转令各部切实遵行。前方指挥所及第七十三军即遵令出发，经南冶前进，当日下午即分别到达指定地区。前方指挥所及第七十三军军部进驻莱芜县城、城南山地，派一个师占领要点，对东面、正南、西南严密警戒。城西北高地及其附近驻一个师，并由该师派一个营驻西门外，对西和西北警戒；再由该师酌派一部占领东门外高地，对东警戒，并与颜庄的整编第四十六师保持联系。各部队到达指定地区，即行构筑工事，并将兵力配备，绘图具报。第七十三军的炮兵营驻城内西北角广场，即行进入阵地，随时支援城外各部。当天入夜，城南山地及西门外均发生战斗，尤其西门外的解放军进攻甚为猛烈。国民党军守在该处的官兵，一面拼命抵抗，一面出击，机枪扫射，手榴弹狂掷，互相冲杀搏斗，可以说是杀了个七进八出。解放军攻击的精神虽甚旺盛，终因武器居于劣势，夜战既不得逞，昼战更不能支持。在国民党军炽盛的火力压迫之下，拂晓以前即向西退去。次早我和第七十三军军长韩浚到西门外视察时，尚有未运走的人民解放军战士的尸体数具，当令该地守军掩埋。此次激战终夜缴获步枪30余支。解放军伤亡较重。该地守军也伤亡20多人。

21日晨，奉王耀武的电令着整编第四十六师即撤至莱芜附近。当转令该师即由颜庄出发，经南冶进驻莱芜南山地及城东门外高地，接替第七十三军部队的守备。第七十三军城南之一师交防后，移驻城北周家店以南地区。左与该军驻城西北高地之师，右与整编第四十六师取得联系。第七十三军驻东门外高地之一部交防后，即归还建制，并将交接情形报所以便转报。是日夜城南山地仍有战斗，唯西门外最烈。因该处容易接近县城，该处不守，城内即受威胁。预料解放军必以该处作为重点攻击，以后定以重兵来攻。我严令该处守军加强工事，并增派部队与自动武器，严阵以待。"解放军如行来攻，必须尽快将其消灭于阵地之前，勿使其一人生还。"果然是夜来攻之解放军较前增加数倍。双方终夜激战，较之昨夜更烈，解放军仍于拂晓前退回。这次彼此伤亡相当惨重。

第七十三军留在博山的第七十七师20日直接奉到王耀武的命令，由该师师长田君健率领从博山出发，经和庄沿通往莱芜的大道来莱芜归还建制。该师行经和庄时，天色已晚，被早已埋伏在和庄以南山地的解放军猛烈袭击，展开激烈的搏斗。我接到该师师长田君健的报告，当令第七十三军军长韩浚派兵一团，急往接应；但韩因时至深夜，不便派兵迎接，并说七十七师的战斗力相当强，到天明再看。自此以后，又接到田君健的告急电报说，双方伤亡均大，现仍激战中，以后即无消息。我令驻吐丝口镇的曹振铎师长派人与之联络，也联络不到，并复电说已无枪声。该师全部被歼灭，无一人生还，田君健在双方冲击时被击毙。

派驻吐丝口镇的第十二军新编第三十六师担任掩护由明水到莱芜的交通。21日夜，解放军以优势兵力向该师猛攻。22日晨，据师长曹振铎报告，解放军攻入吐丝口镇的寨内，该师的部队已被压迫撤至寨内东隅抵抗。唯该师人数很少，武器也不好，并且新兵较多，战斗力极为薄弱，请派队前来增援。曹振铎向来遇有接触，即行叫苦，这是他的一贯作风。我认为实际情况不一定如此严重，当即电复令该师尽力抵抗，并派兵由东面出寨绕解放军背后，内外夹击；解放军腹背受敌当不能支而撤出寨外，这时该师经全力反击，俟天明看情况再行派队增援。22日上午五六点钟的时候接曹的无线电话报告称："现敌我仍在寨内对峙，我已遵令派队出寨夹击，请速派队驰援。"从此以后，即再接不到该师的消息。事后据说曹振铎在解放军围歼由莱芜北撤的国军混战时，乘机率该师的少数残余部队逃回济南。

21日晚，接到王耀武的电令：着即将在莱芜的部队全部撤至明水及其以南地区集结待命。我立即召集第七十三军军长韩浚、整编第四十六师师长韩练成、前方指挥所少将高级参谋王为霖、第二绥靖区司令部第二处少将处长陶富业会商，研究在当时的情况下，是否遵令撤退，如果决心撤退，如何撤法；如果决心不撤，应如何重新调整部署，粮食、弹药如何补充。我当时是主张不撤退的，认为在解放军的重重包围之下，突围撤退，是很不利的；如果在临沂附近的解放军北来，而在临沂附近的国民党的军队必跟踪北来，仍可同我们收内外夹击之效。但是其余人员都主张遵照命令即行撤退，尤其是王为霖竭力主张即刻撤退，并说这是责任问题，如果不撤退，胜利了没有功，如果失败了责任担不起。大家同意他这种主张，况且弹药、粮食供应不易。我说既是大家都主张遵令撤退我也不反对。那么就研究什么时候撤退及如何撤退。这时我认为既是决心撤退，宜快不宜慢，应立即开始行动。韩浚主张22日早上开始，韩练成坚决主张要到23日早开始，需要有一天的准备时间。大家同意了韩练成的意见，又研究撤退的部署决定如下：按现在各部队的位置，分为两路；以第七十三军任左路，整编第四十六师为右路，前方指挥所随整编第四十六师行动。第七十三军的主力沿周家店、吐丝口镇通明水的大道前进，并派有力的部队为左侧卫，沿行进道路的左侧高地前进，行进时对左侧特别注意搜索警戒；在莱芜城北高地之一个团，担任本队的后卫，待主力通过吐丝口镇后，再沿该军主力行进路跟进，该军到达明水及其以南胶济铁路南北地区集结待命。整编第四十六师的主力在第七十三军右边另一条路经孝义集到达吐丝口镇后，在第七十三军后跟进，至胶济铁路以南吐丝口镇以北地区集结待命；并派有力之一部（至少一个团）为右侧卫，沿该师主力行进路的右侧高地前进，对右侧特别注意搜索警戒。前方指挥所到达明水车站时，乘火车回济南第二绥靖区司令部。各部到达目的地后，径报第二绥靖区司令部。

22日，昼间无激烈的战斗，入夜战斗逐渐转剧。城南山地整编第四十六师守备该地区的部队与解放军展开山地战，只听见枪炮声、喊杀声和解放军的喊话声及人喊马嘶的一片杂乱声。站在南城墙上看山区内，几成一片火海。国民党军与解放军的阵地在此深夜已是很难分清。我为了诱解放军深入，即令守军撤至河北岸及城东高地，待河南岸无国民党军时，令城上的部队与城下的部队歼灭这支解放军于河内及河的两岸，同时以猛烈的火力歼击半渡的或已渡过北岸的解放军。当国民党军撤退时，解放军尾追，在渡河的时候，已有少数的解放军战士混入国民党军之内，解放军大有攻城之势。我部河南撤完，这时城的上下部队协同动作，又展开激烈的河川战，并且城内之一部出击，在河川内及河之南北两岸混战。是夜我在东门内第七十三军军部及南城墙上指挥督战。这样激战终夜，城南的解放军仍退回山区。西门外是夜仍在激战，但该方的解放军这次来攻的人数似不如前两次多。城外西北角高地东西横亘两个山头，西端山头较高，东端山头稍低，东西两个山头的中间呈马鞍形。至午夜12时据该高地守备指挥官报告，解放军有一部已攻占西端山头，我军撤至东端山头抵抗。我恐解放军居高临下，东端山头防守不易，城内颇受威胁，决心由城内的第七十三军及城北的部队出击，绕至该高地的西北方，协同该高地东端守备部队的反攻，务将西端的解放军驱逐，收复该高地西端山头，确保城内安全。在各部未反攻以前，第七十三军的炮兵，向该山头的解放军猛击。而各部开始反攻时，即行停止炮击，并可掩护明天（23日）全军撤退。经东西两方国民党军的夹击与该山头的解放军展开争夺战，解放军方面坚守不肯放弃，国民党军方面也抱定决心，无论牺牲多大非重占该山头不可。战至拂晓以前，攻占该山头的解放军伤亡殆尽，始向西突围而去。该山头仍为国民党军所占有。第二天我与第七十三军军长韩浚经过该处时，尚看到解放军的遗尸五六具。

在19日，济南第二绥靖区司令部曾转来陈诚的电令，大意是说："新四军在临沂附近的部队，其主力已陆续北窜，经由新泰西南通往大汶口的道路上络绎不绝；在东平西北方黄河上架有浮桥，准备渡过黄河北逃，已派飞机将其浮桥炸沉，着即派若干小队（以一班一排为单位），分布在新泰通往大汶口的大道北侧伏击"等等。当时我认为陈诚这种判断恐不正确，因为我们丝毫没有发现如他说的那种迹象。嗣后获悉，在临沂附近的新四军，为了先行歼灭由淄（川）博（山）南下的国民党军的7个师，暂时放弃临沂；为了主力部队行动方便，将非战斗人员送到黄河以北。

据近几天各部队派出的谍报人员称，近来县城附近农村中的老乡们家里都在忙着摊煎饼，准备干粮，支援军队，并且据老乡说，这些军队准备在这里住一个多星期。同时据各部队送来的俘虏说，新四军第四师、第六师的战士说他们有很多部队都由临沂附近北来，均是在夜间行军，并且走得很急，都是急行军，北来的有五六个师。同时又据济南第二绥靖区司令部派往泰安附近的情报站报告，泰安东南某处（地名忘记）发现解放军约一个团在该处住了两天了，尚没有任何行动。

综合各方面的情况判断，在临沂附近的新四军主力不是如陈诚所说渡过黄河北去，而是集中优势兵力来莱芜附近与驻莱芜附近的国民党军决战。当令各部严阵以待，如其来犯，予以沉重的还击。

23日拂晓以前，各部队均按照21日晚上的命令到达指定的地点集合完毕，待命出发。原来命令6时出发，各按照指定道路前进，因等候整编第四十六师师长韩练成，并派人到处去找，终未找到。韩练成自从颜庄来莱芜后，即不住在整编四十六师司令部，而住在前方指挥所内，昼夜与我们同吃同住。我有时叫他去师部看看，他总是说我们师部的一切事情，均由参谋长杨赞谟负责处理，没有问题。23日早上，我与他一同由前方指挥所出发。我们走到东门外的时候，他说他要去城东高地找一个团长。我对他说，这时各团均已集合，不必去找。他说他已令某团长在某处等他，某团长不会去集合。我又说就是去找也派传令兵去找，不必亲自去。他说传令兵找不到，必须亲去，又叫传令兵送我到集合场师部找参谋长，说毕转身进城。他本说到城东高地去找某团长，何以现在又进城，到底是怎么一回事？实在令人摸不着头脑。我到了集合场见到参谋长杨赞谟，问各部队到齐了没有，他说除警戒部队外均已到齐。又问某团长到了没有（即韩练成去找的那个团长），杨赞谟说到了。这时更令我怀疑，但是无论如何不能丢下一个师长就走。当询杨及各旅旅长："你们师长到什么地方干什么去了？"他们都说不知。我又再派人去找，始终找不着。迟至8时许，第七十三军军长韩浚，因到这时还未出发，前来询问，乃与杨赞谟及各旅长研究，不能再在此等候，才令各部队开始前进。这时城东高地南端已发现解放军的部队，并向国民党军集合的部队炮击，有少数解放军的部队进城。各部队均按命令执行我原来的腹案，决心在此北撤的时机"将解放军来犯的部队全部歼灭，至少也要歼灭其大半"。因对方来的有五六个师而国民党尚有六个师，人数相等，论武器解放军就远不能与国民党军相比，况这时国民党军虽则北撤，而士气尚旺。行约10里，两路的先头部队，通过周家店、孝义集后，东、西两高地背后的解放军，均与两路的侧卫部队的掩护部队开始接触，并且逐渐向国民党军进行正面攻击。这时我乃集合韩浚、杨赞谟等将我的腹案说明，他们也很同意。城北高地与吐丝口镇均在我手，已下令这两个部队固守，东、西高地左右两侧卫增强兵力，对解放军集中力量进行反攻，冲出重围，变内线作战为外线作战。到那种形势时成为反包围。同时令城北高地之一团，除留相当兵力守备外，猛向北攻，及吐丝口镇新编第三十六师派有力部队出击。这时四面围攻解放军，至少也要给解放军以沉重打击，或消灭其大半。

第七十三军担任左侧卫的是肖重光师，他可以说是死硬派之一。整编第四十六师担任右侧卫的是海竞强旅，海是白崇禧的外甥，这两个部队战斗力相当强。其余部队一面继续北进，并随时增援左右两侧反攻部队。这时展开激烈的战斗，同时各军师的炮兵支援左右两侧，向来攻的解放军集中炮击。从此国民党军与解放军反复猛冲，同时我请当时在战场上空指挥国民党空军协同陆军作战的空军副司令王叔铭指挥空军尽力轰炸与扫射，务期协同地面部队作战。这时整编第四十六师，除巢威旅掩护行李及作预备队外，而甘成城旅已参加战斗。第七十三军杨明师除留下一个团掩护行李外，其余均参加战斗。解放军炮击与空军的飞机投弹扫射，战场内数处起火。据说国民党空军的战斗机，因低空扫射，被解放军的步兵击落一架。

战争愈战愈烈，各有胜负，彼此伤亡遍野。左右两高地冲上冲下，喊杀声、喊话声、枪炮声、飞机投弹声，响成一片。在此紧急关头，不料城北高地之一团自动全部北撤，放弃该高地，而该高地遂为解放军所占有，即居高临下，协同东、西两侧高地的解放军向国民党军猛击。解放军在此三面夹击国民党军的情况下，士气更旺，攻击愈猛。吐丝口镇东南独立山头（该山头是这一带山地的最高点，由吐丝口镇新编第三十六师派队驻守）也为解放军的部队占领，侧击国民党军北进的部队。这样国民党的部队就四面受解放军的围攻。在此南北20余华里，东西五六华里的谷地内，反攻未获成功，作战颇为不利的情况下，我一面严令各部队尽力抵抗，同时仍向解放军反攻，一面要求空军继续轰炸。这时王叔铭用无线电话向我建议说，现在南自莱芜县城，北至吐丝口镇以南，以及东、西两侧高地新四军向我围攻的部队很多，在这种情况之下，反攻既不成功，突围更非易事，以他的意见，不如退回莱芜城内及其附近占领有利地点固守待援；至于粮食、弹药，他愿负责空投接济（因我与他是黄埔陆军军官学校第一期的同学，又是山东同乡，在校及毕业后情感很好，故无话不说）。我感到在此状态下退回城内亦非易事，固守待援更无希望，不如一鼓作气，突出重围；况且先头部队已距吐丝口镇不远，那里尚驻有新编第三十六师，可以协同作战，待到达吐丝口镇以北地区，再作第二步计划。王叔铭听我决心甚坚，不愿退回城内，也表示同意。我又请他指挥空军先将吐丝口镇东南独立山头解放军部队消灭，使地面我军部队北上容易，并可与驻吐丝口镇的新编第三十六师联系。这时已至午后2时左右，战斗越加激烈，左右两侧高地的解放军，已把国民党军的部队压迫到山下，并截成数段，战局已陷入混乱。此时王叔铭又与我通无线电话说，空军进行猛烈的轰击及扫射，但是解放军的官兵不怕死，仍阻止不住他们进攻。至此，电话即不能再继续通话。前方指挥所的高级人员，也被冲散，只有我和第七十三军军长韩浚在一起，指挥附近的部队，竭力抗击并向北冲。午后3时许我左腿下部受伤，唯仍挣扎拼命向北逃走。这时韩浚也与我失了联系。我走到距吐丝口镇三四华里即不能再走，因伤口流血过多头昏，摔倒在山沟里。到了黄昏前，解放军战士将我俘虏。至此莱芜战役大部结束，当天夜间，尚听到山地内有零星枪声。

　　这次战役我本来妄想将北来的解放军全部歼灭，至少也予以沉重打击，结果适得其反，国民党军的7个师全部被歼，高级军官除整编第四十六师师长韩练成当时生死不明，新编第三十六师师长曹振铎率该师的残余数人逃回济南及第七十七师师长田君健自毙外，其余全部被俘。

莱芜战役片段

韩 浚

　　1947年2月间，蒋介石想一举消灭在山东的解放军，便集结了23个师由南向北进犯。随即又命令第二绥靖区司令王耀武配3个军（七十三军、十二军、整编四十六师）由北向南进犯（从胶济线往南），然后南北夹击合围歼之。

　　为了实现这一计划，王耀武就派李仙洲（第二绥靖区副司令）到莱芜坐镇指挥。当时我七十三军未动，派向莱芜方面的是十二军，军长是霍守义，该军主力是东北军。霍守义为了保存他的实力，只留了新编三十六师（该师是伪军改编的）驻吐丝口，将主力全部撤回。王耀武一看霍守义不听他的指挥，这才调我七十三军（该军是10个美式装备军之一）。当时我军有3个师（七十七师、一九三师、十五师）

和一个独立旅，我带十五师和一九三师从博山出发，七十七师和独立旅留在后方。当时整编四十六师已驻新泰。我们到颜庄后得到了一个消息：解放军大部分往北来了。按原计划我们应退至吐丝口，可当时没有退到吐丝口，只从颜庄退到了莱城。整编四十六师由新泰退至颜庄。这时我只带着十五师，一九三师在后面修路（吐丝口至博山公路）。过了两天我们又得到情报：解放军从两面包围我们。19日下午解放军向莱城进攻，20日以后修路的一九三师已靠拢莱城。这时韩练成指挥的整编四十六师已与解放军交火。21日韩练成已到了莱城，这时我们已感觉到被包围，李仙洲便召集我们开会，研究突围计划。大家一致认为应抓紧向北突围。我们七十三军的粮弹只能支撑两三天时间，我主张突围宜早不宜迟，李仙洲也主张尽早突围，我和李仙洲主张22日就突围。可韩练成却不同意，理由是要准备一下到23日突围，双方争执不下，最后李仙洲说："那就拖一天到23日吧。"就这样决定23日突围。

我们突围的路线和计划还是不错的，因北面吐丝口由我们的三十六师驻守，再者北面的解放军力量比较薄弱，从吐丝口往北突围是没有问题的。部队沿间隔6华里的两条平行线由南向北突围，当时我率部队从西线突围，韩练成率部从东线突围，两线相互照应，时间定在23日一早出发。可是到了23日突围前韩练成说他要到莱城一趟，结果他一直没再回去，后来才听说他到陈毅部队里去了。我们就按原计划突围。可正在向北突围时，突然我部三面受敌，这时我感到很奇怪，为什么右侧有韩练成的部队，还有解放军出现呢？我就派人去打探，结果他的部队都在休息，李仙洲也指挥不动。按原计划突围后，解放军首先向韩练成的部队开了火，因韩练成不在，结果一打就乱了。他的部队边打边向我们靠拢，结果也把我的部队扰乱了，两个军的人都混在一起，成了东、西、南三面受敌。可当时我也没有办法指挥了，兵败如山倒，军长找不到师长，师长找不到团长，上下失控处于一片混乱状态。同时还有个问题，据说在临走前一些老百姓跑到李仙洲那里说："你们走我们也跟着走，共产党来了不得了。"李仙洲就问他们到底有多少人，他们说有万数人。李仙洲说："好吧，就跟着走吧，我们从两边走，你们在中间走。"但仗一打起来，这些老百姓却拿起枪来打我们，这才发现这是解放军有计划的举动。这样我们便成了四面受敌，在混乱中我与李仙洲毫无主张地跟着这些残兵败将向北逃窜。结果他的腿受了伤，我们也被冲散开了。我就带着一部分人向吐丝口逃窜，也谈不上什么指挥了，就是招呼一下散兵。结果一到了吐丝口，仗就打起来了，三十六师几乎被消灭，解放军已占领了吐丝口。原来以为吐丝口在我们手里，可现在情况变了，我们不得不向博山方向突围，因我们军的独立旅驻在博山。到了晚上11点左右，我真是累得不行了，天色黑暗看不清，连卫士也脱离了，我便坐下来休息。这时已突出包围圈3个小时，也听不到枪声了，我问这是什么地方，他们说快到青石关了，不长时间就到博山了。这时我心乱如麻，胡思乱想：七十三军是美国装备军，这一下全军覆没，自己也无光，蒋介石把这个军交给我，结果失败了，回南京就是不处分也不受重用了。到底回去不回去？我正在徘徊，想自杀，这时有个高参黄炎勋，原不属我管，是蒋介石直接派来的联络组，他们自己配有通信设备，可直接把七十三军的活动情况与蒋介石汇报。这个人也是个失意的人，他干了不长时间，这个组就撤销了。让他回南京，他不去。他对我说："军长，我要跟着你，我回南京也没有好出路。"那时我对他讲："好吧，你留下我给你个高参的名义。"在这非常困难的时刻，黄炎勋找到我说："军长，我们不能回去，南京一定要垮台，我们到解放军那边去，我在博山时就知道这周围有解放军，我去找他们来，你与他们谈谈。"我当时没有表态就算默许了。黄炎勋就与特务连连长卢铁锋到附近去喊，结果一喊，就听到解放军打了两枪，他又喊道："我们七十三军军长在这里，找你们有事协商。"不一会儿就来了20多个解放军，问谁是军长。我回答："我是。"他们又说："那就跟我们到营部去吧。"我说我走不动，他们就用担架把我抬进了营部。

到了解放军营部后，解放军对我很热情，并对我的高参说："你们先回去吧，你们的军长由我们照顾。"当时我怀疑黄是解放军的地下人员，实际上并不是，是因为黄看清了当时的形势。

我所知道的莱芜战役

陶富业

　　1947年1月5日，蒋介石派空军总司令周至柔持蒋介石的亲笔信，飞抵济南，与王耀武密商军机。蒋介石的亲笔信长达10页，主要指示是要王耀武"大将应从大局着眼，济南方面必须立即抽调一个有力兵团从莱芜地区进入苏北，以策应陇海路东段作战"。当时济南兵力薄弱，经商定，将刚从海南岛调抵青岛的整编四十六师韩练成所属3个旅立即车运博山集结，整编七十三军韩浚所属3个师在淄川、博山集结，第十二军3个师由济南调周村、张店之间集结，合编为一个兵团，归第二绥靖区副司令官李仙洲指挥，从绥靖区司令部抽调部分参谋人员组成绥靖区前进指挥所。

莱芜战役实况概述

1月6日，各部队集结完毕后，8日开始大兵团运动，以整编四十六师韩练成部3个旅为先头部队，沿博山、莱芜民道向新泰前进，七十三军韩浚部（缺七十七师田君健部留淄博等待交防）向颜庄前进，第十二军3个师进至吐丝口附近一带为兵团掩护部队。当时大部队行动迟缓，一星期后先头部队整编四十六师通过莱芜进至新泰，指挥所率七十三军进到颜庄。此时，蒋介石命令兵团继续前进。韩练成部继续前进至新泰以南50华里，此时已发现解放军正向沂蒙山区有分进合击的态势，乃再三制止韩练成撤回新泰不动。时蒋介石与王耀武之间各有各的打算，指挥意图不统一。蒋介石不要部队继续南进，而王耀武则令部队观望徘徊，七八天既不前进也不后撤。2月12日，七十三军田君健师由博山向莱芜前进途中被解放军围歼，兵团已处于被包围的状态，2月20日指挥部从颜庄撤至莱芜。莱芜附近已开始发生战斗，即令韩练成部撤至颜庄。21日晚莱芜战斗逐次激烈，韩练成部撤至莱芜东端，23日突围撤退中全部被歼，指挥官李仙洲、绥靖区副参谋长王为霖、处长陶富业，以及各军师旅少将以上高级指挥人员全被俘虏，第十二军立即从吐丝口向济南逃走了。是役全歼整编四十六师三个旅，七十三军三个师及新三十六师一个团，总共5万余人。

莱芜战役国民党军被歼的主要原因

1. 蒋介石与王耀武之间的矛盾。蒋介石令调济南部队，王耀武强调济南兵力空虚，几经争议，王耀武勉强凑编一个兵团进入沂蒙山区，徘徊观望，不进不退。当时前进指挥所向王耀武建议及早撤退，王耀武回答，我有我的决策，以后告知。

2. 王耀武的指挥错误。在进军前，指挥所认为大兵团占一条狭谷道路行进是不妥当的，应当以分进合击的态势前进。王耀武以为一路前进无问题。大约在2月16日、17日指挥所尚在颜庄时，陈诚在飞机上指挥，要兵团分三路向石马庄方向齐头并进，是有被歼的可能的；王耀武则令部队暂不必行动，以免被歼。

3. 王耀武与李仙洲之间的矛盾。王耀武与李仙洲平素就有资历与权力之争。事无巨细，王耀武大权独揽，李仙洲诸事不管。这次在编组前进指挥所时，李仙洲采取无所谓的态度，完全由王耀武调派。

4. 部队不听指挥的矛盾。韩练成根本不听王耀武、李仙洲的指挥，2月21日命令转达部队向莱芜东端集结，22日晚决定全部突围，四十六师与七十三军各以一团留现地担任掩护，其余逐次分段跃进突围前进。23日早突围开始时，该师全部在田野集结，并无战备姿态，闻炮声一哄而散。

七十三军的十五师，本应派一个团留莱芜掩护撤退的，开始突围时，该师并未照办。该师在突围中部队混乱，不听指挥，丢掉武器逃跑，只有一九三师按撤退计划，战斗至天黑。第十二军除新编三十六师外，都是原东北军骑兵军编成，战斗力弱，也不听指挥。所以部署在吐丝口一带掩护，莱芜战斗被歼时，该军迅即向济南撤退，未作掩护。

我们在莱芜战役突围中被歼

柏柱臣

抗日战争胜利之后，七十三军韩浚部所属第十五师、七十七师、一九三师，于1946年1月开到南京附近，沿津浦南段，从浦口到蚌埠之间护路。6月，全军奉令由徐州空运济南，归山东省主席兼第二绥靖区司令官王耀武指挥，驻胶济铁路临淄、张店、淄川、博山地区。这时，国共两党虽仍继续在南京和谈，但仍无诚意，战云密布，笼罩全国，边谈边打，逐渐扩大。国民政府以"戡乱"名义来讨伐中共，肃清中原，发动了鲁南攻势。从此，国共内战乃开始全面爆发。抗战八年，创深痛剧，国力耗尽，民不聊生，不急医好战后创伤，恢复生产，与民生机，继而国共分裂，其豆相煎，这不得人心的内战，是全国军民所深恶痛绝的。

1947年1月15日，我十五师和一九三师，同整编四十六师韩练成部，奉第二绥靖区司令官王耀武的命令，两军归副司令官李仙洲指挥，进军莱芜、新泰、蒙阴地区，协同国民党军鲁南重点进攻，对共军作战。两军于22日分别到达各指定地区，南北夹击，形成钳势。共军见势不利，乃相机北撤，并集中全力，避实就虚，日夜兼程向莱芜北进，同时共军在胶东的部队和解放区的地方武力数万人，协同陈毅的解放军主力部队十余万之众，将我军包围于莱芜地区激战。当时形势突变，整编四十六师又远在新泰、蒙阴地区，孤军深入，一时无法调回，有被各个击破的危险。李仙洲急将共军动态和企图电报王耀武和陈诚，并建议，相机适应战况，应将整四十六师调回莱芜，集中全力对共军作战，乘共军包围未成之前，向胶济线靠拢，待机进攻，免成孤军被围。后经复电指示，固守莱芜，南军不出10日即可北上会同作战。到2月上旬，共军对我包围之势已成，乃集中全力向我进攻。在莱芜十多天的激战中，一九三师五七九团团长张海鸣牺牲，官兵伤亡亦大。想到八年抗战，未死于外寇，而今死于同胞自残，遗恨终天，余不胜悲愤！我军当时士气旺盛，战力坚强；共军采取纵深包围，待机决战。作战以来，已经半月，南军北上的整编七十四师张灵甫部，中途被阻，不能顺利前进，整编四十六师又被羁于蒙阴、新泰地区，延迟到2月20日才到达莱芜以南，两军取得联系。现已兵力增强，固守莱芜，暂无顾虑。这些战况每天都向王耀武报过的，但是陈诚考虑到，南军北上不易，两军被围紧张，济南威胁严重，乃同王耀武商量，放弃莱芜，两军撤回胶济线保卫济南。乃于20日下达要我们两军撤回胶济线的命令，并指定于23日凌晨开始行动。并云已派八十四师吴化文部由王村出发向北攻击前进，接应两军，又命在博山的七十七师同时由博山出发向吐丝口攻击前进，并派空军一小队掩护突围等理由。我们接到这个撤退令后，都感到突围不易，心情沉重不安。我同肖重光、杨明一致向军长韩浚、副司令官李仙洲，提出三点不能撤退的建议：1. 突围北撤正中敌计，共军因对阵地战的强攻徒遭损失，才改变战略，层层包围，引虎出山，节节截击的运动战，他取得有利的主动地位，是我不利的。2. 在共军数倍于我之兵力，层层包围中，大部队作长路程的突围，我军不能全面展开作战，且战且行，有损士气，非战部队的拖累，大军拥挤于途，易受敌袭，部队一乱，不堪收拾。3. 请准固守莱芜相机进攻，于全局战略及我军安危都有利；我军士气旺，战力强，粮弹足，保证能达成任务。以上建议韩军长和李副司令都有同感，电请王司令官裁夺，因参谋总部已经决定，未经允许。李仙洲急召我们两个师的军长、军参谋长开紧急会议，研究如何突围。当时我们认为突围难免不无困难，将在外君命有所不受，应独断专行，守为上策。又用无线电话与王司令官通话，因陈诚坚持命令撤退，谁也不敢负责，只得遵命行动。当场决定，以十五师杨明部为先头攻击前进，一九三师担任两侧为侧卫，四十六师为后卫，于23日上午6时出发，各部按令执行任务。我同肖重光回到师部，立即召集政治副师长姚光，参谋长王德容，团长车驷、王正直，开会研究部署任务，下破釜沉舟的决心，置之死地而后生的精神，来完成这个战役的任务。将私人的行李丢弃，带粮弹，机密文件随身携带，轻装易于运动战斗，当晚急速做好准备，明早6时出发。

先头部队十五师奋勇攻击前进，打出一条路不到30华里，后卫部队的整编四十六师乱起来了。据后所传，是受了韩练成自行离队的影响。当时两面山上预伏的共军四面八方蜂拥而下，前后左右，战斗极其惨烈，尸横遍野。师长肖重光、军参谋长徐业雄都负了伤，双方伤亡均重。先头部队十五师，被共军主力围攻，白刃交加，寸步难进。七十七师由博山出发在青石关被阻，激战竟日，大部伤亡，师长田君健自杀。由王村南进的八十四师吴化文部，是伪军改编的，他阳奉阴违，保存实力，停兵不进，整日未闻枪声。空军飞机四架盘旋高空亦失作用。我官兵在十分恶劣的形势下，仍坚持战斗，经过两天的血战，终不能挽回被歼的命运。回思往事，感慨万千，写打油诗一组，以记悲剧。

莱芜之战

1947年4月写于文登昆嵛山无染寺

倭寇方平又内争，神州遍地是悲声。

田园荒芜多荆棘，骨肉流离半死生。

应化干戈为玉帛，焉能兄弟动刀兵。

军民厌战思安定，休养生息致太平。

错将强敌等闲看，无视民心向延安。

将帅骄矜盲目动，军师覆灭透心寒！

亲离众叛曾有在，起义投降岂无端。

顽固坚行错路线，江山易手悔时难。

我在莱芜战役中被俘

唐国钧

1947年1月底，国民党南京政府制订了"鲁南会战"计划，以30多万人的兵力，北起胶济铁路西段，南至陇海铁路东段，实行南北对进夹击，妄图一举消灭华东人民解放军主力，进而达到控制整个华东解放区的目的。为了策应鲁南作战，王耀武抽调第七十三军、第四十六军和第十二军之新编三十六师组成北线兵团，在副司令官李仙洲直接指挥下由胶济线南进。这时，我们七十七师（师长田君健）仍驻防淄川、博山一带，主要任务是控制胶济铁路，担任守备任务。是年2月中旬，北进兵团之四十六军已抵新泰，七十三军的两个师（一九三师、十五师）已到达莱芜，新编三十六师已驻吐丝口。这时，七十三军军长韩浚向王耀武请示，要求将七十七师归还建制。2

月19日，七十七师接到命令，可以归还建制。于是七十七师21日由博山进发。以二三一团担任前卫，二三〇团为本队，二二九团任后卫。我当时任输送营营长，我们营与后卫团一并前进。部队走出了30多华里，前卫团便在和庄、普通庄与解放军发生了战斗，战斗很激烈，人民解放军早已占领了周围高地，居高临下，打了两个多小时，二三一团因伤亡过重垮了下来，团长刘宗雄也负了重伤。接着二二九团又上去了，战至半夜时分，二二九团也支撑不住了，用报话机求援，但都联系不上，部队处于一片混乱状态。到了22日拂晓，师司令部往后撤，此时师参谋长刘剑雄被打死。当时我们输送营主要是押送辎重行李，主要任务是押送12大车国民党钞票，这些全部是七十三军的军费。我们到了和庄时，已发生了战斗，战至天亮，整个部队就打乱了，死的死，逃的逃，我的腰部也负了伤。师长一看到这种形势，便拔出手枪自戕毙命。我们这些没有死的便被俘虏了。

我被俘以后，人民解放军讲政策，宽待俘虏，特别是对职级较高的照顾得更好，每天吃的用的还不错，还有香烟吸。后来把我们送到了河北，继而又送到了山东军区高级军官训练团。在训练团受到了教育，半年后每人发了一张毕业证书，发了路费，释放回家。

1987年4月20日

王耀武是这样指挥莱芜战役的

陆承裕

　　王耀武素以善战著称，在抗日战争中被誉为常胜将军。而在1947年的莱芜战役，被人民解放军打得焦头烂额。当时，李仙洲兵团的参谋长是由第二绥靖区司令部第二处少将处长陶富业兼，他与李仙洲一同被俘后在东北学习，几年后释放回醴陵原籍。在莱芜战役中，我任山东警备旅上校参谋长，属第二线部队，在张店、周村、南定等地维护胶济路交通，掩护李兵团南进。1980年秋陶富业重病瘫痪，当时我任醴陵县政协副主席，以同乡、同学、老同事情谊去看望他，共同回忆及莱芜战役之往事，兹应山东省政协文史资料委员会征稿，经整理成文，以供参考，时隔40年，错讹遗漏之处，请知者斧正。

一、李仙洲兵团的编成及其任务

1947年1月5日，蒋介石派空军总司令周至柔持蒋的亲笔信飞抵济南，与王耀武密商军机，蒋的亲笔信长达10页，主要说明将对苏北共军发动一次重点进攻，南北夹击歼灭苏北共军于黄河以南地区，苏北进攻部队为整编七十四师和整编八十三师（都是王的基本部队）和整编二十五师。指示王耀武"大将应以大局着眼，济南方面必须立即抽调一个有力兵团从莱芜山区进入苏北，以策应陇海路东段地区之作战"，并告知将整编四十六师韩练成部三个旅从海南岛航运青岛，归王指挥。当时济南兵力薄弱，王耀武意存观望，希望只派一部分兵力作佯动态势，威胁共军侧背。但蒋介石不以为然，王耀武不得已，遂令整编四十六师3个旅从青岛车运博山集结，七十三军韩浚所部3个师在淄川、博山地区集结，第十二军霍守义部3个师由济南调周村、张店集结，合编为一个兵团。由第二绥靖区副司令官李仙洲统一指挥，并由绥靖区司令部抽调部分参谋人员组成绥靖区前进指挥所，故称为李仙洲兵团。

二、李仙洲兵团被歼经过

2月6日李兵团各军均到达指定地区集结完毕,兵团部也到达淄川,召开各军师长会议研究进军部署,决定2月8日开始大兵团运动,以整编四十六师韩练成部3个旅为先头部队,沿博山、莱芜民道向新泰前进。第七十三军韩浚部除以七十七师田君健部留淄博等待交防外,该军主力沿整编四十六师经路,向颜庄前进,兵团部随七十三军军部行动。第十二军进至吐丝口附近为兵团掩护部队。此时,绥靖区司令部为确保胶济铁路线的运输安全并掩护李兵团的后路,部署了第二线守备部队,以山东警备旅唐明德部3个团,守备金岭、张店、南定、淄川、博山、王村诸交通要点。另以山东保安师守备周村、明水、章丘、历城之线。

李仙洲兵团拥挤在山区隘路上,行动迟缓,一星期后其先头的整编四十六师才通过莱芜进至新泰附近,七十三军(欠七十七师)和兵团指挥部进抵颜庄。此时蒋介石命令李兵团继续南进,韩练成部已进至新泰以南约50华里,离蒙阴已不很远,均未与解放军接触,但已发现解放军正向沂蒙山区北进,似有分进合击之态势。王耀武电李仙洲立即制止韩练成部南进撤回新泰待命,蒋要南进,王令撤回,韩练成部徘徊观望四五天,既未前进也未后撤。2月12日七十三军之七十七师在交防后由博山向莱芜前进途中,被解放军伏击,全部被歼,师长田君健自毙。此时兵团指挥部才发觉兵团已陷入解放军的包围圈之中，2月20日兵团指挥部和七十三军决定立即从颜庄撤回莱芜，准备固守，再三严令韩练成部立即撤回颜庄向莱芜靠拢。20日午后莱芜附近已发生战斗，21日晚战斗逐次激烈，午夜解放军已迫近城南，兵团部和七十三军已陷入包围攻击的激战之中，当天曾命令韩练成部即向莱芜东端地区集结，协同七十三军战斗。韩练成连电话都不接，其参谋长杨赞谟回答"韩军长不知去向，现找不到"。22日整天激战，韩练成部在莱芜东端集结，并无战斗行动。先是王耀武令兵团在22日开始突围，撤至吐丝口以北明水以南地区集结待命。陈诚则电令："解放军有放弃临沂撤至黄河以北的企图，我飞机已炸毁共军黄河浮桥，李兵团应派小部队袭击敌人。"空军总司令周至柔也曾在空中几次传达蒋介石命令固守待援。21日晚李仙洲曾召集韩练成、韩浚及指挥部高级幕僚人员研究突围行动，李仙洲认为以固守待援为上策，突围很困难。绥靖区副参谋长王为霖（原系李仙洲的参谋长）主力从早突围，韩练成赞成突围，但认为时间不宜仓促，需要一天准备时间方可。于是23日清晨开始突围，兵分两路，以七十三军为左路，整四十六师为右路，向吐丝口北撤。吐丝口有第十二军新编三十六师扼守，认为突围可操胜券。左右两陆军各派部队为侧卫和后卫，兵团指挥部随韩练成军部行动。原定早上6时开始行动，因到处都找不到韩练成，部队迟至8时才开始行动，在运动中遭到两翼山地解放军的伏击，战斗十分猛烈，双方死伤甚众。国民党军且战且走，行动缓慢。此时据空军总司令周至柔在飞机上告知，两翼山地共军密集，空军当尽全力掩护你们作战，请考虑撤回莱芜固守待援为妙。但此时主力部队已陷入宽五六里、长二十余里的山谷隘路之中，进退维谷，只有奋力反击，别无选择。在解放军密集炮火和两翼强大的夹击下，部队逐渐被压缩在山沟之中，官兵已不听指挥，有些已在"缴枪不杀，优待俘虏"的喊话之中，放下武器。突围已成泡影。下午2时左右兵团部与四十六师师部均被冲散，韩练成已不知去向，失去联络。吐丝口早被解放军攻占，走投无路，全部被歼，李仙洲、王为霖、陶富业及各军、师、少将以上高级指挥官员全被俘虏，共消灭两个军6个师，并击溃了新三十六师，唯有第十二军霍守义率两个师逃回济南。

三、李仙洲兵团被歼的主要原因

此次蒋介石对苏北的重点进攻，遭到如此惨重的失败，宣告了蒋介石在华东地区的军事进攻已陷于被动态势。全国人民呼吁和平，反对内战，政治腐败，经济崩溃，抗战八年军民都希望休养生息，过太平生活，厌战心理严重，士气低落，故每战必败。莱芜战役中被全歼的七十三军，是王耀武的基本部队，所以此战给王耀武的打击最沉重。莱芜战役李仙洲兵团被歼，还有以下几个主要原因：

1. 统帅部与王耀武之间的矛盾。蒋介石强调南北夹击，不顾济南空虚，迭令李兵团进入苏北。王耀武对李兵团南进，是采取不得已的应付态度，所以当李兵团韩练成部进入新泰后，王耀武一再电令停止前进，撤回颜庄。李兵团指挥部曾建议及早后撤，王耀武回答："我有我的决策，以后再告。"以致李兵团在颜庄、新泰徘徊观望六七天，不进也不退，贻误戎机。在莱芜的固守与突围的决策上，也是游移不果断，此与蒋王矛盾和王李矛盾是交相因果的。

2. 王耀武与李仙洲之间的矛盾。王耀武是黄埔三期毕业的，李仙洲是黄埔一期毕业的，今李屈居王下任副职，颇感抑郁，对绥靖区的大小事情，概不置理，由王耀武大权独揽。在编组兵团问题的决策会上，李仙洲曾推辞不愿担任兵团指挥官。在征询兵团参谋长人选时，王耀武指定由绥靖区副参谋长王为霖担任，此人原任李仙洲的参谋长，认为是适合的。李仙洲则坚持要绥靖区司令部二处处长陶富业兼任，认为他对各方面情况较王为霖熟悉，又是王耀武所信用的人，对部队的指挥联系较灵便。王耀武不许，李仙洲表示不派陶任参谋长，他就不任兵团指挥官。王耀武为缓和矛盾，决定以王为霖为参谋长，派陶富业暂时同去帮助熟悉部队情况，临行前王耀武曾私嘱陶富业随部队到达莱芜后，即可借故抽身回来。可是李仙洲、王为霖对进军作战等重大问题，都采取模棱两可的态度，都推给陶富业处理。王为霖更狡黠，对一切都不理事，连电话也不接，其用意是让陶富业直接向王耀武负责，所以陶富业就脱不得身。

3. 整编四十六师韩练成部不听指挥的原因。一是蒋介石要该师从新泰继续南进，而王耀武再三制止该师南进，责成该师撤回新泰，韩练成处于进退两难之中，直至发现解放军向北分进，才撤回新泰。二是该师内部不团结，旅长骄横自恃，韩练成驾驭不了他们。韩练成过去虽是白崇禧的参谋长，但该师3个旅长中，一个是白崇禧的外甥，一个是白崇禧的姨侄，另一个是白崇禧一手提拔的得意旧部，各有所恃，平常就对韩练成傲慢，韩奈何不得。同时，韩练成与王耀武、李仙洲素无渊源，自恃武器精良，锐气不可一时，加以无与解放军作战的经验，所以对王耀武、李仙洲不果断的指挥错误，就采取观望不听的态度。特别是撤至莱芜东端地区集结时，见七十三军被解放军猛攻，该师不做战斗准备，隔岸观虎斗，不协同战斗，连韩练成去向也找不到。在突围行进中，该师在解放军炮火猛轰下，未经激战即一哄而溃，反而影响了七十三军的战斗。

4. 第十二军霍守义部两个师原系张学良的骑兵军改编的，新三十六师是日寇投降后收编敌后游杂部队拨归该军建制的。东北军向来是反对内战要求抗日的，在抗日战争中他们被分割使用到各个战区，被陈诚视为杂牌部队受到歧视，抗日战争胜利后仍然是有家归不得，"东北流亡曲"在东北军的脑海中是不会消失的，所以士气低落，害怕实力被消灭。此时霍守义以战斗力弱的新三十六师守吐丝口要地，将其两个基本师集结在吐丝口以北地区。新三十六师吐丝口守军，一经解放军猛攻就被歼灭，师长曹振铎率其余部逃回济南。军长霍守义违背"为兵团掩护部队"的任务，率部不战而逃本应按军法惩处。此时济南空虚，十二军的逃回，是符合王耀武挽救空城的愿望的，当然就不追究不战而逃的罪责了。

四、李兵团被歼使王耀武惊慌失措，济南陷于混乱状态

李兵团被歼使王耀武陷于马谡失街亭之困境，惊慌失措，幸第

十二军星夜逃回，并分别以电话命令山东警备旅和山东保安师日夜兼程撤回济南。笔者当时接到电话后，询问绥靖区第三处处长钱伯基："为何情况如此紧迫？"他回答："莱芜战况不妙，不必多问，你旅分布在张店、淄博各地部队，不必等待集结，可分别径向济南兼程行进，越快越好，行进中应特别注意对铁道以南吐丝口方面的情况，严加警惕，经过明水、王村、历城等地时，尽可能利用铁路电话线和我们联系。你和唐旅长到达历城后可先行来绥区司令部接受任务。"黄昏时旅部率第二团以强行军速度，向济南奔驰，一、三两团也分途跟进，次日通过王村、明水时，春光明媚，遍野麦绿，并未发现任何敌情，只是沿途常有三五落伍士兵，连老百姓都很少见到。但经历城到达济南地段，则是风声鹤唳，草木皆兵，村里村外，街头巷尾，均有难民和部队，一片狼狈不堪的混乱现象。解放军即将攻城之传言，日必数起。山东警备旅奉令星夜占领济南城北之药王岭、黄河大桥等据点，凭黄河、小清河构筑阵地工事。官兵经过200多里一天一夜的强行军之后，又日夜赶筑工事，已是疲惫不堪。城内也是彻夜赶筑巷战工事，铁丝网、鹿寨到处皆是，但许多地方看不到军、警守备。如果当时解放军乘胜直攻济南市，是可以唾手可得的。

国民党第七十三军和整编第四十六师
莱芜就歼纪实

韩 浚

　　1947年2月23日，国民党军第七十三军和整编第四十六师，为陈毅将军所指挥的中国人民解放军在一日之内全部歼灭于山东莱芜地区（同时属于整编第十二军建制的新编三十六师一个团连同师直属部队亦于吐丝口方面全部崩溃），大大震撼了国民党统治。为其后济南解放、徐海解放奠定了胜利基础。它是蒋介石发动内战，自取覆灭的一个重要历史章节。我当时是国民党军七十三军军长，亲历这一战役，风云变色，如在目前，特将它如实地追述如下。

一、战前一般情况

1945年8月，日本无条件投降后，蒋介石不顾全国人民需要和平的迫切愿望，认为时机已到，可以利用在抗战时期扩充起来的庞大部队，作为反共内战资本，在与美国帝国主义紧密勾结之下，大要两面手法，一面由美帝国主义假装"调处"，以与共产党进行和谈，争取时间；一面由美帝暗助军运，大事调兵遣将，布成战网。在苏北鲁南方面，准备首先集中主力，以主攻和助攻配合作战，企图将陈毅将军所领导的解放军主力诱而"歼"之于山东临沂地区，以解除上海、南京的威胁。然后抽出主力，投向华北、东北战场，发动全面总攻，造成一个清一色的国民党一统局面，巩固其统治。

从1945年冬到1946年春，蒋介石将第五军、整编第九师、整编第四十七师、整编第八十二师，整编第二十五师、整编第二十八师、整编第五十一师、整编第二十六师、整编第五十师共9个单位，分布在江苏徐州至山东临沂等地区，将第七十三军整编第七十四师集中南京，将整编第四十九师集中上海，将整编第八师集中山东潍县，将第十二军、九十六军集中济南。以上四个军12个整编师，对中国人民解放军形成一个大包围的态势。

其后又于1946年6月将第七十三军调往济南，所遗六合、天长、来安、盱眙四县防务，交由第五军邱清泉部接替。七十三军到达济南后，即会同第九十六军、第八军负责打通胶济线。第七十三军、第九十六军由西向东，第八军自潍县由东而西，会师于胶济路淄博交线的淄川。尔后第八军仍回潍县原防。第七十三军部队分驻于周村、张店、邹平、长山和淄川、博山等县，守备淄博工矿区。此为第七十三军由南京调往鲁西南地区的前奏。

在1946年这一年中，国民党军在苏鲁战场上，不但无法实现陈诚"三个月至半年即可消灭解放军全部主力"的狂妄叫嚣，且因指挥错乱，士气消沉，处于被动挨打地位。到1947年初春，整编第二十六师马励武部，整编第五十一师周毓英部，继第六十九师戴之奇部失败之后，同时被歼于枣庄峄县，形势更加严峻。蒋介石想在他当上"总统"之前，打几个大胜仗，博得他美国主子更深的信任，不得不采取紧急措施。他在与何应钦、白崇禧、陈诚等数度计议之下，决定将粤军第六十四师黄国梁部从广东调到徐州，将整编第十一师胡琏部、整编第七十四师张灵甫部，分从南京、武汉调到鲁南，归徐州绥署（即后来的"剿总"）指挥，以增强主攻力量。同时命令济南第二绥靖区司令官王耀武将原驻淄博地区的第七十三军（原派第十二军，后改七十三军，详见后文），和刚开青岛的桂系军队整编第四十六师进犯莱芜、新泰作为助攻部队，由济南第二绥靖区副司令官李仙洲指挥，策应由临沂方面向北进犯的主攻部队，以收南北夹击之效。此即为第七十三军和整编第四十六师就歼莱芜战场的前奏。

在重新做出主攻与助攻部署的同时，蒋介石以马励武、周毓英部的失败，归罪于薛岳的指挥失当，改派陈诚以总参谋长的名义坐镇徐州，发号施令（命令虽由绥署统一发布，实际出自陈诚之手）。陈诚严令各主攻部队，由南而北，指向解放军主力攻击前进，一经接触，始终保持战斗，不让"敌人"轻易脱离战场，把敌人的主力留在自己的主力前面，一面攻击，一面诱其入于自己的有利地区和良好的态势中，以大力压倒的优势，进行歼灭性的决战。并对各有关部队给予合同命令，对"敌人"杀伤愈多愈好，以杀伤的多寡来定战绩的优劣。

国民党军以十几个军师的主力部队，配备在主攻方面，加以主攻方面的一个军一个整编师，南北互相策应，使"敌人"困入腹背受敌之境，力量不为不雄厚，计划不为不周密。不想解放军方面，在毛主席战略思想指导下，避实就虚，运用极其机动，始终不让国民党军摸到主力所在，反乘国民党军到处扑空，再衰三竭，动辄得咎，人人自危，观望不前，形成僵化之际，采取了先打弱、后打强的策略，丢开国民党军主攻力量，专打助攻，以迅雷不及掩耳之势，调动了全部兵力轻装疾卷，扑向莱芜。这就是国民党军七十三军和整编四十六师之所以全部被歼的主要原因。当然指挥上的举棋不定，以及将领间的彼此矛盾，步骤不能一致，也是促成这一失败的另一重要原因。当于后文详加叙述。

二、我在出发前的种种顾虑和军事部署

1947年2月2日，我在淄博防区的张店军部，接到济南第二绥靖区司令官王耀武的电话，王耀武说："你准备接受新任务，马上要出发了。中央这次准备大举'进剿'，我们胶济路要出动多个军的兵力，协助临沂方面主攻部队作战。这是一次有把握的作战，也是一个极其艰巨的任务。我原来想让十二军和整编四十六师来担任，但委员长认为十二军战斗力薄弱，恐怕不能达成任务，指定要你这一军参加。第十二军先头部队已进驻莱芜，现在准备将它撤回，与你这一军对调。不过独立旅暂时留下担任守备淄川的任务，第七十七师仍留驻邹平、长山，一俟交防完毕后再归还建制。一九三师要提前出发，负责修好由博山到吐丝口的公路。你暂时率领十五师后天出发，兵力不够已命令十二军的新三十六师归你指挥，这次由李副司令官仙洲担任指挥，你到博山后同指挥所联系。"我接到王耀武的电话后，思潮起伏，顾虑重重。

第一，在淄博防区内都筑有极其坚固的半永久性的野战工事，所有公路桥梁都重新修理完毕，交通四通八达，粮弹补充极感方便，从担任该地区防务的半年当中，也只能谈得上一个"守"字，现在离开了这个良好的军事环境，就不一定有什么把握。

第二，解放军在胶济沿线分布了不少部队，解四、九两师在胶济线以南，解七师、解十一师在小清河北岸，解五、六两师在胶济线东段南北地区。他们经常出没活动，且每以猝不及防的手段歼灭国民党军保安师交警第二纵队独立军三旅等部队。我们有主攻助攻，解放军也有主攻助攻。十二军接替淄博防务后，是否能对这些地方性的解放军起吸引牵制的作用，很成问题。可能我军进驻莱芜以后，反而为他们所牵制，使我们的助攻部队陷入进退维谷之境。

第三，七十三军所属三个师一个独立旅中，巩顺明一个师一个独立旅仍留在淄博地区服原任务，以一个师修理公路，实际能带走的只有一个师（即带十五师），同时军直属部队的辎弹炮营、兽力营和全部140余辆十轮卡车，48辆中型吉普车，80辆小型吉普车，2000余匹骡马，由于空运困难，临时改为海运，尚滞留在南京、上海、青岛等地，正在待运中。而各师山炮营、战防炮连和迫击炮重机枪以及工兵器材、通信器材等无法随军行动，即粮食弹药的携行基数的携带，也是很困难的，因此感到力量太薄弱，不足以当劲敌。

此外，我还有一个顾虑，这就当时来说，好像是主观的不必要的，但就后来的事实发展来说，竟居然占了很大的比重。其动机是这样的：当整编第四十六师经过张店转博山时，我派了十多个参谋秘密看看他们部队的各种情况，和当地人民对于他们的反映。据报：兵员足，装备好，除好打狗子外还没有发现严重的缺点，但是一般官兵骄气十足。这时第四十六师师长韩练成过张店到过我的军部，我招待他吃了一顿饭。韩非常健谈，他谈到有一次为请领寒衣，四出呼援，杳无消息，因而他写信给陈诚的老婆说："你如果不能够为我们帮忙使部队的寒衣及时穿上身，你就不算是谭院长的女儿了。"（陈诚的老婆是谭延闿的女儿）他又谈到胜利后驻防海南岛时，曾拟了一个什么经济计划，令宋子文大为赞赏。言下颇有自喜自得之意。我当时心想此人心骄气浮，言过其实，如果将来碰上同他配合作战，倒要加以注意哩。不想今天就同他搞在一起来了，认为是个不祥之兆。以此种种，我对接受这个任务，感到非常勉强。

2月3日黎明，济南第二绥靖区司令部第三处处长钱伯英奉王耀武的命令，把徐州绥署给济南绥靖区司令官王耀武的命令原文，连同济南绥靖区司令官王耀武给我的命令，以及蒋介石给王耀武和我的亲笔信，都送来张店第七十三军司令部。蒋介石的信，措辞委婉，极尽打气之能事。原文记不清楚，大意是说："这次大军进剿，中央有极周密的计划和充分的准备，各部队（指主攻方面各军）战斗意志坚强，胜利可操左券。问题在于你们这一方面，如果派出强有力的部队，彼此配合得好，一定能收预期的效果。希望改派七十三军担此艰巨的任务，你们要从大处着眼，考虑党国的安危，不要拘于一时的利害与济南的防务，以免贻误大局"等语。钱伯英并同我谈到王耀武当时派第十二军和改派第七十三军事前的种种曲折，钱说："徐州绥署的命令，并没有指定要派哪一军，司令官（指王耀武）所以派第十二军霍守义部，有他的用意，他们之间各有各的看法和想法，问题非常复杂。"意思是说王霍之间，早在济南的防务中发生了一系列不必要的矛盾，把十二军派出去，我认为倒是消除矛盾的好办法，但是在霍守义方面又发生了一些误解，虽然勉强接受了命令，但是内心是很不高兴的，一再迟迟行为，出动后对于命令未能完全遵守，李副司令官（指李仙洲）大伤脑筋。在这种情况下，中央也不满意，认为十二军难以达成任务，才指定要派七十三军。委员长（指蒋介石）的亲笔信，是派国防部第三厅厅长张秉钧送来济南的，张同王商之甚久，不得不依照委员长的指示，决定七十三军与十二军对调，把十二军调回来接替淄博的防务。这种情况都是我事前不知道的。

我现奉到命令，又看到蒋介石的亲笔信，在钱伯英当面劝驾之下，明知凶多吉少，任务艰巨，也只有怀着万分沉重的心情，临危受命了。

当晚，便从电话中同各师长联系，传达命令，并经商定：（1）

通信器材和工兵器材只带三分之一；（2）各师山炮营，每连携带山炮两门（因为车辆和骡马不够）；（3）军师野战医院人员出动二分之一，药品、器材只带三分之一；（4）八一迫击炮和重机枪酌量少带；（5）一般弹药，各携带一个携行基数；（6）粮食士兵携带五天，其余由辎重部携带，轻装出发，以便取得机动，进退自如。同时，估计解放军不会有坚强的防御工事，也不会有坦克车、战车防御炮和火焰放射器，都留在后方，连同汽油和各种器材，由军师分别送存济南仓库。

2月4日，一九三师肖重光部开始由张博支路，向博山输送，到博山后，立即出动担任修筑由博山至吐丝口公路的任务。2月5日，我率领军直属部队和第十五师全部，相继由张博支路向博山集中待命，我和副军长李琰，参谋长周剑秋乘汽车先到，参加李仙洲召集的军事会议，同时接受口头命令。在会议上，讨论了粮弹补充和配合作战任务，以及注意在行军途中可能发生的一些问题。我特别强调我们这次出动，兵力过于分散，名义上一个军，实际上只有一个师，感到先天不足。

三、进犯颜庄

2月7日，第二绥靖区副司令官李仙洲率领指挥所和七十三军军部全部官兵以及第十五师全部由博山出发，向莱芜以南30余华里的颜庄前进。博山距颜庄120余华里，按一般行军的里程，至迟当天可到，但由于运输力量不够，官兵携带粮弹较多，行进很慢。沿途受到民兵的袭击，处处发生阻碍。上路不久，后卫辎重部队的粮车即发生被劫的事故。通过一九三师修路的地段后，一切想象中的困难都遭遇到了。民兵只要发现我们的弱点，就决不放弃机会，枪声时起，造成草木皆兵之势。尤其到处安设一种小型土地雷，爆炸之声，时有所闻。虽然这种地雷的杀伤力不大，但受到轻伤的人马，以及被炸坏的运输车辆，也不在少数。走一步，防一步，威慑力量很大。每到一个村庄，必须先派工兵侦察地雷所在，进行扫雷工作，否则不敢进入村庄，在颜庄和毗连颜庄的各村庄附近，地雷埋设得更多，在颜庄一处，即曾以数个小时以上的时间，挖出地雷60多个，其他各村庄也挖出了不少。

在前进中，我认为由博山到吐丝口一段都是山路，大军经过80多里的深山穷谷中，只要"敌人"稍有埋伏，后果就不堪设想。虽然一九三师的修路部队没有发生任何问题，但我们仍不可不加倍戒备。严令军直属部队和十五师，各派一个精干的营为登峰队（即组合两个以冲锋枪和轻机枪为主导武器的大队），向前进途中南北山岭的路线上，搜索前进，掩护主力安全通过。倘遇小股民兵或游击队，随时加以驱逐，或设法将其消灭。遇团以上的大部队，即迅速占领阵地，夺取制高点，进行猛烈战斗，以火力压制"敌人"。一面战斗，一面搜索前进，随时将情况用无线电话报告军部或师部，必须做到使主力部队有充裕时间准备战斗。在主力未通过前，不管在什么困难和险恶的情况下，都不准放弃阵地，或只守住一个较为安全的阵地而不继续前进，以增加主力部队在行进中的困难。同时命令各部队尽可能缩短行军长径，集中兵力，以备非常。各级指挥官应随时注意地形和敌情，定下设想应付意外的腹案，以免临时张皇失措，遭受到不应有的损失。为得应付极端严重的困难，宁肯放弃粮食或不必要的辎重，不准丢掉武器和弹药，以此为山谷行军必须绝对遵守的戒条，违者以贻误戎机论罪。

2月9日，李仙洲的指挥所，七十三军军部进驻颜庄，第十五师驻颜庄附近各村庄。2月10日，十二军所属的新三十六师师长曹振铎率领该师到达颜庄附近，曹亲自来军部报告，说已奉命归我指挥。我当即命令积极进行作战准备，加紧构筑工事。当晚李仙洲在电话中告诉我："已与整四十六师师长韩练成取得联系，据韩报告，该师在新泰附近与解放军某纵队之一部发生激战，双方各有伤亡。"我当联想到前面说过的在张店我的军部和韩练成谈话时他那种言过其实的情况，认为这个消息不一定可靠，既是激战，伤亡岂止少数？第二天早晨（2月11日），指挥所参谋处蔡人昌科长由电话中向我报告："四十六师已占领新泰县城，将解放军某纵队千余人完全击退。"他接着说"按照原来的命令实施，四十六师应向蒙阴方面扫荡前进，我们指挥所同七十三军也应继续向新泰方面推进。现在正向济南绥署请示中，请即做出发准备"云云。我对于这种所谓占领和击退的说法，也有怀疑。因为国民党将领中连我在内早已流行着一种邀功冒赏的风气，每逢到达一个县城，哪怕是鞍辔徐行而入的，也爱说占领，既然是占领，当然就不能不说将敌人全部击退，以自圆其说。当时我与军部周参谋长摊开地图来看，认为由新泰至蒙阴这一段，山路崎岖，地形于我们不利，如果贸然前进，无异套入口袋，因此就不想做出什么向前推进的准备。同时又想到在颜庄按兵不动，也不是一个好办法。从吐丝口、莱芜、颜庄到新泰，长达160华里，一线蜿蜒，兵力分散。如前所述七十三军十五师驻颜庄，一九三师在博山吐丝口修路，新三十六师驻颜庄以北各村庄，整四十六师驻新泰，已形成一个一字长蛇阵，随时有被"敌人"截断吃掉的可能，最好是缩短战线，将全部主力集中吐丝口，严阵以待。根据助攻作战的原则，敌进我退，敌退我进，进可以战，退可以守，然后方可取得对主攻方面起到策应支援的作用。尤其这时已得到各方面的情报，解放军主力已开始向北前进，我认为情况非常紧急，不能不向指挥所提出我的意见。但又想到，我和李仙洲过去虽然是黄埔第一期同班同学，但一向未曾同过事，这种将在外君命有所不受的大部署，他是否有此魄力，是一问题。因此，我只向他建议：如果前进，应该丢开由新泰到蒙阴可以招致敌人东西夹击的不利地形，另行选择一条路线，两军齐头并进，以互相捍卫支援。如果暂停待命，就必须调整部署，最好各师各派一个团，每天在颜庄附近20余华里地区以内，进行活动，一方面起到对敌眩惑的作用，表示我们不是停止不动，而是继续前进；一方面作武装侦察，同时也可以就地取粮，一举多得。李仙洲说："已向济南请示。"并采纳了派武装侦察的意见。

在颜庄提心吊胆地挨过了一个星期。2月17日下午，接到李仙洲的电话，说："济南有电报来，允许各部后撤。指定十二军三十六师改归指挥所直接指挥，其主力撤到吐丝口以北的明水，归该师熊副师长率领，该师师长曹振铎率领师直属部队和另一个团的兵力改驻吐丝口，确保该地粮弹安全。整四十六师由新泰撤到颜庄。指挥部率领七十三军军部及该军所属的第十五师改驻莱芜县城，另以十五师一个团的兵力驻西盘寨（在莱芜颜庄之间），加紧构筑必要的工事，确保既设阵地，不得有误。第七十三军所属一九三师俟修路任务完成后，调到莱芜，归还建制。"

四、困守莱芜五天

2月18日拂晓，各部队按照指定地点开始后撤，第七十三军除先派一个团先行出发担任西盘寨的防务外，其余随同指挥所于当天下午到达莱芜，我率领十五师师长杨明、参谋长李昆治及各团营长等十余人携带地图，在城东南西北侦察地形，选择阵地，拟先构筑必要工事，并责成以后逐日加强。其时即得到各方面纷至沓来的情报：解放军分三路大举向北推进，每一路在几万人以上，由于人数太多，部队太大，弄不清各路的番号。我当时判断：解放军一定要向莱芜进攻。我们原是策应主攻部队，现在解放军既是大举北进，显然就是将我们南面主攻部队丢开不管，采取先打弱后打强的策略，先打助攻，然后对付国民党的主力部队。究竟当时南面主力部队的情况怎样？一时无法取得联系，济南方面也没有将主力的情况向我们通报，因此，感到非常苦闷。莱芜这个地方，如果三面受包围，地形于我们不利。七十三军只有十五师7000多人的兵力，七十七师和一九三师什么时候能归还建制，很难预料。地形不利，兵力单薄，事实上很难完成抵御这漫天盖地而来的解放大军。如果将兵力撤至吐丝口，那里地形较好，粮弹又足，以逸待劳，不管解放军的兵力怎样大，我们的兵力怎样小，是能够挡得一阵的。只要能够坚守在一个星期以上，南面的主攻部队一到，战局当然就会有变化。因此，我原来撤至吐丝口的腹案，很想再向李仙洲提出。到了19日上午，解放军不断向北急进的惊人情报像雪片飞来。我想指挥所应该早有所闻，必然采取紧急措施，应付这一迫近眉睫的危局，我要军部参谋长周剑秋去指挥所打听情况，顺便向指挥所参谋处将我主张撤到吐丝口的意见一提。

我同周参谋长谈过后，便亲自驾驶一部汽车，到西盘寨视察工事。刚出东门不远，发现前面有一部吉普车，开足马力，急向颜庄方面驶去。我想车中必然是个重要人物，便想追上前去，探询究竟，但终于没法赶上。后来才知道车中人是指挥所第二处处长陶富业（即陶仲伟），他那样急急忙忙地向前急驶，是负有特殊使命的，是要去颜庄传达一个重要的命令，督促刚从新泰撤回颜庄的整四十六师掉转头来由颜庄速向新泰推进的命令。一退一进，在于俄顷，恐怕整四十六师的官兵要发生误会。所以指挥部就要陶处长亲自辛苦一趟，以好作出当面解释。这就是陶处长必须如此赶路的原因。

究竟陶富业处长传达一个什么样的重要命令呢？原来陈诚给济南绥靖区打来一个急电，说"'敌人'已被击溃，其主力已向西北方面撤退，据空军报告：在黄河某渡口敌已架设浮桥三处，离某渡口约20华里的东面，有大量敌军部队向西北急窜，可能有逃过黄河的企图。我南面主攻部队，正在集中力量，向敌尾追。北面李仙洲所指挥的部队，第四十六师仍向新泰、蒙阴攻击前进。第七十三军以一营或一团为单位，派出若干小组，在莱芜以南，新泰以西，在敌军可能撤退的道路上，分途侧击，以阻滞其行动，不让其逃过黄河以北，以便于我主攻方面的追击，达到全部包围歼灭的目的。空军部队正在准备破坏浮桥。成败之数，在此一举"云云（原文记不清楚，大意如此）。这完全是一种梦呓。济南绥靖区司令部照例转给李仙洲，李仙洲也不加考虑地奉行，使士气受到极其不良的影响。我起初听到忽然要全部推进的消息，以为主攻方面真的得到了一个什么了不得的胜利，可以来给我们松口气，等到读完这个命令，不觉啼笑皆非，敌情如彼，指挥如此，牛头不对马嘴，还有什么可说的呢？

19日，一九三师师长肖重光率领该师全部到达莱芜，归还建制。我命令他以一个团将十五师四十五团担任莱芜城东的防务接替过来。师部率领两团在城北约10华里的高地上占领阵地，构筑工事，抵御敌军进攻，十五师四十五团将东城防务交替完毕后，改为总预备队，仍驻城西一带，听候命令。这一天下午晚餐时，我隐隐约约地听到了炮声，便问军部参谋长周剑秋："你听到了没有？"周这时才告诉我："在下午3点钟时，曾接到七十七师师长田君健的无线电话，说他已奉司令官（指王耀武）的命令，将邹平、长山两县以及周（村）张（店）防务交代完毕，2月17日集中博山，18日由博山出发，沿军部前进山路，向莱芜归还建制。通过博山西南20余华里的青石关后，遭遇解放军在山头山腹南北夹击，把几十里长的行军行列截成数段，首尾不能兼顾，形成各自为战的混乱局面，田师长本人率领师直属部队和另一团的两个营占领了一个小的山头，但周围高地早已被解放军占领，居高临下，对之猛烈射击，在5小时的战斗中，弹药快完，伤亡很重，形势危急万分。"我问周参谋长："你接到电话时，给田师长怎样指示？"周说："由于军长不在家，我不敢擅自做主，我只要他集中兵力，固守已占阵地，最好能够在炮火的制压下，争夺一个制高点，并随时将战况从无线电话中向军部报告。"周又说："田师长的唯一要求，就是要军长马上派部队去迎接。"我当时大为不满，济南绥靖区既不事先通知，田师长也不将出发日期和所走的路线向我报告，而周参谋长的指示也不恰当，便对周加以责备，并说："在这种危急情况下，你应该告诉他抛弃其全部辎重及大小行李，分段地集中兵力，向可能冲出的地方打出一条生路。后卫的一个团，出青石关不久，应立即退回博山。如果不是这样，必然全部被歼了。"当时即一面命令刚归还建制的一九三师全部出发，取捷径前进，增援七十七师，一经出发，随时准备作战，如遇阻碍，必须抢先占领阵地，并令将莱芜东门的防务，仍交由十五师四十五团接替。一面要周参谋长赶快叫通田师长的无线电话，由我亲自同他谈话。不想已是无法叫通了。时已深夜，考虑再三，一九三师也就暂停出发。翌晨犹能听到稀疏的炮声，田君健和该师从此便无消息，七十七师全部被歼。

20日晚9时，我从一九三师驻地回来，在东门城楼上开始听到城西方有极密集的枪声，知道莱芜战事的序幕已经揭开了。赶回军部后，接到十五师师长杨明的电话："解放军约有两个团的兵力向我小曹村四十四团第三营阵地前进，猛烈攻击。"我命令他，必须在敌人接近阵地100米以内时，才开始迎击，在退却到100米以外，即停止射击。更须注意敌人的攻势，必然一次比一次猛，在迎接第一次攻势前，必须迅速做好弹药补充和加强工事等工作，严阵以待。一夜之间，这一方面，解放军连续进行了三次猛烈的攻击，最后一次更猛，阵地无变化。同一夜里，在城北方面，解放军一个大队，乘虚突入，准备扒城，被我四十三团某营发觉，迎以炽烈的炮火，同时守城部队从侧面射击，亦将其击退。东门南门也发生了激战，南门方面，必须通过毫无掩蔽的大片沙滩，才能接近城根，以为攻势可缓，不想解放军竟以磅礴无前的勇气，向前猛扑。

从20日至22日，每夜都有激战，一次比一次猛，双方都有伤亡。如前所述，我本有退守吐丝口的意思，但现在既然已经打起来了，则只有在莱芜困守下去再说。因为在敌我众寡悬殊的形势下来突围，是一件非常危险的事情，我不想这样做。不料在21日晚上，我向指挥所请求补充粮弹时，李仙洲忽然告诉我："大宗粮弹都存储吐丝口。"这完全违反了大部队守势作战原则。我对这个晴天霹雳，如何不惊，怎样办呢？其时，四十六师早已由颜庄后撤到县城南边各高地，他们的弹药消耗可能较小，据说粮食尚能维持一个星期，七十三军弹药消耗较大，粮食只能维持三天，这就不得不使我放弃固守莱芜的原意，又来做冒险突围的打算了。

这里必须补叙一件事情。21日晚8时左右，战事正在紧张时期，七十三军南门守城部队，发现有大队人马向我前进。问口令，没有；制止，不听。守城部队急了，就不得不开枪射击。这才听对方破口大骂起来。原来是整编四十六师师长韩练成带着他的卫队和随从官兵要进入莱芜县城。因为事先既没有同我取得联系，又未报告指挥所。守城部队不能信以为真，不能擅作主张，便打电话向军部请示，我派了一个认识韩师长的副官，前去联系。果然不错，一面向他道歉，一面将其迎接进城。韩练成气极了，边走边骂，一直骂到指挥所。我知道这一情况，便到指挥所去看他，以便为他压惊。可是韩练成余怒未息，对我加以指摘，说："你的部队太无礼貌，太无教育，太无训练，连友军的官长都胡来起来了，这怎样能同共军作战。"我当时也沉不住气，一面道歉，一面反唇相讥，我说："我认为我的部队很好。我有这样克尽职责的官兵，七十三军的训练算成功了。值此兵临城下，三更半夜，知道你是什么人？他们这样做，完全是对的。我回去就要将这个守城的排长升官。"

当时李仙洲已接到济南王耀武允许突围的电报，乘此机会同我们商讨突围日期和突围计划。我极力主张22日拂晓开始行动，两军齐头并进，互相支援。韩练成借口时间不够，说他的部队同解放军打得很激烈（我们被俘以后，据四十六师的旅长说，当时并未接触），不能脱离阵地，坚持要在23日。我说："在这种紧急情况下，说走就走，我的部队虽然各方面打得很激烈，但我相信在两小时以内，即可开始行动，有什么时间不够。"彼此争执甚烈，李仙洲说："过一天也不要紧。"因此，就决定在23日拂晓前突围。

22日解放军的炮弹已经打到指挥所附近，指挥所没有建筑掩体，我请李仙洲移驻七十三军军部，韩练成也跟着来了，从此就一直住下，不回他的师部。我心里感觉奇怪，但也无可奈何。

22日中午12时左右，王耀武乘飞机到莱芜上空，用无线电话同李仙洲和我讲话，他也主张23日突围，届时当派飞机在莱芜吐丝口之间来回掩护。同时午后1时，我奉到突围命令和突围计划。突围命令大致如下：

（1）遵照济南绥靖区的命令，和因粮因弹的关系，我军决心放弃莱芜，退守吐丝口。各军于明日（23日）拂晓前开始行动，向吐丝口攻击前进，着七十三军原担任城防的一个营，仍留城内守备，归十五师四十三团团长陈芳普指挥，并向城东城西加强警戒。俟我军全部出动后，再放弃城防，撤离莱芜，随四十三团行动，继续前进。

（2）在莱芜吐丝口之间，划分东西两个行线。东线由莱芜城北某地起，经某地到吐丝口。西线由某地起经某地到吐丝口。两线之间，相距6华里。另规定南北两道的统制线。第一道统制线，在莱芜以北约10华里东起秦村，西至城北各大小高地。第二道统制线，约在吐丝口以南10华里地区，东起某某山脚，西至某某高地。

（3）整编四十六师于23日拂晓前全部出东门，沿东平行线向吐丝口攻击前进。七十三军于同日拂晓前出东门缺口后，沿西平行线向吐丝口攻击前进。在前进中，两军各派有力部队担任侧卫，确保本队行动安全。

（4）两军在东西平行线上齐头并进，切取联络，遇有严重困难，互相支援。为使任务平均，各军采取更番前进办法，两军先头师或旅，抵达每一统制线后，立即占领阵地，负掩护后续部队攻击前进之责，俟全部通过统制线后，脱离阵地，改负后卫之责。

（5）七十三军原守莱芜城北将军庙的第十五师四十三团，在两军先头部队到达第一道统制线以后，担负原任务，固守原阵地，用无线电话与该军军部参谋处切取联络，候两军先头部队已在第一道统制线占领阵地时后续部队开始向第一道统制线以北攻击前进。该四十三团在将军庙附近举火为号，表示完成掩护任务。脱离阵地后，指挥城防的营继续前进，改负后卫之责。

（6）两军在攻击前进中，随时作对空联络，使陆空协同一致。

（7）指挥所暂随四十六师行动，两军在前进中的情况，应随时报告指挥所。

（8）到达吐丝口后，四十六师须以主力一部迅速占领吐丝口东南某山，其余各部分驻吐丝口以南各村庄，严密警戒。七十三军须以主力一部迅速占领吐丝口以西某山，其余主力进入吐丝口，负守备责任。原守吐丝口的十二军新三十六师，将防务交由七十三军接替后，退守吐丝口以北山地，并承担我军后方联络之责。

五、突围被歼被擒经过

2月23日拂晓前，开始突围，一切遵照突围命令行事。事前我曾向李仙洲提轻装突围的建议：把一切不必要的辎重，大小行李，官兵大衣、公文等，完全毁掉。我还说："你如同意，我首先将我自己的行李付之一炬，甚至粮食也可少带。"但李仙洲不同意我的建议，说："刚接到济南绥靖区电报，一粮一弹都必须带走。"我说："纵然粮弹带走，烧毁其他的东西，有什么不可以呢？"李笑着说："不要紧的，二三十里路，我们一闯就闯过去了。"我当时很佩服他的胆量，也就不再坚持。除命令守备莱芜县城的工兵营及守备城北将军庙的十五师四十三团（陈芳普团），在两军部队未到达第一道统制线之前，仍执行原任务外，其余主力一律开始行动。并命令一九三师肖重光师长派一加强营为左侧卫掩护本队攻击前进。由于一九三师已在

23日晚占领了第一道统制线的高地，所以十五师的先头部队很快就接近了第一道统制线，但当先头部队在一九三师的安全掩护下继续前进的时候，突然遭到了右侧方的袭击，火力密集，颇有伤亡。按照突围命令，西边平行线上是齐头并进的四十六师，在它主力的右边，应该有强有力的侧卫部队。现在既然发生了这样的情况，除一面命令十五师暂时停止攻击前进，严密注视敌情外，便不得不一面派人同四十六师联系，但据报右边平行线上并没有四十六师的部队。经多次派参谋人员到后方去找，才知道该师全部集结在东门外，并未前进。当时对韩练成并不虞他，只认为在这种万分严重的情况下，将部队集结不动，是严重地违反突围原则，即无任何军事常识的人也不至如此。我因此感觉过于离奇，便亲自骑着马，绕道前去询问究竟。首先见到李仙洲，李说："韩练成部队集结之后，说他进城去看看七十三军守城部队的情况，等他回来，再下前进命令，现在等了好久，不知去向，故此全师尚未开始行动。"我说："这不是可以儿戏的，我已按照命令行事，部队早已通过了第一道统制线，由于受到意外的侧击，已经吃亏不小，如果不遵照命令行事，一方急进，一方迟迟其行，出了问题，应由谁负责？请你赶快设法解决。"李仙洲便向该师参谋长杨赞谟下一口头命令，火速攻击前进。我看到该师先头部队确已出动，才回到西边平行线。此时李仙洲认为四十六师不可靠，便把他的指挥所移到了七十三军军部。

当第七十三军刚越过第二道统制线后，四十六师有一个旅的部队，忽然越过他自己的前进路线，向七十三军已占领第二道统制线的第十五师四十五团阵地冲了过来，四十五团马上将它挡住。此时该部队乱窜乱扰，溃不成军。又朝着我第二道统制线的四十四团冲过去，刚赶上的四十三团团长陈芳普看到这种情况，气愤极了，便立刻占领了一个小高地，准备对四十六师部队开枪射击，经人劝阻而止。不想此时四十六师的另两个旅又窜离它的前进路线西边平行线，将我七十三军的一九三师和十五师的部队完全冲乱，同时又有几千人的运输部队，和莱芜县李县长带领的将近两万老百姓男男女女老老幼幼从我右后方仓皇奔窜而至，把几万人的前进部队搅成一团，军找不到师，师找不到团，团找不到营连排，营连排也掌握不住士兵，指挥系统完全为之打乱。而在解放军方面，则正以排山倒海之势，向我包围射击，包围圈越缩越紧，枪声越打越烈。莱芜县李县长所带来的难民中有一部分人从便衣中掏出武器，开枪助威，里外夹击。分不出是敌是我，是民是兵。东打西窜，南打北逃，糟成一团，乱成一片。杂以爆炸、喊叫、践踏，以及难民中呼儿唤女之声，惊心动魄，惨厉无比。这些难民的随行，据李县长说，是曾经取得李仙洲的同意的，事先我并不知道，当时我同李仙洲都想夺取一个制高点来做垂死挣扎，不料转眼之间，与李失去联系（后来听说李已受伤，由数名卫士护卫），更感仓皇无措。为得死里求生，我一边走，一边举起手来，在人群中大声疾呼："兄弟们，同志们，你们都跟我来！"一时聚集了三四千人，向北冲去，冲到距离吐丝口二三百米地方，突遭密集炮火向我猛烈射击，原来吐丝口已被解放了，我想冲到吐丝口落脚收容的计划，也就不能实现了。这时看到向博山逃窜的官兵很多，于是掉转头来就向东冲，又大声疾呼："弟兄们，同志们，淄博还在我们手里，淄博是我们原来的防地，大家跟我走，我们要冲回博山去。"人数边走边增多，最多时达到万余人，其中七十三军最多，整四十六师次之，十二军新三十六师也有一部分。我将他们略事整顿和区分后，临时找到七十三军的一些营连排长，要他们分途指挥，我命令他们，一面前进，一面收容，有多少收多少，我在前面带头，不管困难多大，一定要冲破重围，冲出一条出路。他们虽然成了惊弓之鸟、乌合之众，但仍然有战斗勇气，一路直冲。可是在人民解放军不断的阻击下，牺牲很大，人数愈冲愈少，冲到离博山西南约20华里的青石关附近地段，查人数只剩下千余人了，时已深夜，残雪未消，又冻又饿，疲惫已极，我们便坐下来稍事休息，准备再向北山逃窜。正以为难关将过的时候，突然发现了信号，枪声四起。我认为解放军既然有此周密的包围计划，我们再也逃不脱了，便叫特务连长冯某某向解放军喊话，叫他们不要开枪，说我就是七十三军军长韩浚，要他们派一官长来和我谈话。解放军起初不知是真是假，迟疑了好一会儿，经冯连长再三说明，他们派来了三个人，我说我就是七十三军军长韩浚，现在已经站不起，跑不动了，你们看着办吧。他们弄来了一副担架，把我抬到某营部。我就在青石关附近，为中国人民解放军所俘。

在这次突围中，七十三军和整四十六师，连同十二军新三十六师，不下5万余人，除逃出一部分外，其余全部被俘。指挥官李仙洲、七十三军十五师副师长徐亚雄、一九三师师长肖重光、整四十六师旅长甘成城，均于受伤后被俘，七十三军第七十七师师长田君健，参谋长刘剑雄和一九三师团长张海鸣，七十三军军部参谋处科长代理副参谋长邱和生等阵亡。至于营连排长阵亡者更多。两军高级军官中，除整四十六师师长韩练成在突围开始前逃走，十二军新三十六师师长曹振铎在吐丝口弃城逃跑外，其余如七十三军军长韩浚、副军长李琰、参谋长周剑秋、十五师师长杨明、一九三师副师长柏柱臣、整编四十六师参谋长杨赞谟、旅长海竞强、巢威、副师长陈炯等均被俘。这是国民党军在华东战场上又一次的惨败。

结束语

七十三军在国民党军中是长于攻守、战斗力比较强的部队。它的高级指挥人员连我在内，如副军长李琰，师长杨明、田君健、肖重光等，都具有一定的作战经验与指挥能力。莱芜战役的失败，和其他各战场的失败一样，由于政治上的失败，招致了军事上的失败。这就是莱芜战役国民党军全数被歼的根本原因。但也有一些枝节问题，足为加速其冰消瓦解的催化剂者。现在根据我个人的看法，作出下列分析。

1. 指挥错乱，进退乖方。坐镇"徐州绥署"的陈诚和他所指挥的所谓主攻部队，一直找不到解放军的主力所在，忽然根据虚假情报，将防卫济南的外围部队调向莱芜、新泰，作为助攻，妄想收南北夹击之效。既经调了，忽又命令撤退。既经退了，忽又再度根据虚假情报命令速进。在正欲进未进之际，忽又因粮弹脱离了部队，仍然下达同意突围的命令。旋进旋退，轻进轻退，举棋不定，措置乖方，涣散了军心，打乱了步骤，以致造成了不可收拾之局。

2. 友军不和，闹不团结。两韩（韩浚、韩练成）之间，抱着门户派别之见（韩练成为桂系，韩浚为蒋系），互相猜疑，互相水火。在商讨突围计划时，一韩（浚）要在22日拂晓前开始行动，一韩（练成）要在23日拂晓前开始行动。在实行突围时，一军（七十三军）孤军前进，一军（整四十六师）集结待命，违反了齐头并进，配合行动和战备行军的突围原则，终至全军覆没，一韩（练成）脱逃，一韩（浚）被擒。

3. 进步落后，对照鲜明。韩练成"身在曹营心在汉"，在这次战役中是起了促使国民党军加速瓦解的一定作用的。韩练成在错综复杂的险恶环境中，深夜冒险进入莱芜县城，并即趁机住入七十三军军部，借以对反动分子进行严密监视，搜集内部情报，达到他帮助革命的地下工作的目的。韩练成的思想进步，行动勇敢，正与李仙洲和我的顽固，表现落后，形成了一个鲜明的对照。但就当时情况来说，李仙洲和我既然是负有指挥责任的高级军官，对于韩练成的一切有意识的策划，如前所述的住在七十三军军部，突围时将部队集结待命，个人脱离部队和推延了突围日期，种种在当时看来好像是出乎常态的离奇举动，我与李仙洲竟毫无觉察，这说明了国民党军将领的麻木无知，焉得不败。

4. 兵力分散，授"敌"以隙，各个击破。七十三军所辖的建制部队，第十五、七十七、一九三3个师和临时性的一个三团制的独立旅共4个战斗单位。第七十七师和独立旅仍留驻淄博原防，第一九三师留在中途筑路，仅以十五师随军部前进，第七十七师则又在军部事先毫无所闻的情况下最后归还建制，步伐不齐，兵力分散，以致中途被截，立归消灭，影响所及，临到突围时，力量已嫌大减，士气亦因之不振。

5. 宣传攻势，胜于炮火。解放军的临阵喊话，是国民党军的致命伤。他们发出正义的召唤，最易打动国民党中下级军官和士兵的心。当这些军官和士兵待在战壕里的时候，收效还不大，但当他们与解放军狭路相逢或被重重包围的时候，他们听到这种正义的召唤，便即时开朗起来，不肯再为反动派来做无谓的牺牲了。他们整连整排地放下武器，举手听命。我在这一战役中，实实在在体验到"江东八千子弟"纷纷溃散的情况，也实实在在体验到"八公山草木皆兵"无路可走的情况。

此外还有一些致败的原因，如不将粮弹储在主力部队所在地，不予韩练成离开部队时及时做出紧急处置；如不拒绝莱芜县长带着"难民"同走的要求。种种临时举措乖方，在解放军四面八方势如泰山压顶的无比威力下，如何能抵抗得了，如何能逃避得了。

莱芜战役，是国民党军在鲁中战场上继鲁南战场上马励武、周毓英两部惨败后的又一次惨败，由于影响到其他各战场，从此国民党军便再衰三竭，从战略进攻转到处处挨打的被动局面。

国民党军莱芜被歼的几点回忆

李 琰

莱芜歼灭战，是国民党军大兵团被歼的开始，对于加速解放战争胜利的结束起着积极作用。时间不久，印象未泯，为弄清国民党军当时具体情况和经过，所以写了以下几点回忆。

一、进犯莱芜、新泰意见上的抵触和部署上的波折

1947年1月底，我到济南绥靖区报告部队移防和训练情形，正值司令官王耀武在办公室召开机密会议，当即招呼我也参加了。记得在场的有十二军军长霍守义、九十六军军长陈金城、整编四十六师师长

韩练成，还有绥靖区主要幕僚人员，我是以副军长代表七十三军，可以说是中途无意参加的。当时王耀武已经把蒋介石的命令宣布完了，正在倾听各主官及幕僚人员的意见，望见我说："你来得正好，准备接受新的任务吧。"才知道国防部第三厅厅长张秉钧送来蒋介石手令：为吸引陈毅、粟裕于新泰、莱芜地区，以策应临沂方面主力军的作战，指派七十三军及整编四十六师，经明水、文祖、吐丝口进取莱芜、新泰，并确实占领之。

关于这个作战指导，当时有很多人不同意，而我是其中最抵触的一个，发表的意见亦多：

因为收听解放区广播，早知道整编二十六师及整编五十一师被歼灭的经过；又鉴于八年抗战当中，凡是被包围的部队，没有听说过援军或是协同作战的友军，能够作有力的援救和解围的，五十七师守常德，就是一个最明显的例子。我害怕再把七十三军投进包围圈内，所以提出了以下意见：1. 明知共军惯以大吃小，孤军深入，又把兵力分散使用，这不是投其所好吗？2. 为策应主力军作战以收两面夹击之效，则感力量不足，为牵制或吸引共军，则不应动用主力部队，特别是七十三军和整编四十六师为共军所忌，如果遭受挫败，则使济南震撼和胶济线不保。3. 就地形说，无论由明水方面或者博山方面进军，都是要通过很长的隘路，如果没有相当兵力掩护，既易遭共军伏击，又易被共军堵截归路，对于行军作战是极其不利的。

当时第三绥靖区的兵力分布：七十三军控置在张店、邹平、明水地区，第八军控置在潍县、益都、临淄地区，九十六军控置在济南以南地区，十二军在明水、博山、莱芜之间地区活动。我是极力主张不变现有态势，不作硬性的规定，所以又提出了以下意见：1.以九十六军依托济南相机进出泰安；2.以整编四十六师依托高密相机进出诸城；3.以十二军原有姿态相机进出莱芜、新泰。这不是一样达到牵制和吸引的目的，而且不须投入很大兵力，又比较稳妥。

王耀武为顾虑安全，也不同意蒋介石的作战指导，经过大家讨论，更使他怀疑起来了。但碍于张厅长的敦促，对于委员长的命令怎样应付呢？在这进退两难之际，因为我跟张秉钧认识，叫我先找他谈谈，把这些抵触的意见反映给他，看他的表示如何再作决定。

当天晚上，我在铁路宾馆会见张秉钧，一见面，张就问道，听说大家都在搞钱、抢房子，如果仗打不好，有了房子也保不住喽。我说：这一类事情早就有了，不足为怪，大本营的作战指导，我倒有些意见。于是把进军莱芜、新泰的利害得失，原原本本地又重复了一遍。张说：我也不同意此案，这是白部长（崇禧）的建议，被委员长采纳了，因为1926年至1927年北伐，白部长指挥的一路军队，就是取道新泰、莱芜、吐丝口、明水包围济南的。我说：时代不同了，那时是由南向北，今天是由北向南，张宗昌的破烂部队，怎好同共军相比。应该慎重一点，这次挫败不得。张同意再同王耀武研究后作最后决定。

第二天中午，王耀武约我到澡堂洗澡。在一个专为他准备的宽大房间内，他很高兴地对我说：已经同张伯平商议好了，决定改派第十二军去，它的任务就是伺机进出莱芜、新泰，不是那么死板了。由七十三军派一九三师位置于文祖、吐丝口，负责掩护并维持交通联络。不过霍军长打仗很滑头，总是怕吃亏，有时不听指挥，恐怕难完成任务。我说：这个任务由第十二军来担任再好没有。同共军作战，就是要滑头，就是要不吃亏，就是要机动灵活，进退自如，何况任务是吸引牵制，并不是打硬仗。王亦为之大笑，并继续说：我准备把七十三军集中在济南，你不要回去，明天就去视察郊区工事，并拟出一个防守济南城郊的计划，越快越好。

我看了两天的工事，大约看完了一半，第三天一早，王耀武由电话把我招呼去了，一见面便说道：委员长又派专人送信来了，一定要遵照他原来的指示行动，七十三军和整编四十六师不能更改，你马上回张店，准备队伍出发。说完，从抽屉内拿出蒋介石的亲笔信给我看，信内的词句和意思我还记得大概：佐民弟鉴：夫为大将者必顾全大局，匪军在苏北鲁南连遭惨败，已无与我大军作战之能力，为使之不脱离战场，窜渡黄河北岸，一举歼灭于沂蒙地区，务望遵照前令，着派七十三军整编四十六师进驻莱芜、新泰以诱敌之，不得有所贻误。此次会战，关系党国安危，更不必斤斤计较于一时与一城之得失。胶济空虚当在意料，苟能达到预期之目的，虽放弃济南、青岛亦在所不惜。蒋介石既下了这么大的决心，只好照令行事，再也没有申述的余地了。特别是王司令官也乐得，怕啥，有委员长负责。

我回到军部总好像有一桩心事放不下，当大军集中博山，山东省府建设厅厅长代表王耀武来饯行。临别时，我郑重地托他带一个信给王，大意是：这两个军丢掉不得，因为关系党国安危的是军事力量，要绝对避免削弱自己，壮大共军，所以不要忘记这两个军的撤回，要撤出须早撤，不能等待共军包围，那就来不及了。

二、七十三军的战斗实力和分割使用
以及七十七师被歼灭的经过

1946年六七月间，七十三军自徐州空运济南后，王耀武为抢占淄博打通胶济线，令七十三军（七十七师）会同九十六军自济南由西向东，令第八军自潍县由东向西会师淄川以来，在当时都公认七十三军是王耀武的主力部队，其实他的实力是怎样？原来七十三军从离开湖南北开途中，逃兵甚众，士兵空额大得惊人，在淄博新成立的矿警旅，不在正规编制之列，就是利用七十三军的空额另成立的一个三团制的独立旅，而且士兵足额。因为寄名于各师，到点名发饷时，还要解散分途到3个师去应点，所谓少将旅长、副旅长、参谋长等，都是受王司令官的委任，而不是受蒋介石的委任，在当时就叫黑官（还有一种黑官，例如某师某团团长上报的是张三，可是实在顶着干的是李四，而张三另有栽培）。根据上述，矿警旅应打在七十三军实力里边，但是，它是固定守卫淄博矿区的，如果七十三军离开淄博，那么就会无形中抽走了3个步兵团的兵力；七十三军是不是再有空额，除了韩浚不吃空，而各师吃空之风很盛，尤以七十七师为最；又因为炮兵团及全军车辆骡马海运之故，还滞留在上海、青岛没有运到；因而在战斗实力上不能不一再打折扣了。我当时估计了一下，因为人员及车辆骡马大大减少，武器弹药器材的携带，按照编制和规定，仅仅半数，所以一个军的战斗实力，只合一个半步兵师稍强。

蒋介石指定一个军进驻新泰，一个军进驻莱芜，是不是就不折不扣地完全遵照他的指示执行呢？他并没有呀。

进军路线原指定明水、文祖、吐丝口、莱芜、新泰，可是这条路线不用了，改由博山、青石关和颜庄、新泰之线，是捷径，然而为了安全，不如绕道明水。整编四十六师是取道博山，七十三军继其后也是取道博山，因为人民解放军有计划地让开这一条道路，所以整四十六师很顺利地进驻新泰，七十三军很顺利地进驻颜庄。由博山至颜庄只100多里地，可是走了三天。我记得当时是采取稳扎、稳进、稳打的办法，半日行军，半日构筑工事，而在行军当中，两翼派出登山部队，轮番掩护前进，这也可能是没有遭到人民解放军伏击袭击的原因之一。总之，整四十六师进驻新泰，七十三军进驻颜庄，是没有遇着人民解放军的很大抵抗。

整编四十六师是全部进驻新泰，而七十三军进驻颜庄，实际仅是十五师，原因是被分割使用了。矿警旅担任淄博矿区防务，根本不能调用；七十七师仍留驻邹平、长山、张店，等待接防部队；一九三师负责修筑博山到吐丝口的公路，暂时不能归建，起初军的决定，是把我留在张店指挥七十七师及独立旅，并处理后方一切事情。王耀武赴博山路过张店，知道我留在后方，不同意，说李副军长不能留在后方，要到前方去指挥部队。所以军司令部的主要人员没有分割，都到了颜庄。在兵力使用上，从表面上看好像是服从蒋介石的指示，而实在的措施，与派出十二军而由七十三军的一九三师在它的后方掩护有何区别，除了前是一九三师后是十五师部队番号不同以外，增加了一个军司令部及第二绥靖区前进指挥所，把指挥系统复杂化了。自从进军路线改了以后，原来步步有掩护，后来深入孤悬不要掩护了。尤其是原来任务明确，后来连李仙洲也弄不清他的任务，因为固守就要预做固守的准备，撤退就要做撤退的安排，可是都没有，这就是没有从军事上着眼，而是着眼如何敷衍蒋介石的命令所产生的莫名其妙的怪现象。

军部率领十五师进驻颜庄之初，是很感恐慌的。为使共军摸不清虚实，曾派一个加强营以上的兵力向颜庄东南和西南方面进行了好几次不规则的出击，因为解放区有计划的坚壁清野，没有遇着坚强的抵抗。一九三师修筑的公路，在当时军事使用上的价值不大，可是将来便利人民，倒是一件好事，所以也没遇着人民解放军的扰乱和破坏，于是便大事宣传认为七十三军威震百里了。

由颜庄撤退莱芜的前两三天，一九三师已经修路完毕归还建制了。大约2月15日下午一两点钟，忽然接到七十七师师长田君健由和庄打来无线电话：他奉绥靖区命令，已将防务交代完毕，今早由博山出发，沿青石关和颜庄这一条路线归还建制，现在先头部队已在和庄东南面山头与敌接触上了，后尾刚通过青石关。当时我很诧异，由博山到颜庄这条路，自军部率领十五师通过后，再也没有人走了，后方交通线明明是在明水、文祖、吐丝口、莱芜之线，沿线有掩护部队，虽然绕道，可是安全，为什么绥靖区不通知田师走这一条路。而田师长也应该在出发前与军部联络，纵然要取这个捷径，军部也好派部队迎接。然而竟出人意料，七十七师冒冒失失地到了和庄，这就是为前方虚声所炫惑的结果。当时我建议：趁时间还来得及，令田师长前卫改后卫，后卫改前卫，迅速撤回博山，改道明水，并再通知博山五旅派兵接应。周参谋长认为已到达和庄，不应撤回，何况情况尚不明了。我说：俟情况明了，已经晚了。和庄四面皆山，如一个瓮形，七十七师兵力薄弱，占领四面高地，不能兼顾村庄，占领村庄，不能兼顾四面高地，如果都要兼顾，则兵力更形分散，都不能兼顾。现在我们的虚实，共军完全明了。我可以肯定说，七十七师不撤回博山，今夜会全部被吃掉。韩浚默然不置可否，我当时很着急，不管韩浚同意不同意，亲自到无线电话室打电话给田师长令他撤退。我记得只讲了两句话，头一句问他青石关有没有部队，他说有五旅由博山派出的一个连。第二句是叫他即刻撤回博山，刚说完，电话戛然一声不通了。是不是因为情况紧张之故，这就费猜测了。于是我又建议：以全力援救田师出险，并认为由顾庄到和庄，直接翻山去不过50华里，时间还来得及，韩浚一再说考虑考虑，拿不定主意。当然田师取道博山，不是军部指令的，绥靖区也没有把田师归建通知军部，田师的吉凶祸福，负责有人。时正当旧历正月底，午夜苍茫中，还隐约听见该方面的枪声与炸弹声，翌晨，则渐渐地沉寂下去了，因为没有逃出来一个人。据当时判断，可能是16日拂晓前，七十七师全部被歼于和庄。

事后，韩浚很懊悔地对我说：以后关于部队指挥，你可以做主，不必要得到我的同意。我说：这是共军给我们的一个警告，大家能够提高警觉，纵然牺牲了七十七师，还能保全十五师和一九三师以及整编四十六师，可是再也不可麻痹大意了。

三、七十三师与整编四十六师的撤退
以及莱芜城郊的防守战斗

在七十七师被歼的前后几天，从各方面得来的情报，已经知道陈毅大军分数路指向新泰、莱芜东西两侧，日夜兼程北上，并且有一个从解放军逃出来的被俘的国民党士兵到军部报告，说陈毅在大军北移时，对部队讲话，这一次作战只准胜不准败，要把七十三军全部歼灭掉，你们要早撤退，不然就会被包围。当时军部从绥靖区部署上判断，也不像固守新泰、莱芜，既是为着吸引共军，现在已经把共军主力都吸引来了，还不准备撤退吗？为跳出共军包围圈，所以军部极力主张北撤，并应把主力撤出吐丝口以北地区。李仙洲及其幕僚人员没有重视这个意见，特别是七十七师被歼灭以后，情况更十分鲜明，人民解放军已经从四面八方包围上来了。当时我跟韩浚很着急，两个人不断地去找李仙洲，要他赶快下命令撤退，否则包围圈一形成，就无法撤走了。李仙洲总是挥着手安慰我们说：没有关系，纵然被包围，两个军并着肩一闯就过去了。

当时陈毅大军北移的情况，李仙洲并非不清楚，他不是拿不定主意就是不敢擅作主张，总没有看见他处理过军事上任何问题，无论出现什么情况，无论下边有什么建议，对也罢不对也罢，都要请示王耀武，甚至他的幕僚们喧嚷着要整四十六师向蒙阴推进，七十三军继续向新泰推进这样轻举妄动的意见，也要请示王耀武。当时对于他有这样的评论，李副司令沉着有余而过于迂缓，奉命唯谨而没有一点专断，仅起一个传达长的作用。

2月16日晚，王耀武撤退的命令下来了，当时大家都好像松了一口气，但是，并不是如我们所想的一口气把主力撤进吐丝口，而是七十三军由颜庄撤退到莱芜，整四十六师由新泰撤退到颜庄，并选择阵地，加强工事，对北犯的共军进行坚强的抵抗。17日，七十三军全部到达莱芜，整四十六师全部到达颜庄，刚着手部署，忽然由王耀武转来陈诚一个急电，说共军主力已被击溃，正向西北逃窜，据空军报告，平阴孝里铺之间架有浮桥三处，可能有逃过黄河北岸之企图，我正面主力正在尾追中，着整四十六师速回新泰、蒙阴方面堵截，着七十三军派出以营为单位的若干出击组，向莱芜西南方向侧击。于是整四十六师又星夜折回新泰。当时七十三军军部的判断，如果浮桥三处属实，正是共军所使用的欺骗手段，而其真正的企图是加速对我军的包围，所以对于出击小组的派遣，就根本没有理会。

18日晨，我同作战科科长邱和生在将军庙高地侦察地形，他跟我建议：趁共军没有合围，莱芜放一个团，将主力撤到吐丝口以北，这样，既应付了上级的命令，也保存了我军的实力。我说：为本军着想，这个意见很好，但是如果莱芜不守，友军撤不回来，那么这个责任由谁来负，在整四十六师没有撤退以前，只有固守莱芜。

莱芜城圈很小，城墙也不坚固，有的地方是用石头砌成的，东西两关，人烟栉比，形成一个狭长地带，因而东西两端显得突出。南面是汶河，靠近城墙，由东而西，水流不大可以徒涉；有一二华里的沙滩，地形开阔。北面是将军庙高地，俯瞰莱芜城，西北面是凤凰山，俯瞰将军庙高地，东北面有接连不断的小高地，俯瞰东关，这都是防守的要点。西盘寨距莱芜十余里，是莱芜通颜庄中间的一个要点，当时七十三军（缺七十七师）在莱芜防守的兵力配备，以十五师一个团占领西关，西关突出部为团的重点配备，一个团占领莱芜城及将军庙高地，将军庙高地为团的重点配备，一个团控制为师预备队；由师预备队派出一个连据守凤凰山，以一九三师一个团占领东关及东北面高地，东北面高地为团的重点配备。一个团扼守西盘寨，俟整四十六师撤退后，即改为军预备队，一个团控制为师预备队；由师预备队派出一个连在将军庙东侧村庄警戒。汶河南岸村庄，由两师各派出若干警戒小组。军直属部队控制在北城内外，以区分防守任务后，即不分昼夜加强工事。

19日夜晚9时许，人民解放军开始对莱芜发动进攻。他们的进攻是采取包围的姿态，那夜的战事进行得相当激烈，东关北侧高地曾发生争夺战，终被一九三师部队击退。攻击北门及将军庙高地的解放军，因受到城上与高地上交叉火力的杀伤，也受到了顿挫，解放军对于莱芜南面，是采取一种佯动，并不激烈，主力是指向西关西端突出部。攻击该方面的解放军，因为不断增加，轮番攻击，有好几次突进到阵地内，在这种情况非常危急的时刻，军长推进到师指挥所，师长到团指挥所，团长到营指挥所督战，相持数小时之久，所失的阵地完全恢复，终于挡住了解放军的进攻。是夜解放军仅夺取了十五师在凤凰山的一个连据点；占领了一九三师在将军庙东侧村庄的一个连警戒阵地。

凤凰山地势险峻，虽距城关较远，但可以火力控制将军庙高地，而在大军撤退时，又使侧翼受到威胁，在当时认为不可放弃。将军庙高地东侧村庄，控制通吐丝口大道，逼近莱芜，地势低下，对莱芜构成一个反斜面阵地，在大军撤退时，首先要通过这个地带，在当时认为非夺回不可。20日上午8时，令十五师以一个营在师炮火掩护下反攻凤凰山，数度被解放军集中手榴弹击退，为避免伤亡，遂停止反攻。同日下午1时，令一九三师以一个团兵力，在军炮火掩护下，反攻通往吐丝口那个连警戒阵地，因为解放军受到猛烈火力制压，主动后撤，遂被夺回。

新编第三十六师师长曹振铎率领直属部队及一个步兵团驻守吐丝口，于19日夜晚，亦开始遭到解放军的围攻，曹师长不断向前进指挥所告急，由20日起，莱芜—吐丝口交通联络遂告断绝。

20日夜间，除东关东北面高地及将军庙高地遭解放军不断进攻外，其他方面甚沉寂。整编四十六师于是夜由新泰撤回莱芜，据说因遭到解放军尾追，部队有损失，到达莱芜对岸村庄，相当纷乱，与七十三军前哨部队发生误会，韩师长几遭不测。一九三师驻西盘寨的一个团，亦于是夜撤回莱芜。

21日晨起整四十六师开进莱芜东关，解放军也步步逼近，从21日起开始对莱芜炮击，整四十六师因为来不及构筑工事，颇有伤亡，黄昏前整四十六师刚接完一九三师东关防务，解放军即对东北面高地发动了进攻，据说发生过争夺战，但是有两个地势较高的据点，终被解放军占领了。是夜解放军曾数度猛扑将军庙高地，因为遭到阵地内潜伏火力的阻击，并无进展。

22日，因为突围日期中途变更，一九三师就在它到达线（就是第一道统制线）上占领了一个有围墙的村庄和附近高地，构筑工事准备固守。黄昏后，解放军发动了猛烈攻击，进攻高地的解放军，每次都是接近到100米到50米以内，因为遭到轻重机枪火力突然袭击，顿挫下来了。进攻村庄的解放军，已经突破数处围墙，但因解放军攻势过猛，忽略侦察，被院落内埋伏火力所包围，败退下来了。又因为解放军的某连队的士兵有从国民党军俘虏过来的，忽然哗变，因而使战斗受到顿挫，所以一九三师于22日夜没有被歼灭。

四、莱芜突围部署的变更及第七十三军
整编四十六师被歼经过

19日夜晚，解放军对莱芜七十三军发动全面进攻后，震惊了第二绥靖区前进指挥所，使李仙洲及其幕僚人员也认识到我军已陷在共军的包围中，于是请示王耀武如何处理，王当即来电令整四十六师由新泰星夜撤回莱芜，并严令新编第三十六师曹师长坚守吐丝口，整四十六师于20日夜晚全部到达汶河南岸，李仙洲又请示王耀武如何处理，王当即来电令全军迅速向北突围。因为韩练成要求，他的部队太疲劳，需要稍事休整，而李仙洲一向抱着轻敌的态度，于是把突围日期定为2月22日拂晓。

关于突围的意见，记得当时有两案，第一案：并肩突围，是把两个军并列起来，同时突围。理由是：集中力量，互相依托，认为当此

立即遭到摧毁。第二案：轮番突围，是把两个军重叠起来，一个军先突，一个军后突。理由是：稳扎稳打稳进，防止纷乱，认为先须解吐丝口之围。我是主张第二案的，突不动还可改突为守。前进指挥所决定两案兼用，就是采取并肩的轮番突围。原来的轮番是：第一批部队打出去占领阵地扎稳脚后，第二批部队撤出阵地，超越第一批部队再打出去。特别是要先解吐丝口之围。后来的轮番，仅规定两军到达的统制线，只顾往前冲，没有顾及前后左右所受的威胁，更没有顾及如果吐丝口冲不动，莱芜又放弃了，在这上不在天下不在地的情况下又怎么办呢？如果按照第二案，为便利尔后行动，整四十六师应即撤到莱芜以北地区休整，不应停留在汶河南岸。因为要并肩，要把兵力集中，所以李仙洲也准许整四十六师移驻莱芜。于是七十三军集中在莱芜西关，整四十六师集中在莱芜东关，一九三师东关的防务于21日黄昏前移交给整四十六师接替，两军摆好并肩的架子。

关于这一决定，我记得在当时是没有异议的，只有一九三师师长肖重光来找过我，说：要撤应该早撤，现在已经被共军包围，能够撤退吗？倒不如固守莱芜为有利。我说：固守要有粮弹，他们把粮弹囤积在吐丝口，根本没有作守的打算，而且守也要摆好架子，把这么大的部队密集在莱芜城关，共军一顿炮火，就要把部队打乱，还是突围比较生路多一点，这是王司令官的命令，也没有研究余地。

22日拂晓，七十三军遵照命令开始行动，韩浚率领十五师仍在原阵地，我率领一九三师通过将军庙高地后，即展开两个团向第一道统制线攻击前进，因未遇着解放军的积极抵抗，很快在第一道统制线上占领了一个有围墙的村庄和附近高地。这时接到韩浚电话：因为整四十六师还没有准备好，突围日期改为明天，令一九三师停止前进。我说：大军突围，这可开不得玩笑，时间要紧，我们不撤退要突围，已经失算了，为什么一定还要等待共军大军集中合围好了再突围呢？而且军事行动也应保持秘密，忽然变更日期，不是完全暴露企图吗？韩说：我跟李副司令官力争过，要他限令整四十六师遵照原计划行动，可是李副司令官总是说：没有关系，我们有两个军，不怕共军包围，并着肩一闯就过去了。我们不好单独行动，就改为明天吧。于是令一九三师就一个有围墙的村庄和附近高地构筑阵地，准备掩护十五师明天继续攻击前进。

我回到军部，正值韩练成由他的师部搬到七十三军军部，一见他就很生气，故意大声嚷道：为什么把命令当儿戏，怕共军不知道我们的企图，还跟他们送信吗？像这样的迁就，李副司令官也太没有决断，为什么师长又离了自己的司令部哩。韩练成对我们解释说：因为整四十六师不好带，我已经把师长职务移交给副师长海竞强；海竞强是白崇禧的外甥，我不过是一个过渡。住在师部不合适，不能不搬出来。当时大家都很诧异，为什么在情况紧张的时候来这一手呢？因为自21日共军开始炮击以来，对于整四十六师威胁最大，几乎每发炮弹都有伤亡，是不是怕死呀。我认为他是滑头不负责抱着临阵脱逃的态度，因为他师长的移交，把突围的日期又延缓了一天，使我更加气愤。

尽管当时情况十分危急，然而真正能够认识到这是突围而不是撤退的，只少数几个人，而作战科长邱和生是一个。22日晚上，他提出这样的建议：田师长既在和庄被歼，当然不能走博山。吐丝口曹师之围未解，更不能走济南，尤其是临时变更日期，企图败露，如果继续冲向吐丝口，正投入共军罗网，不如将错就错，这样变更一下：一军向东冲，一军向西突，并出敌不意之字形，总可以冲出一部，否则不堪设想。当时李仙洲、韩浚都是主张并肩行动的，当然对于这个意见不会采纳，而整四十六师也肯定不会同意，因而我就没有反映。

国民党作战命令，通常是部队行动后再补发，副主官对于命令也同样负责，22日清早，邱科长拿着突围命令要我签名，我说：这个命令不用往下发，今天大家不是死便是俘，何必多此一举。邱再三要我签名，我说对于这个命令，你知道我是不同意的，这是命令，又在紧要关头，哪能听任部下撕毁。有意见当预先提出来。何况有的部队已经行动，能够徇情临时变更计划吗？执行这样朝三暮四的命令，我是不愿意签名的，因而坚决拒绝签署。

在当时的估计，无论是死是活，一定有一场恶战，然而事实恰恰相反，数小时内就结束战斗了。有人说：把五六万只鸭子散布在这个区域内，捉它也要费一点时间。是人而不是鸭子，为什么比捉鸭子还容易呢？我正是要说明这一段经过，前面已经讲过凤凰山和东北面高地，等于阵地的一双眼睛。如果被解放军占有，则我的行动一一受到监视，可是凤凰山早被十五师丢掉了，东北面高地据点，由整四十六师接替后，于当夜就被解放军攻占了，特别东北面高地不同于凤凰山，对于部队的撤退威胁最大，可以用原阵地火力打乱军队的集结和运动。然而整四十六师坚守不住，被解放军占领后，又如同一个钉子拔不动。从东北面一直连绵到吐丝口的高地，必须预先确实控制，不然落在解放军手里，就等于在他们侧射火力下而行进，又怎能行得通呢？然而整四十六师更没有力量也根本没有计划来占领这些高地，从开始行动，即处于纷乱状态，而其突围部署，既不顾后面，也不顾侧面，就是把部队摆成若干路纵队一直往前冲，所以一遭到解放军的腰击与火力袭击，即如决口的河水一般，因为受着东面、南面、北面的压力，顺势就朝着七十三军崩溃而来，这股溃军里边掺杂着数千匹骡马，裹胁着近万名难民，特别是骡马的横冲无法阻挡。记得通过将军庙高地，望见浩浩荡荡的行李辎重和无数难民，卫士余映泉对我说：今天是突围，为什么还携带这么多的笨重东西，掩护不好，一定会发生溃乱，这不是自己扯自己的腿吗？一点也不差，正当十五师超过一九三师第一道统制线攻击前进当中，就被这一股溃流把十五师和一九三师的部队冲乱了。就在这极其纷乱之际，解放军以排山倒海之势包围上来了。官长掌握不了部队，只顾逃命；士兵无人指挥，东奔西突，乱成一团。到末后，解放军不用打，只用喊话，就一批一批地放下武器了。所以在几个钟头内，就宣告国民党军七十三军及整编四十六师在莱芜全部被歼，自李仙洲以下无一漏网。

我是逃到吐丝口附近被解放的。这时吐丝口已被解放军占领，曹振铎已逃之夭夭了。

五、几点认识

在这次战役中，国民党军被歼的原因很多，总的来说，不外在内部关系上和军事行动上的矛盾太多了，也就是所谓矛盾百出。

内部关系上的矛盾。蒋介石对于王耀武虽然称兄道弟，王耀武对于蒋介石虽然口头服从领袖，然而彼此互不信任，这不是矛盾是什么。王耀武对于李仙洲处处要抓，李仙洲对于王耀武处处要请示，一方面不放心，一方面负不起责任，这不是矛盾又是什么？因为十二军是东北军的底子，王耀武怀疑霍守义，霍守义怀疑王耀武，固然有矛盾。那么，七十三军是王的亲信部队，是不是没有矛盾呢？有矛盾。为什么把七十三军分割使用，因为王耀武对韩浚有矛盾，韩浚对此深感不满，当然对王耀武也有矛盾。李仙洲虽担负指挥两个军的重任，然而对上不能负责，对下不能做主，一团和气，命令可以随意更改，从表面看好像他同军长们彼此没有矛盾，其实矛盾重重，军长与军长间的矛盾，韩练成同韩浚是一个鲜明的例子。军长与师长间的矛盾，韩浚同田君健是一个鲜明的例子。以上仅举其荦荦大者而言，并不是说师以下没有矛盾，其他同事间没有矛盾。

军事行动上的矛盾。战略本来指导战术，而战略与战术发生了矛盾，所以主攻方面与助攻方面配合不起来。战术本来服从战略，而战术与战略发生了矛盾，因而擅自行动，不服从作战指导。战斗本来依靠战斗实力，而战斗与战斗实力发生矛盾，所以一个军当一个半师使用。把主力部队调去修筑公路，这是前方与后方的矛盾。田师归建，不取道明水而取道博山，这是后方与前方的矛盾。由莱芜到颜庄有中间据点，可是到吐丝口没有，这是交通联络上的矛盾。拿情报说，临沂方面的情报与莱芜方面的情报发生矛盾。拿判断说，军部不同于绥靖区，绥靖区不同于南京和徐州方面，判断上发生了矛盾。决心撤退，而徘徊歧路，没有撤退准备，是决心与计划的矛盾，计划是突围而部署是撤退，所以携带行李，又裹胁难民，是计划与部署的矛盾。总之，无论哪一种措施，都是自己同自己矛盾。最突出的，明明害怕部队被解放军包围，然而又满不在乎，一再迁就，偏偏地把部队投进解放军包围圈。

这些矛盾的产生，有内因也有外因，内因是由阶级本质决定的。因为他们都是从个人利益出发，所以上下间彼此间产生了一系列矛盾。军事行动上的矛盾，一方面因为在政治上没有中心思想，自然在军事上也不会有中心思想，既不知彼，也不知己，更谈不到知天知地，所以阴错阳差，矛盾层出，这是说的内因。另一方面，则又取决于外因。从表面上看，师长是在听军长的指挥，军长是在听司令官的指挥，司令官是在听蒋介石和陈诚的指挥，其实都在听人民解放军的指挥，特别是蒋介石和陈诚在毛主席指挥刀下面打圈圈。因而决定他们不能不在军事行动上产生许多矛盾，有了这些矛盾，就决定其必败。纵然七十三军整四十六师可以避免在莱芜被歼，但是不可避免在其他战场上被歼，只是迟早问题。

战争的性质，决定战争最后的胜负，而不能决定每个战役的胜负。所以马列主义者，既承认必然性，也承认偶然性，这就是在战术上要重视敌人的缘故。我们研究国民党军的被歼，不能把责任一一推卸于蒋介石，只能说国民党军每次的被歼，蒋介石都有责任，而其他将领所负的责任还要大。很明显，蒋介石是叫一个军守新泰，一个军守莱芜那样来把两个军送掉，并没有叫把七十三军分割使用，也没有叫把两个军集结于莱芜，更没有叫等待解放军包围后突围这样来送掉。这样送掉两个军，并不比那样送掉两个军高明，都不怪，只怪百出的矛盾无法克服。

　　最后我要补充一句，不要忽略了韩练成一再借故延缓撤退和突围的日期，这正是加深蒋介石军事上的矛盾，因而造成莱芜歼灭战最有利的时机。

国民党桂系第四十六军在莱芜战役的覆灭

杨赞谟

　　国民党桂系第四十六军辖第一七五、第一八八、新编第十九共3个师，原驻广西。日本投降后，蒋介石把这个军调到海南岛，1946年春，将该军改为整编第四十六师，各师改为整编旅。1946年6月调该师警卫京沪，8月下旬第一七五旅及师部刚抵上海，第一八八旅还在运输中，蒋介石又令该师开赴山东，进攻解放区。师部和第一七五旅只在上海住了一星期，就乘船北上，第一八八旅刚抵上海也乘原船北上，到青岛登陆，归济南的国民党第二绥靖区司令官王耀武指挥。到青岛后不久，又奉命恢复第四十六军的番号，旅也恢复师的番号。我自该军由广西开赴海南岛，以至在山东参加莱芜战役被俘，都任该军的参谋长。现在就该军进攻山东解放区和莱芜战役被歼灭的经过，忆述如下。

先说一说该军的编制和人事：军长韩练成，副军长胡栋成，参谋长杨赞谟，副参谋长兼参谋处长郭鉴淮，副官处处长李子明，军务处处长王膺，军需处处长黄乃琦，军法处处长汪克勤，军医处处长段福申，政工处处长屈伸。第一八八师师长海竞强，副师长刘维楷，参谋长周竞，该师第五六二团团长阳光，第五六四团团长韦照心；第一七五师师长甘成城，副师长陈炯，参谋长夏福光，该师第五二三团团长周禹，第五二五团团长夏越；新编第十九师师长蒋雄，副师长巢威，参谋长汤济；该师第五十五团团长卢玉衡，第五十六团团长何绍祖。在青岛时，韩练成任用两个人，一名李一鸣，任为上尉参谋，一名王育才，任为上尉副官，作为他的侍从人员。

1946年冬天，第一七五师和军部各直属部队登陆上海后分驻在江湾日军侵华时的兵营。当时无门无窗，北风袭来，呼呼之声，寒气侵骨，军官衣服虽薄，睡眠尚足，士兵冬服未发，身着单衣，短裤草鞋，还要轮流守卫，真是不堪其苦。部队长为了防范逃亡，提出纪律问题，要下级军官以身作则，少到街上逛游，生怕这样的部队军容不整，有失体统。因此，整天坐在江湾兵营，上街很少，上海的影子也看不到。士兵固然闷了一肚子气，下级军官也发了不少怨言。第一八八师部队轮船刚到，连上岸也不许可，就要开赴青岛，气候更为寒冷，大家多发怨言，思家的思想严重得很。下级军官和士兵在营地不时谈道："身上没有棉衣穿，睡时没有棉被盖，军长说已向南京后勤部请领，总没见到来，是不是真的有这一回事？恐怕是骗我们，安慰我们罢了。我们最难过的是夜间放哨，手脚冻冰了，鼻子痛得最难过，他们做官长的整夜蹲在屋子里，有的是火炉，哪里冷到他们身上？这种冰冻的滋味他们没有尝过。"我知道了就向军长韩练成表示不愿意干。军长安慰说："我也要离开这里的，将来由第一八八师师长海竞强接替我的职务，那时你我再一块走吧！"

1946年11月间，国民党山东济南第二绥靖区司令官王耀武急于要打通胶济铁路，以利于补给，要求到达青岛的第四十六军迅速派有力部队西进，以会同济南东进的部队作战。第四十六军火速派遣第一八八师师长海竞强指挥该师并附以第一七五师的五二五团（团长夏越）及军部山炮一个营（营长谢植松），星夜西进，集结高密，向潍县挺进。国民党部队在安丘、峿山、坊子一带发生小战斗后，济南东进的第七十三军（军长韩浚）在坊子附近与第一八八师部队会合，胶济铁路算是打通了。这一小仗的结果，官兵心里骄傲起来了，以为人民解放军装配差，不能打硬仗。国民党过去关于"人民解放军不可怕的宣传"兑现了。虽然打通了胶济路，但铁路的运输，每夜仍被人民解放军和地方武装工作队破坏，国民党的军运遭到不少挫折和损失，运输补给无法正常。但在骄傲情绪下，大家都不重视这些事实。

1946年12月，第四十六军奉命要扫荡平度维护铁路安全，由胶县集结后，以第一八八师先行，军部居中，第一七五师后行。进抵平度县的兰底镇后，国民党的平度县长也同行。第四十六军挺进到兰底，就感到已用尽了力量，因无胶县的补给点，须派一个师的兵力维护补给线，方保安全。那时天降大雪，士兵夜间放哨，手脚都长了冻疮，怨声载道。自从一八八师的一个副营长罗西宏跑到平度解放区以后，官兵的心里更显得不安。只好缩短防线，向胶县城郊撤退，避免罗西宏事件重演。由于当时天气很冷，士兵都很怀念广西家乡，他们说："这样的鬼地方，怪气候，给我们吃八珍我都不想，还是我们家乡好，为什么要我们跑到这里来打仗呢？听说解放军发传单说优待俘虏，罗副营长逃到那里去，大概那边一定是好呀！"

1947年1月底，济南第二绥靖区司令官王耀武曾经召开一次会议，青岛警备司令丁治磐，第七十三军参谋长周剑秋和我都到济南参加。王耀武在会上说，为了策应在鲁南作战，维护胶济铁路的交通是必要的，只可抽调两个军的兵力南进。指定可以使用第四十六军和第七十三军，就现在态势：第四十六军在胶县，第七十三军在周村。两军参谋长当时建议，可以照现态势分进同击，先以蒙阴为前进目标，但兵力过于隔离，主张第四十六军由胶县经诸城向莒县，第七十三军集结高密再向诸城，届时齐向蒙阴前进。绥区参谋处主张，这样兵力过于分散，两军要靠近一些，以便互相策应。结果就按这个计划进行。会议决定：第四十六军东运博山集结，经莱芜东边的八陡山隘路前进，沿途没有发生战斗。这时第四十六军的新编第十九师由海南岛船运到青岛，遂用车运到博山归还建制一同前进。

第七十三军第七十七师（师长田君健）在博山之南被人民解放军歼灭，师长阵亡，军部率两个师进抵莱芜县城。1947年2月中旬，第四十六军进到新泰县城附近，那时已得知人民解放军撤出临沂，并由蒙阴北进。同时得知国民党以强大兵团进犯临沂，已进抵汤头镇的第三兵团（司令官张淦），属桂系部队。第四十六军应否再向蒙阴进击，第七十三军应否再向前推进，那时我在报话机上听到桂系第一七三师师长刘昉（和我是同学，又是广西人）和第三兵团司令官张淦谈话（他们是老乡同学）。只因过去没有互通呼号，无法取得联络，我请韩军长用无线电打到南京国防部转第三兵团，告知第四十六军已到达的位置，并告知本军无线电报话机呼号，同时建议军长，部队向蒙阴前进，与第三兵团第七军靠近，以取得联络。军长说："这样行动很不好，会被别人说广西部队不听指挥。"2月19日任战地指挥官的济南第二绥靖区副司令官李仙洲转来南京国民党参谋总长陈诚的电报："共军鲁南作战失利，在黄河架有浮桥有北窜模样。"同时又来电报，要四十六军向颜庄后撤。第四十六军正在照命令后撤，又来电报要继续向新泰前进。第四十六军又照命令向新泰前进，再接到电报要经颜庄到莱芜与第七十三军会合。官兵在路上往返疲劳，心里非常不安。到达颜庄宿营地是下午4点左右，军长就亲自到驻地的小高地用望远镜向东北方向观察情况，还对我说："你看，那边山地一带都有新四军大部队向北移动。"于是加强搜集情报工作，侍从参谋、侍从副官都因是山东人，每天都外出搜索。2月20日，在颜庄宿营地各部队同时遭到人民解放军的夜袭。那时，莱芜战地指挥部参谋处长陶仲伟（陶富业）用报话机要我对话，他问第四十六军部队到了哪里，我回答已到达颜庄，并告以："共军由蒙阴北移，指挥部知道否？"他说已得情报，希望第四十六军赶快开到莱芜。在颜庄决定前进的时候，我建议军长，战地指挥部要第四十六军开莱芜城。可否由颜庄向吐丝口方向前进，再由吐丝口南下莱芜城。军长的意见：还是由颜庄西进莱芜城，这是指挥部指定的路线，不必变更。21日下午5点左右，军部行抵莱芜城东门外约10里，第一八八师前卫正与人民解放军在莱芜汶河南岸战斗中。天渐渐进入黄昏，济南第二绥靖区司令官王耀武坐飞机亲临上空，用报话机与韩练成对话，要四十六军星夜渡过浮桥入城，并说已通知城内第七十三军前线警戒部队了。韩练成和我率军直属部队先渡过浮桥，第一七五师、新编十九师均到北岸待命，第一八八师负责在南岸警戒。我和韩练成走在浮桥中段的时候，忽遭第七十三军警戒部队用机关枪猛烈射击，掉到河里，幸亏河水不太深，但衣服尽湿，仍冒险前进。抵达桥头堡一个机关枪掩体附近，大声说："我们是第四十六军军长和参谋长，王司令官要我们来增援你们的，不要再射击了，打死人的啊！"这时才看见一个排长走出来说："我们不知道啊！"时间已是晚上10点左右。那个排长派一个班长，带我们到城内指挥部，设在一个小学校里。指挥部和第七十三军指挥所同在一块。我们看见战斗指挥官李仙洲、副参谋长王为霖、参谋处长陶仲伟、第七十三军军长韩浚、副军长李琰和参谋长周剑秋都在那里，正展开地图看。他们看到两个周身湿透的人走进来，很不好意思，强作笑颜地说："真对不起，因为新兵太多。"我们心里在想，好歹没有被机关枪射中，也是新兵的好处，如果是老兵呢，射击准确些，那就冤枉了。我们请示今后任务部署方案，他们却叫弄饭招待，并拿酒来说："喝两杯可以暖一暖身体。"真使我哭笑不得，哪能吃得下呢。军长也默默少言，听候指示。

莱芜城里一个小学校设立战地指挥部和第七十三军指挥所，第七十三军当时仅两个师（第七十七师在和庄已被人民解放军歼灭），以第一九三师（师长肖重光）位置于莱芜城北门外一个小高地和附近村庄做前进据点；第十五师（师长杨明）位置于莱芜城西关负责战斗。第四十六军的指挥所设在东关一间民房里，以新编第十九师位置于北关负责战斗，以第一八八师由汶河南岸撤到北岸，位置于莱芜城的东北端村庄，对当面警戒，以第一七五师沿北岸河边负责对南岸警戒。那时南岸已与人民解放军隔河对峙，军控制新编第十九师一个团做预备队。韩练成到城内指挥部与指挥官在一块，率领有情报科长熊记善、侍从参谋、侍从副官、手枪排长并卫士三个班。当时我在军指挥所，军指挥所和军长有直接通讯专线。四个城门由第七十三军派直属部队守备，并对城门作必要时的封闭。人民解放军夜袭一个整夜，22日白天，战斗转而沉寂一些。下午6点接到军长电话："决定明晨突围，早做准备。"不久，从城内指挥部送来略图一张，仅标示两个军的行进道路，非常简略，既无命令，又无指导要领，表现十分慌乱。我转告三个师长，他们都要求军长回指挥所作详细指示，认为这是重大关头，我们突围，是不是已被解放军包围了？我自己在地图上看，要我们经过吐丝口向明水撤退，如果突围不成功怎么办？当时莱芜城与各方面的道路网是：一条经过吐丝口到明水；一条可以由莱芜城西去泰安；还有一条向东到青岛。除此以外还可以后退渡河向新泰，但浮桥已经拆除了。这几条道路，头一条是指挥部命令指示的，第四条我们曾经走过了的，第三条似乎行程过长，第二条应该早有准备。商之三个师长，都认为非请军长出城面商不可。但韩练成不愿出城，说应该遵照指挥略图行动，如果行李笨重，可以烧毁一部分，总之以轻装为宜。军长既不回指挥所，各师长也就不到来，只有各师参谋长到军指挥所面商行军序列。决定：第一八八师、第一七五师、军部、直属部队、新编第十九师当夜撤退战斗。韩练成曾给新编第十九师代理师长巢威电话，叮嘱他守住北门阵地，保好老帅。天快要亮，东门外枪声更密，战斗较激烈，韩练成从城里给我电话，叮嘱不要被人民解放军突入阵地，务期在突围前守好阵地，不要影响到突围行进。稍后韩又来电话说："战地指挥官突围时准备随四十六军军部行进，军直属部队唯一就是负责警卫，至于行军序列就照拟定的去做，他本人先到沿河北岸视察后卫团警戒情况，如果他还没有到达，前线统归第一八八师师长海竟强指挥，以统一指挥之权。"23日天刚破晓，第四十六军部队均到达北门集合完毕，我刚到不久，战斗指挥官李仙洲也到来了，那时前线仅闻稀疏的枪声。第一七五师师长甘成城也到集合场会见。等了一些时间，还未见军长韩练成到达，战地指挥官李仙洲问："军长还未到来，他到哪里去了呢？"我答："他说要去看后卫阵地。"并问甘成城后卫是哪个部队，甘回答是第五二五团，团长夏越，后卫团已撤回完毕。此时，李仙洲见军长还未到来，而后卫团又已撤回，面色表现怀疑，不得已说："不再等了，部队赶快出发，不然第七十三军部队已经出发，而第四十六军部队不动，影响行进很大。"沿途都发生小战斗，人民解放军利用大小村庄，构筑工事，迟滞第四十六军部队前进。从早上到上午11点仅走了10多里。前面有较大的村庄孝义集阻挡，右前方高地约有一个加强步兵连兵力的阵地，机关枪射击激烈。前卫第一八八师部队负责前进道路上的战斗，右前方高地遂派新编第十九师的一个步兵营去攻击，可是官兵都不愿攻，总怕落在后边，只顾往前走。新编第十九师师长命令第五十五团团长卢玉衡亲自督战。团长中弹负重伤，部队紊乱。战地指挥官李仙洲看到这种情形和韩练成的渺无行踪，感到有些不对头了，就对我说："我到七十三军那里看一看，你们这里有情报可以送到七十三军军部。"他说了这几句就走了。第四十六军的退路受到人民解放军的阻击，行进速度非常迟缓，绕过许多村庄，通过孝义集时，一颗重炮弹落下来，正落在第一七五师的政工队员里，当场炸死了5人，女的3人，负伤的叫痛，惨不忍闻。我和甘成城走到那里，想找担架队，但找不到，对负伤的人员就无法顾及了。这时第七十三军的部队又在左边压过来，愈压愈近，情形愈加混乱。我叫特务营营长陈桂生派士兵就地卧下用枪对空射击，而第七十三军部队照样压来，不得已对他们射击，他们一点也不怕，混乱成了一团，大家都只顾往前跑，什么炮弹子弹一概都不怕了。部队奔到吐丝口南边的沙河滩上，这时四边都遭到了火力射击，才知道吐丝口已被人民解放军攻占，守备的第十二军第三十六师已向明水逃窜。人民解放军高喊："缴枪不杀，放下武器，人民解放军是优待俘虏的。"第四十六军士兵和第七十三军士兵不得不放下武器。我和卫士一人将身上一些证件、手枪、手表、法币等摔进水里，坐当了俘虏。

我听到人民解放军叫俘虏集合，并说将官、校官、尉官和士兵分开集合。我就和卫士商定，我假报中尉书记，卫士何日生冒报准尉司药。入夜到一间民房里，偶然遇到第七十三军参谋长周剑秋，谁知他也假报尉官。大家都存着一个"怕"字，怕不能活下去，希望用尉官活下去。我与周剑秋过去是陆军大学同学，俘虏前在莱芜城里聚过一次，现在又被俘虏到了一块，不胜慨叹！第二天又要把两个军的军官分送，告别分离了，两人心里想，只能在眼目中现露各祝平安。我逐日看战地报纸报道，战地指挥官李仙洲、副参谋长王为霖、参谋处长陶仲伟，第七十三军军长韩浚、副军长李琰、参谋长周剑秋，第一九三师师长肖重光，第十五师师长杨明，整编四十六师第一七五师师长甘成城、第一八八师师长海竞强、新编第十九师代理师长巢威都先后被俘，各人情况又不相同。看到报上载有我已被人民解放军击毙的消息，我和卫士说，大概我们隐瞒了身份，没有被察觉，可以混过去，我们注意找机会逃跑呀。有一天，我坐在屋子里，看见一个人走进来，举头一望，原来是一八八师的政治指导员。我急忙将头低下来，怕他看见。我心里想，隐瞒的事暴露了，我就对卫士说："恐怕你我就要分开了。我走后，你有机会要暴露自己是下士的卫兵，千万不要再冒充尉官，这样恐怕回家比较容易些，不要再为了我多受苦。"不久，真的来了一位解放军，指定要我出去，并说："你不是中尉书记吧？不要再隐瞒了，隐瞒自己受到痛苦，我们人民解放军对俘虏的优待是分级别的。你是第四十六军参谋长，我们查得确实。"说后要送我到泰安分区。我听说优待俘虏，但心里还是怀疑，是不是真话呀？果然沿途予以各种方便。随后又送到一个小村庄，是夜半时候，进入一间房子，一看见四十六军的将官都在一块，同时还有第五十一军的三个师长（李步青、李王唐、李树萱），大家都为我的健在而道贺。

莱芜战役桂系四十六军被歼经过

周　竞

　　国民党在1946年7月间，完全撕毁国共停战协定和政协决议后，在美帝国主义指使下，发动内战，疯狂地向解放区进攻。国民党桂系四十六军原驻在海南岛，10月间接到国防部的命令，调赴上海进驻苏州、无锡、常州一带维护京沪铁路。后来国民党为了调集兵力进攻山东解放区，未等四十六军全部从海南岛运抵上海，即改变原来进驻京沪沿线的命令，调往山东进攻解放区。当时四十六军一八八师在师长海竞强（白崇禧的外甥）率领下（除五六三团和辎重营在海南岛待运），乘美帝国主义给蒋介石的万吨运输轮刚抵上海，停泊吴淞口准备登陆，即接到军部的命令，要该师迅速在上海补充给养后乘原轮开赴青岛。

一八八师于11月初在青岛登陆。设在济南的国民党第二绥靖区司令官王耀武为了确保胶济线，便于向解放区进攻的兵力调动和军需品的补给，在一八八师到达青岛的第二天，没有征得四十六军军长韩练成的同意和不等该师后续部队五六三团及辎重营的到来，迫不及待地命令该师使用火车输送至益都占据县城。当时的益都县，只有国民党益都县长率领一些警察据守空城，人民武装游击队在乡间四处活动。一八八师进据益都第三日的上午，又接济南王耀武电令，饬该师开赴坊子，对安丘的人民解放军进攻，务期歼灭，以解除潍坊和胶济路的威胁。该师为了保守行动秘密，下午临出发时才告知益都县长，该县长闻讯后惊恐万状，十分狼狈。

一八八师乘火车到达坊子后，王耀武将驻防坊子的保安十二旅（仅千余人）配属该师指挥。当晚听取了潍坊专区专员（已忘其姓名）汇报安丘情况，次日拂晓后该师向安丘前进。途中人民解放军给前卫团五六四团以极大打击，黄昏后仍撤回东关原阵地。当一八八师在拂晓发动全线总攻时，攻入城中已不见解放军一人，不知何时已全部向南撤退了。不但没有抓到一个解放军，相反的一八八师和十二旅死伤了几十人，连师的军械库主任也被俘虏去了（至莱芜战役前释放回到师部）。一八八师在解放军自动撤退的情况下占领了安丘。

王耀武使用桂系一八八师进攻安丘，因事先未征得四十六军军长韩练成同意，韩对王耀武很不满。后来到兰底时，他对海竞强和我说："王耀武有七十三军不使用，将刚到达山东还没有全部到齐的一八八师去攻击安丘，这种保存自己，牺牲别人的自私自利的做法很不对。”言下愤愤不平。

1947年1月间，汤恩伯兵团与解放军华东野战军在临沂作战，国民党政府国防部电令济南王耀武派遣一个有力部队由此向南，策应临沂主力军作战。王耀武在济南召开了一个军事会议，研究南下兵力和路线问题，当时提出两个方案：第一个方案，以四十六军和七十三军两个军在高密集结，南下诸城经莒县趋临沂协同汤恩伯兵团夹击华东野战军；第二个方案，以四十六军和七十三军两个军在淄（川）博（山）集结，南下莱芜经新泰、蒙阴向临沂前进，策应汤恩伯作战。当时绥区参谋处认为第一方案两军离济太远，济南守备兵力不多，如果南下两个军策应失败，想再退回守卫济南就根本不可能，济南容易发生危险，如果策应的两个军由淄（川）博（山）南下，万一遭到失败，还可以退回靠近济南，保护济南的安全。结果王耀武决定采取了由淄（川）博（山）南下的方案。

2月初，据守兰底地区的国民党军第四十六军率一七五师和一八八师全部开抵胶县集中，此时该军所属的新十九师已由海南岛榆林港运输至青岛登陆到达胶县归还建制，同乘火车开到博山集结。四十六军和七十三军在淄（川）博（山）集结完毕，王耀武从济南率同该区副司令官李仙洲和参谋人员到达博山，对军、师长和参谋长宣布了国防部的命令，并组织兵团指挥所，以副司令官李仙洲为兵团指挥官，指挥四十六军和七十三军，两军兵力合计5万余人，另外还有一个吐丝口守备队十二军三十六师兵力四五千人。

李仙洲兵团2月中旬初由淄（川）博（山）开始南下，四十六军行先，七十三军殿后。四十六军为了进击博山以南八陡大隘路的安全，以新十九师在前担任主力进击隘路的掩护。通过隘路后直下颜庄向新泰前进。沿途村庄群众早已空室清野，所到之处，吃的用的全找不到。在道路上，村里村外和房前房后，到处埋设有地雷，一不小心触着就会丧了性命。这种情况很多，使国民党官兵进入村庄或宿营地时神魂不定，胆战心惊，怕挨地雷，真是风声鹤唳，草木皆兵。

进入山区后对于搜集情报是一件最困难的事情，部队的谍报人员不敢出去，因为解放区群众有严密的组织，外地进去的人很容易被认出来。雇用本地人嘛，根本就雇不到，即使有时雇得到，所得的情报也是假的。行军作战简直像个"聋"子和"瞎"子，处处挨打，没有还手的余地。四十六军前进将至南师店，先头部队一七五师也被数百人民游击队在进路山头埋伏袭击，迟滞不能前进，后来用炮兵攻击，由上午11时战斗至下午3时左右，游击队才自动撤退，扬长而去。

李仙洲兵团经过几天的战备行军，到达新泰、颜庄地区，由于情况不明，不敢再继续深入前进。当时四十六军停止在新泰附近地区，以新十九师配置于新泰以南塔山附近对蒙阴警戒，一七五师位置于城关区，军部及直属部队和一八八师位置于新泰城北地区，军部及直属部队和一八八师位置于新泰城北地区，各驻地均构筑了据点工事，以防人民游击队夜间袭击。七十三军则到达了颜庄地区。

到达新泰的次日接到指挥所李仙洲的电令，要四十六军后撤至颜庄附近，在颜庄附近的七十三军后撤至莱芜县城。四十六军刚撤至颜庄时又接电令迅速转回新泰。七十三军仍转回颜庄，部队往返疲于奔命。此时，各部队所携带的粮食逐渐减少，后方又补给不上，因为几天来后方道路、桥梁被人民游击队破坏没有修理好。在这种情况下，一八八师每天派部队到附近一二十里内，名为搜索"敌情"，实际是大肆搜索群众粮食，把群众疏散埋在野外的粮食，将它抢回。一天，一八八师的五六四团除了抢得粮食回来之外，还抢得三四十只绵羊，并抓回一个十一二岁的放羊小孩送到师部，硬说："这个小孩是儿童团，借放羊为名侦察我军情况。"经情报参谋严加审问，毫无结果。我和师长海竞强不分青红皂白，将所掳来的绵羊全部没收，小孩交保释放。

在临沂附近人民解放军华东野战军乘北面李仙洲兵团与鲁南汤恩伯兵团相距尚远，未能起呼应作用的时候，采取各个击破的方法，将主力转移到新泰、莱芜方面，先歼灭李仙洲兵团，再回师鲁南歼灭汤恩伯兵团，华东野战军向北移的行动，非常神速而且十分秘密。当时济南王耀武还转来国民党参谋总长陈诚的电报说，据飞机的侦察，临沂附近的共军已经败退，向西北逃窜，并在黄河平阴上游架设浮桥，准备渡过黄河。后来，四十六军派出情报人员查探，才发现华东野战军大部队已接近新泰附近，并不是渡过黄河，而是转用兵力于新泰、莱芜方面。此时，李仙洲急忙下令撤退，但为时已晚，被包围形势已经形成。

20日，七十三军和兵团指挥所由颜庄急忙撤至莱芜，四十六军由新泰撤至颜庄。沿途没有发生战斗，当晚在颜庄宿营的一七五师和新十九师都遭到华东野战军的袭击。次日继续向莱芜撤退，一八八师前卫五六四团行至中途被早已占领阵地的华东野战军阻止前进，发生激烈战斗，该团反复冲击不能通过，后以五六三团增援才打通了前进道路，此时天色已黑，行动困难，军部命令就地宿营。半夜又接军参谋长传达口头命令说：一七五师和十九师已向莱芜前进，要一八八师赶快前进。直至22日拂晓，方到达莱芜县城。此时李仙洲兵团已全部退到莱芜，其配置是：七十三军十五师在西关一带防守，一九三师在北关及其高地防守；四十六军一七五师在沿河北岸防守，一八八师在东关及东北一带防守，新十九师在北关附近；李仙洲指挥所在城内。22日双方没有激烈战斗，但此时华东野战军正在调动部队布置天罗地网，缩小包围圈，形势对李仙洲兵团越来越危险，济南又无兵前来救援，久守莱芜已不可能，于是李仙洲决定于23日早晨实行突围。突围目标先是吐丝口，到达吐丝口后，在十二军三十六师的掩护下，再向明水撤退。突围部署分为两路：以四十六军为右路，沿莱芜—吐丝口大道突击；七十三军为左路，在莱芜—吐丝口大道之西与四十六军齐头并进，向吐丝口突击。四十六军接到指示后，决定以一八八师为前卫，一七五师为后卫，军部及直属部队和新十九师在一八八师后行进。一八八师师长海竞强当晚召集了各团长和师直属部队长告知以当前形势和企图，以五六四团为前卫，五六三团一个加强营为右侧卫，作了突击部署。当晚战斗极为猛烈，枪炮声彻夜不停，至23日拂晓前枪炮声已趋沉寂。拂晓后四十六军各部按指定到达城北集合完毕，唯独不见军长韩练成。此时，李仙洲和他的参谋人员也来到城北随同四十六军前进。等了很久仍未见韩军长来，后来李仙洲问韩军长到什么地方去了，该军部军务处长答："韩军长去看后卫阵地去了，还未回来。"当时查问一七五师师长甘成城说："后卫是五二五团已经撤回，未见军长，不知军长到哪里去了。"此时李仙洲知事不妙，即命令四十六军马上出发。这时在突进路两侧大小村庄和所有高地均被华东野战军占领，并构筑了工事，早在莱芜以北，吐丝口以南的地区布成了一个大口袋。一八八师在前进中侧卫遭到猛烈攻击，前进很慢，李仙洲见此情况，又不见韩军长来到，遂转回左路随同七十三军去了。四十六军通过孝义集后，一八八师的右侧卫支持不住向后撤退，此时遭受人民解放军华东野战军的炮火越来越大，越来越猛，队伍顿形混乱。同时，左路的七十三军方面也遭到猛烈攻击纷纷向右路方面溃退，更加混乱得一团糟，兵脱离官，官顾不了兵，大家不顾性命向前奔跑，以为到了吐丝口就可以得救。谁知吐丝口担任掩护的十二军三十六师在22日晚已被华东野战军击溃向明水逃窜，吐丝口早为华东野战军占领，利用原有工事加以修改，在阵地前构成了浓密大网，严密封锁袋口。溃败至吐丝口附近的国民党官兵，插翅也难飞过，只有缴械投降。

孝义集到吐丝口间的广大战场，到处硝烟弥漫，尸横遍野，武器弃置遍地，文件随风飞舞。当时国民党的几架飞机在上空盘旋看到这种情况，也无可奈何，挽救不了李仙洲兵团的命运。整个兵团5万余人，除战死的外，全部缴械被俘，高级军官除四十六军军长韩练成一人外，所有兵团指挥官李仙洲以下，全部被俘，无一漏网。莱芜歼灭战经过一天时间的激烈战斗，于下午5时左右，遂告结束。我被俘后，和几百名同时被俘的官兵同住在一个村庄，当时我非常害怕，因为从前常听到国民党宣传共产党如何残酷，杀人不眨眼，特别是俘虏的国民党重要军官，绝无幸免，所以我总想乘机逃跑。但是由于民兵监视得很严密，没有逃跑的机会。到第三天，有一个解放军的参谋来问我的姓名和职务的时候，我不敢将我的真姓名和真职务暴露，扯谎说我姓唐，是一八八师的上尉书记。我没有骗到他，他说："你的样子不像上尉书记。"他很和蔼地安慰我，叫我不要害怕，同时，把共产党的俘虏政策说了一遍，并拿了一本《新民主主义论》和一本《论联合政府》送给我看。我看了这两本书之后，恐惧心理渐渐消除，知道共产党并不是如国民党宣传那样，到第四天我才将我真的姓名、官阶、职务对那位参谋说出。出我意料之外，说出之后，他对我特别客气起来了，晚饭过后，随即送我到后方解放军官大队学习。

国民党第七十三军从守备南京到莱芜被歼

杨晓春

　　国民党七十三军是湖南部队，1944年在新化整编时，辖十五、七十七、一九三共三个师。该军在抗击日本侵略军的八年战斗中，装备属于中等，战场表现一般。

　　1945年9月，日本侵略军向我国无条件投降后，国民党政府由重庆迁回南京。鉴于"国都"初复，百端待理，对首都安全问题更感到迫切。因为江北的来安、六合、全椒等地，原为新四军控制区域，日军投降后，这些地区常有新四军的游击部队出没其间，对首都威胁极大。国民党政府为了消除这一威胁，同年12月便将驻防新化的七十三军调赴南京，担任首都外围守备任务。

　　1946年2月初，国民党军事委员会在南京召开由师长以上将领参加的"复员整军"会议，七十三军正副军长、各师师长都奉召出席。会后，七十七师师长田君健回到师部召集了营长以上军官开会，传达"复员整军"会议精神。从传达内容来看，南京会议表面上标榜整军复员，实际是加强"戡乱建国"继续"剿共"的全面动员。

当时以陈诚为代表的少壮派军人，主张发动内战，陈诚还扬言两个月内消灭新四军，五个月内消灭八路军，穷兵黩武、狂妄已极。"戡乱建国"是国民党的一贯策略，所签订的"停战协定"不过是借此争取时间，为发动全国内战做准备。譬如日军投降后，国民党的政治部即已着手编印了《剿匪手本》一书，官兵人手一册，作为"戡乱建国"的行动准则，限制八路军、新四军行动，不准越出原来防地，不让他们接受日军投降，秘密调遣部队从海上空中运往东北、东南，抢占各大城市，等等。这些都足以证明国民党首先撕毁"停战协定"，掀起违反民意的全面内战，消灭异己的罪恶用心。

当时，国民党南京政府亟待解决的问题：首先，必须迅速消灭苏北、山东的解放军武装，才能保障首都安全。其次，必须迅速打通胶济铁路，才能使孤守济南的第二绥靖区王耀武得到各项军需物资的补充。

1946年2月中旬，王耀武从武汉飞抵济南后，陆续从苏皖边境调来第十二军、九十六军和整编四十六师等。这些部队素质不一，又不是王的基本力量，战斗力也不强，只能集结在济南近郊休息整顿，无力向解放军根据地出击。是年3月，南京国民政府为了发挥济南据点作用，命令王耀武负责打通胶济铁路，并恢复其运输。王耀武受命后，感到兵力不足，难以完成任务，于是电请南京国民党政府将七十三军调赴济南，以便配合青岛方面国民党两个军，共同执行这一任务。4月初，南京国民党政府同意王耀武的请求，但是，南京至徐州一段铁路虽已恢复通车，而徐州至济南间300公里的辽阔地带，都是解放军的老根据地，铁路早已中断。七十三军若从地面通过，只能徒遭损失，最后，南京国民党政府决定用运输机将该军从徐州空运济南。6月初，七十三军到达济南后，经过短期休息，7月上旬，奉命沿胶济路向周村、张店、淄川、博山等地前进。该军所到之处，人民群众早已迁徙一空，民家用的锅、碗、盆、桶也一概搬移尽净，空室清野工作做得十分彻底。该军到达宿营地，都是采取密集配置，不敢分散，其目的在于防止解放军的猝然袭击。分配驻营地时，也是以连为单位集驻一村或两村，各连队为了驻地安全，都在营地内外大量砍伐树木，构筑防御工事，深沟高垒，如临大敌，在晴朗的白昼，也派出部队在驻地5里以内进行巡逻，兼搜索情况。一到黄昏，即龟缩于工事内，纵然发现"敌"情，也不敢出动，唯恐受"敌"诱歼。因为以前曾出现过不少被诱歼的战例，在国民党中下层军官头脑中印象是十分深刻的。因此，在国民党中下级军官中，大都以为他们的部队在解放区作战是"四子部队"。一是"瞎子"，部队每到一地，看不到人民群众，对当地社会习俗、道路交通等情况都无法清楚，等于盲人；二是"聋子"，解放军的根据地空室清野工作搞得十分彻底，国民党部队所到之处，对解放军活动情况无法侦知，如似聋子；三是"驼子"，国民党部队每到一地，就构筑以战壕连接的大小堡垒，状似乌龟壳。部队驻地的安全只能靠工事作保障，如果离开了工事就难以生存；四是"跛子"，国民党部队里，有部分是美械装备，有部分是本国装备，但是，都配备有数量不等的汽车、炮车，部队装备笨重，行动迟缓如跛子，不利于山地作战。有了这些致命的缺陷，中下级军官对反人民内战大都感到没有信心。

胶东是解放军的根据地，群众组织极为严密。仅七十三军一个军的兵力伸展到胶济路中段的周村、张店地区，已形成孤军深入，犯了兵家大忌。七十三军既不敢向东推进，而青岛方面国民党的两个军，又因受解放军重重阻挠，也无法西进。在此情况下，七十三军只能徘徊于章丘、邹平、周村、张店、淄博间待命。

1947年初，南京国民党军事当局，鉴于胶济铁路打通无望，于是年2月又改变作战计划，采取南北夹击战略，企图把解放军压迫到沂蒙山区聚而歼之。

南北夹击计划是以南方兵团为主攻，从苏北地区向临沂攻击前进，命济南王耀武派出三个军（十二军、七十三军、整编四十六师），由第二绥靖区副司令官李仙洲率领为北方兵团，从章丘、博山向莱芜、新泰、蒙阴地区前进。中旬，北方兵团的整编四十六师挺进到新泰时，沿途没有受到阻力，但各地人民群众早已迁避一空，对于解放军行动，始终无法侦察，因而对"敌"情判断如处五里雾中。在这种知己不知彼的情况下，北方兵团只好据守新泰，一方面与南方兵团联络，另一方面加强新泰守备和搜索情报。

解放军对国民党军所采取的南北夹击计划以及部队行动情况，早已得到情报，了如指掌。因此，解放军认为南方兵团是主攻力量，便采取"避实击虚"的战略，以一部分正规部队配合地方武装在蒙阴以南地区牵制着南方兵团的北进，同时集中主力，用强行军向新泰、莱芜方向转移，预计将北方兵团聚歼于莱芜附近。

2月16日，济南王耀武接到紧急情报，才知道解放军主力向新泰方面移动消息。王急电告李仙洲速将北方兵团撤回莱芜、吐丝口、章丘等处集结。在北方兵团北撤的同时，解放军主力亦跟踪北进，收复新泰后，派出一个纵队（等于一个军的兵力）向青石关、和庄间阻击第七十七师，其余部队于2月20日晚上已迂回到莱芜周围，对集结在莱芜地区的北方兵团完成了包围。

23日拂晓时，北方兵团发觉被围后，即命各军部队向铁路线上的章丘、周村突围。在突围时，双方发生了激战。因莱芜附近制高点事先被解放军占领，居高临下，展布自如，而北方兵团5万多人和车辆马匹麇集在狭长地带，地势非常不利。在解放军密集炮火轰击下，北方兵团伤亡甚重，战线逐步缩小，各级指挥系统陷于混乱，经过一天多的战斗，23日午时，七十三军和十二军、整编四十六师，就在莱芜、和庄地区被解放军全部消灭。第二绥靖区副司令官李仙洲、七十三军军长韩浚、副军长李琰、十五师师长杨明、一九三师师长肖重光等十多人，都当了俘虏。

莱芜战役中的国民党第十二军

孙焕彩

1947年1月13日，山东第二绥靖区司令官王耀武命令十二军（配属新三十六师，师长曹振铎）军长霍守义带该军进犯解放区莱芜吐丝口镇。我当时任十二军一一一师师长，所了解的情况如下。

一

十二军于1947年1月14日，在济南以东枣园寺以南地区集结完了，15日上午8时开始行动。行军部署是分两个纵队前进，军部带一一一师、新三十六师为左纵队，一一一师为前卫，经文祖镇、范庄、大张庄、下有（游）庄向吐丝口镇前进；一一二师（师长于一凡）为右纵队，经白塔庄、大陈庄、南北曹庄、四走道、龙潭向吐丝口镇前进。左纵队道路平坦，行进速度比右纵队快。为了两个纵队齐头前进，便于应付情况，左纵队必须切实与右纵队联系。因为右纵队的经过道路完全是崎岖山路，重火器累赘部队迟滞行军速度，始终未能与左纵队齐头前进。军部令一一一师在下有（游）庄宿营，等待一一二师。到次日中午，该师才全部到达军部附近宿营。军部根据一一二师的情况，改为全军梯队前进，仍以一一一师为前卫，军部、新三十六师、一一二师顺序梯次跟进，于17日上午7时开始行动，依次各推迟一个半小时出发。经上有庄、黑石关、邵庄，向吐丝口镇前进，一一一师的前卫团是三三一团（团长林学莺）。该团进入黑石关找不到带路的向导，该团尖兵连为找向导，被老百姓拴在门框上的手榴弹炸死，不仅全庄找不到一个人，连水井也找不到，该团的驮马被埋在道旁的地雷炸死一匹。据拾到的宣传品上提供的从黑石关向南有40里纵深布雷区的信息，我派工兵一排用搜雷器逐步侦察。因为石雷没有反应的声音，所以绝大多数搜不出来。人马只有根据前面走的踪迹跟进，每个人都提心吊胆怕踩上地雷。解放军这一措施，把国军官兵给制住，谁也不敢跑到庄里抓人找东西，都低着头注视道路和两侧的情况，脑子里存在一个怕字。这天下午5时多才到达吐丝口镇。军部带一一一师驻镇里，一一二师驻镇外靠近西南面附近村庄，新三十六师驻东北角三个村庄。镇中心街有一个供销社，有一些物资未及运走，并有少数老年和患病的人未走。另外有一个福音堂，里面住一个传教的中年人。我向他打听解放军的情况，他说根本没听说有解放军大部队，人们经常看到的只有警备旅的战士，但也不在这里住。至于老百姓，大多数早在5天前就躲到山里去了，现在住在这里的都是老年人，身体有病不能行动的，你们不能指望他们给你们做什么活。我要他利用教会中的教徒关系，把师部便衣谍报带到莱芜县城，他拒绝便衣谍报参加，但他本人愿意自己去莱芜县城，以过春节照应教友名义，打听一般的情况。据报，城里没有解放军，老百姓大部分躲开了，还有少数民兵在抢运粮食，如果再过几天，粮食就运光了，此外没有得到军事情况。我把以上情况报告军部，并令政工人员进行户口检查，同时赶做工事。这时候，将老百姓的门板、柴草、树木和一切物资搜掠一空。师炮兵营住的一家烈属老妈妈，看到这种没有纪律的行为，愤怒地把自己住的房子点上了一把火，满院的马骡乱跳，人声吵叫夹杂枪声，我以为是解放军薄暮袭击，赶到炮兵营驻地，发现这位烈属老妈妈已被该营第一连的哨兵枪杀在院里。这件惨案，既显示烈属不屈的斗志，也说明国民党军无法无天的罪恶行为。

二

砚池山口的战斗。十二军于1947年1月18日下午到莱芜吐丝口镇，住了5天，人马给养都用完了。军部派三十六师全部去博山县领运一次人给养，不够全军两天用的。地方根本找不到给养，连谍报人员都派不出去。与明水镇、博山县的交通完全被解放军警备旅和章历大队所控制，如果请求第二绥区补给给养，必须修通汽车路，得需要两个星期以上的时间。派部队去博山背一次人给养，只能够全军两天用的，而沿途还要同解放军警备旅作战。军长根据这种情况，召集团以上官佐开会，决定不待命令，自动撤退到博山城附近补充人马给养，到达后再电请第二绥靖区备案。1月24日上午6时，我们从吐丝口镇开始行动。行军部署是，三十六师为前卫，军部、一一二师为本队，一一一师为后卫。全军一个纵队行进，光拉开这个行军长径，就要3个小时以上的时间，再加上山路崎岖，重火器的马骡太多，形成了走八步，停五步的一字长蛇阵。夜间12时，一一一师走到见常王庄以北，距吐丝口镇约30华里。沿道路的两侧村庄的柴草都被作为烤火取暖的燃料，从火光表示出来行军的长径。先头部队少数落伍人员遇到火堆就坐在道上烤火，以致后面部队认为是前面休息了，也就坐下烤火。停止的时间过长，后面部队向前面一联络，发现前后队已经脱节，只有依据沿途火堆作为行进目标，根本找不到向导。25日拂晓前，三十六师、军部、一一二师大部分都进入宿营地，而一一一师先头才到博山以西约40华里的砚池山口。先头团仍然认为一一二师的后尾团在他们的前面，砚池山西侧的队伍一定是他们派出的临时警戒部队，所以既没搜索，也没有派警戒，就沿道路上的火堆行进，通过山口。我当时发现这个山口是一个险要的隘路，并隐隐约约地看到西侧高处有人活动。我在脑海里打算盘。先头团团长于高翔有见地，早在这个险要隘路口设置了警戒，考虑周到，内心赞扬，同时催促师部直属营、连加快步速赶紧通过山口。我带特务连刚通过山口，西侧高地的解放军警备旅就开始射击。他们的目标正指向师炮兵营，打得车翻马倒，队伍乱成一堆。我正在用望远镜向后展望，忽然从西侧高地冲下来六七十人。我正要命令特务连对付这股兵力的时候，听到对方喊叫声音是三三二团第三营营长王殿隆，乃令该营向后支援炮兵营，并发射信号弹与后面的两个团联络。这时候，三三一团团长林学鸶，带该团占据了砚池山东侧高地，三三三团团长徐振和向砚池山正面进攻，阻止了警备旅未能解决炮兵营，仅俘虏5匹弹药马。双方对战到上午9时多，一一二师又派来一个增援团，然而解放军警备旅仅一个团的兵力，打得一一一师手忙脚乱。解放军已经胜利地完成了任务，即自行撤走。这时候，已经正午12时，各团集结部队检查伤亡人数，总共30多人，损失驮马5匹。下午2时，全师到达博山县以西约30华里鹅庄、和庄一带宿营。当我用电话向军部报告砚池山口战斗经过时，霍军长表示关怀，他唯恐全师被解放军歼灭，才命令一一二师派一个团回去增援，虽然受点损失，总还算是万幸。

三

国民党第二绥靖区组织的前方指挥所，以副司令官李仙洲为首，带同钱伯英、陶富业等人，到博山城里召集十二军的将级军官开会。李首先说：当前任务紧急而艰巨，老先生（指蒋介石）亲笔信指示必须占据莱芜县城，不能在博山附近停留。李仙洲说完这段话，第三处处长陶富业用催促的口气说："副司令官已经说明你们军的任务，给养补给上的困难，指挥所马上将这个情况报告绥区，很快就可能解决，这都不影响你们完成任务，但是时间限制，必须在25日进据莱芜，最好赶快回去行动。"霍守义听完以上的话，没表示意见，他看看于一凡和我，用意是你们两个师长酌量酌量，为了人马给养才退博山，如果不补充足了给养就向莱芜推进，看你们两个师长能否做到。我因为1941年在安徽阜阳与李仙洲会过面，有初步认识，所以不揣冒昧地说：我们军在吐丝口镇因为补充不到人、马给养，才转进到博山附近，主要是补充给养，今天我们全军来城里背给养的官兵占半数，同我们来的时间一样，但是他们是徒步走，恐怕现在还没有到齐，和庄距此有30华里，领到给养再背回和庄，现在已经是下午1时，要全部返回和庄，总在5时多，吃完晚饭要到7时，正好是夜间行军，我们从吐丝口镇走了一夜又一天半，仅遇到解放军一个团，使我一个师长应付不暇，为了达成任务，我们请副司令官替十二军负6小时责任，允许明天拂晓出发。李不肯负6小时责任，一味说老先生信催得急，你们就回去赶快行动。我们乘马回到和庄已经下午5时，而背给养的官兵还没有回来，一直等到下午7时多，各团背给养人员才回来，下达出发命令已经夜间10时。由于背给养往返60里行程，再加上一夜未休息，次日并未赶到莱芜城，仅到达距莱芜以东20里吴庄一带就宿营，当夜三三一团第二营遭到解放军一个连的袭击，受到部分的伤亡，而该营邻　近的三三三团不敢出动援助。1月22日上午，全军进入莱芜城，城里仅有少数老百姓，仍然得不到解放军的情况，只有就城周围做一些所谓防御工事，拆毁一些房屋，同时派三三一团向莱芜东南煤矿区进行地形搜索。以三三三团去苗村接运1月份经费。中午，师部电台收到二绥区前方指挥所报话台呼号，要我同陶富业说话。陶一开腔就说，你们有新的任务，你最好用笔记一下子。我要求陶最好用电报，不应在电话中说，以免泄露机密。陶说：时间不许可，现在我就告诉，你归指挥所直接指挥，马上就带你的队伍来新泰颜庄附近宿营，现在时间不到1时，最好你在下午6时左右赶到颜庄宿营，我们会面再详细告诉你全部情况。我当时答复陶处长说：今天早晨军部从本师派出去两个团执行任务，现在只有一个团在师，并且军长未奉到指挥所命令，我焉敢直接接受指挥所的任务，最好请你直接给霍军长下命令。陶很气愤地说："你放下电话吧！我要十二军军部电台，请霍军长说话。"我放下电话就到军部面报以上的经过，恰好陶处长已经与霍军长说过了电话，霍已经把本师派去勤务的两个团向陶说明，今天是达不到陶的要求。霍又向我说："你如果不愿做这个任务，我们研究一下，叫新三十六师去，叫曹师长去，我们正在研究这一任务。"陶富业又来电话催，霍军长遂决定——三和三十六师前往归指挥所直接指挥。三三三团团长徐振和，从苗村接运1月份经费，唯恐军部临时变换位置，乃到指挥所打听一般情况，正遇到李仙洲。李以为——一师全部到指挥所附近，立即指示徐说：师的位置在颜庄附近。徐说他是接运经费的任务，问军部是否仍住莱芜。李很不高兴地说："真讨厌，还在原地没有动。"这天晚间，我们师部电台台长哈文楷收到第二绥区与前方指挥所的无线电话，听到陶富业向王耀武报告说十二军不听指挥，要——一师直接归指挥所指挥，而霍军长愿把三十六师代替，所以给指挥所增加指挥上的困难，请王耀武另派别的部队，等等。王耀武当时答复陶，给他们想办法解决指挥上的困难。我根据哈文楷的报告，将以上的经过面报给霍守义，请他对这一误会向王耀武加以解释，以免对本军前途不利。由于陶向王汇报十二军不听指挥，当时王对霍守义的印象很不好，一方面表现在要霍派———师回吐丝口镇，担任修通博山与明水镇两处的汽车路，另一方面令十二军全军撤出解放区。按当时的情况来说，这是对十二军的不相信。然而在莱芜战役中却少被解放军歼灭一个军。

四

1月27日，———师从莱芜城撤回吐丝口镇，完成通明水镇汽车路的任务，同时以三三三团分驻黑石关以北的大张庄，每天以两个营的兵力到下有（游）庄掩护汽车通过。而吐丝口方面，每天派出一个团担任至下有（游）庄间交通掩护的任务，并以两个营兵力对博山方面交通加紧修复。此时，来吐丝口镇后勤的负责者熊江，他说要在该镇堆积两个基数的粮弹，并且要在两个星期内完成这一任务，希望我多多帮忙。但是，我在2月5日奉到军部命令，该师（欠三三二团）担任张店、明水、龙山等处掩护胶济铁路的任务。师部带一个团驻明水，接替新十二师防务，以三三一团担任张店防务。该师所遗吐丝口镇防务，由新三十六师长曹振铎接替，统于29日交接具报，新三十六师师长曹振铎28日上午就带该师到达吐丝口镇接替了———师的防务。我于29日上午6时带三三一团向明水镇行动。上午11时，三三一团前卫营营长滕九如报告，该营在下有（游）庄以南地区发现有十数处地雷群，前进路已为阻塞，请派工兵连搜雷。与此同时，听到有地雷爆炸声。我即时令师工兵连暂归三三一团团长林学莺指挥，赶快排除前进路上的地雷群，以便以后汽车通行。当工兵到达挖雷地点时，东西高地以及下有（游）庄庄内都发生枪声，前卫营已经陷入三面被包围态势。林团长要求全团展开投入下有（游）庄战斗，同时使用师炮兵一个连共同抗拒解放军。战斗到下午1时许，始终通不过下有庄。师参谋长李赓唐向我建议，令电台即时架设与三三三团团长徐振和联络，令该团以主力从大张庄向下有（游）庄来增援。恰巧正是下午1时联络时间，徐振和接到令他增援下有（游）庄任务，立即带两个营赶到该庄以北高地附近。此时，解放军章历独立营早已发现国民党军从南北两方面增加到比他们多4倍以上的兵力，遂利用熟悉的地形，分成4组自动撤走。而国民党军尽全力搜索下有（游）庄时，章历独立营仅留一个班在掩护全营坚持1个多小时，最后牺牲半数，其余安全地达成任务，自动撤走。结果我师除受到部分的伤亡外，当天未能达到明水镇，而在大张庄宿营，绥区补给运输的汽车从此断绝。

1月30日中午到达明水镇与新十二师师长贺执圭接洽换防问题，该师以时间已过午，改为次日交防。贺师长要求了解吐丝口、莱芜等处解放军的情况，以为该师接替吐丝口防务和以后行动的根据。我根据砚池山和下有（游）庄两次与解放军小部队战斗经过的情况，介绍给贺执圭，说明新泰、莱芜一直到章丘这样广大地区，解放军仅仅一个警备旅和一个章历独立营，而十二军手忙脚乱到处受打击应付不暇。贺以满不在乎的口气说，你们军这次辛苦了，今后掩护胶济铁路的任务比在山区里要好得多，我们虽然是一个没有什么训练的部队，也应该到实地去锻炼锻炼，解放军如果没有大部队增加，就当前的情况还是我们实地练习的好机会。他把胶济铁路张店至龙山间的情况介绍给我，并且说在他们担任这段警卫任务，火车是畅通无阻，你们可以得到一个休整机会。我了解情况后，即令三三一团团长林学莺去张店接防，令三三三团长徐振和以主力驻明水镇，以一个营驻固砦，担任该庄至龙山间铁路的警卫，师部带直属营连驻明水镇，三三二团团长于高翔归军直接指挥驻周村。2月1日各团到达新位置接防完了。当天夜里张店至济南的火车已不能通行，次日双方会哨勉强使这段通车。但每到夜间根本不能通车，完全被地方民兵控制。而新十二师不仅没有接替吐丝口镇的防务，行进到黑石关以北就被解放军击溃。同时，据住周村三三三团报告，据新三十六师师参谋长陶景奎面称该师在吐丝口被解放军全部歼灭，陶等少数人逃出，已转回济南市。另据师部无线电台窃听解放军邯郸广播电台消息，二绥区副司令官李仙洲被俘，七十三和四十六两个军，另外一个三十六师全部被歼灭。我听到以上的情况，一面向军部联络，一面准备向济南撤退。最后得到军部命令我在原地掩护军部撤退，尔后随军后尾撤退。于1月25日下午5时，随十二军军部后尾退到济南市，担任飞机场警卫任务。在这军部布防开会以后，军长霍守义对我们闲谈到莱芜、吐丝口两处被歼的部队经过的情况时，霍说：七十三、四十六两个军代替了本军，三十六师代替了一一一师。如果照前进指挥所的命令办事，三十六师就不会摊上，而李仙洲当时指定要一一一师归他直接指挥，我当时一想我们这两个师不拆帮，才把三十六师给他派去，总之我们今天能以完整地回到济南市，真是邀天之幸。

国民党军七十七师在和庄被歼

1947年1月24日中国人民解放军华东野战军在莱芜战役中，迅速地集结兵力，选择了有利地形，伏击了由博山南犯的国民党军七十七师，成功地歼灭了该师。乘胜又连续在莱芜城、吐丝口镇围歼了国民党军嫡系部队的七十三军十五师、一九三师和桂系部队的四十六军韩练成之全部及十二军霍守义新编三十六师之一部。人民解放军华东野战部队，仅仅用了四天时间，歼灭了企图在鲁中地区施用南北夹击攻势的李仙洲所指挥的部队。

华东野战军歼灭和庄国民党军七十七师，是鲁中大规模诱歼李仙洲兵团的序幕战。战役开始前，在鲁中、鲁南的华东野战部队，即从临沂、费县、蒙阴一带秘密集结，并有意识地在新泰通往大汶口、东平附近黄河上架设浮桥两座，佯称山东的解放军主力北渡黄河，目的是计诱李仙洲的部队深入鲁中腹地，然后聚歼。果然济南第二绥靖区司令部中计，立即转来空军飞机侦察的情报，说山东境内解放军部队主力北窜，有北渡黄河企图。人民解放军运用了高度的军事艺术，以退却模样作佯动，造成了国民党军战役中部署的错误，随即采用了迅雷不及掩耳的手段，首先于莱、博途中的和庄，歼灭了国民党军七十七师。这声东击西的战术，使国民党军统帅部手下的七十三军、四十六军处于举棋不定、犹豫难决的境地，济南第二绥靖区又恐演出一幕孤军深入、腹背受敌的悲剧，于是把深入新泰县的四十六军马上缩回颜庄，已推进到颜庄的七十三军部队，十五师、一九三师撤回莱芜城附近，但是这时已经迟了，而北进的人民解放军除派部队与南下的国民党军保持接触外，主力已经进入沂水、蒙阴等地布下了战术上的紧密包围，故当20日华东解放军和七十七师激战于和庄时，实际上，已经是围城打援的开始。整个战役中人民解放军华东野战部队，是把主力放于机动的位置，从而取得战术上的主动，于是能掌握有利时机条件，打了这场出色的歼灭战，使整个华东战场，出现了一个新的和极其有利于人民革命武装斗争的形势。

笔者曾任国民党军七十七师营长，参与了这一战役，现将该师在和庄被歼经过，就个人的回忆事实情况，作如下记述，以供参考。

七十七师是辖属于国民党军七十三军的建制部队，1944年在湖南新化县第一批改为美械装备的部队，是当时九战区薛岳和第四方面军王耀武指挥的基本野战部队。论部队素质，是老兵较多、战斗经历较长、部队训练较好、武器装备较强的蒋介石嫡系部队。1947年8月底，抗战胜利不久，该师在新化县接受美国军事顾问团整训后，即从新化东调长沙、湘阴、岳阳等县，接管投降的日军及在岳阳日本华中战略物资。该师师长田君健，用大量日方最好的武器装备充实了自己的部队，计有日造九四式步兵炮20门；九六式新造手枪、左轮式、南八式手枪200多支，大部分发给到全师的排连级干部配用，其他军用日本汽车、电讯器材、弹药、军马，较好的被服布匹等军需物资除了补充各团之外，在接收任务结束时，于南京浦口大宴全师排长以上各级军官眷属，席后每个家属还赠送布料7尺。1946年1月，该师从武昌分乘江宁、江安、江顺三轮，沿长江东开南京浦口迄乌衣一带担任津浦路以南的南京外围警备。蒋介石破坏了国共双方停止内战的谈判协定后，该师先后往来于苏北来安县、天长、盱眙等地，进犯解放区，以后又拨归第八绥靖区司令官夏威指挥，配合桂系部队四十八军窜扰皖东定远、滁县，在藕塘、三合集一带截获新四军部队大批后勤军用物资，使新四军所属的革命根据地藕塘遭到严重的破坏和损失。

该师被歼前的部队动态

1946年2月16日，七十七师在皖东、苏北的凤阳县、临淮一带担任窜剿任务之后，即乘车北调徐州集结，乔装在济南的国民党军九十六军部队的番号，分批自徐州机场乘空军空运大队的运输机空运山东济南，部队抵达济南后，稍事休整两周余，即从济南东出，沿胶济铁路两侧地区，纠合续后由徐州空运到济南的七十三军十五师、一九三师,向周村、张店前进,会同由青岛西出的第八军李弥所部的"荣誉第一师"、一〇六师,以东西夹攻的态势,先后攻克历城、章丘等县,初步打通济南通青岛的交通线,解除了济南孤立的局势,以后七十七师经周村向南侵入淄川、博山等解放区,又配合"荣誉第一师"陆空协同战斗中,击退了解放军七、九两师,进占了淄博煤矿区,控制了山东重要资源基地洪山、西河两煤矿。经过半年时间的战斗,山东的危局安定下来,随后该师担任淄博洪山、西河矿区的守备外,并负责出击扫荡附近解放区的武工队。1946年底,调回张店、淄河、南定一带担任胶济、张博铁路及南北两侧的警备。1947年2月19日,该师于张店奉命车运博山,南下莱芜城归还七十三军的建制。20日晨6时,部队从博山出发南下吐丝口镇。这时师的前卫部队是二二九团,本队二三一团附师炮兵营、工兵营、通信营直属特务连、搜索连等,后卫部队是二三〇团及辎重营、卫生营等部队。上午11时,该师前锋通过博山以南地区,除和解放军一些地方民兵发生一些零星骚扰性的小接触外,别无战斗。这时军队所经过的村庄,都是坚壁清野,人群逃避一空的,这些是在解放区和八路军作战时常见的现象。数天前,这条由博山通吐丝口镇的大道,曾是四十六、七十三两军经过的地方,因而该师官兵存在严重的麻痹思想。过去,该师和新四军、八路军作过不少战,从来没有吃过大亏,入鲁以来,部队作战总是步步为营,先稳扎后稳打,部队的锐气还能保持,这个部队的特点是从来不分散使用兵力,对构筑防御工事有一套配备适当、工事坚固、战法灵活的善守经验;加以部队老兵多,火力配备强,这样种下了骄兵必败的根源。

20日下午3时许，当先头部队通过和庄以南约4公里的土名将军坟的丘陵地区时，遂与预先埋伏在该地的华东野战军发生战斗，黄昏前双方战斗更为激烈，该师的二二九、二三一两团在作战初期略有进展。4时，后卫二三〇团续进行抵和庄地区，即奉师的命令部署占领和庄以东两公里的高山玉皇顶，及进占和庄西北高地的战斗任务，以担任掩护师的侧背安全。但当第三营进占上述的山岭时，乃发现有解放军早先隐伏在附近的情况，为了抢占以上山地，双方部队战斗进行得非常激烈，冲锋枪声，机、步枪声和夹杂着的手榴弹声，震荡了附近的山岳；该师二三〇团为了集中火力支援玉皇顶的攻击，使用了美式化学迫击炮和火箭筒、火焰喷射器，投入战斗，炮声和燃烧弹火光烧遍了山头。黄昏时该团第三营一度攻占了玉皇顶的主峰，但解放军乘天黑后，又组织了反扑。双方往返争夺，战斗在纵横山顶面积1000余米的阵地，彼起此伏未有停顿。战斗之惨烈是该团过去少有的战例，是役战斗中，重伤连长张翼和，阵亡连长李达雄等官兵40余人。顽强据守山顶的解放军战士，因受到国民党军化学迫击炮的燃烧弹轰炸，被烧伤的也不少，晚上11时许，和庄被解放军炮兵击中民房着火燃烧，这时山头的燃烧弹爆炸起火，与地面上的民房起火，交织成周围照得红恍恍如同白昼一样，而双方坚持玉皇顶战斗的解放军和国民党军二三〇团的第二、三两营，彼此造成了很大的伤亡。21日拂晓前，战斗仍在附近进行中，在和庄以南4公里的将军坟作战的二二九团和二三一团，当20日深夜被解放军在两团衔接突破后，解放军即以浸透包围方式，将两团分别截断成两段，形成各自为战的局面，师山炮营因失去步兵团的掩护，也被解放军乘虚突进阵地，将全营打得稀烂，美式山炮12门均被解放军缴获。战斗开始间，师长田君健虽是一员少壮军官，陆大毕业后，具有现代作战的战术修养，但其本人却有迷信思想，认为师指挥所设在将军坟地方，是犯了地名大忌，对自己和部队作战均极不利。因此，当战斗紧张期间，乃将师指挥所后撤回和庄，迫在将军坟前线部队二二九团和二三一团，失却直接指挥联络之后，在和庄外围攻击玉皇顶的战斗益越剧烈，主峰阵地得而复失的双方拉锯战正在进行。20日深夜，师见形势险恶，除用电告莱芜城七十三军要请迅即增援部队解围外，一面着手调整和庄作战部署。为避免兵力分散遭到解放军各个击破的危险，决定放弃和庄及玉皇顶一带阵地，集中部队兵力，转移往距和庄西北4公里的高山樵岭，实行据险固守待援，并企图在21日天明后，一俟由吐丝口北上的增援部队赶到时，利用空军的掩护，突围返回博山县的。当该师师长率领在和庄撤退出来的二三〇团及师直属队伍，于20日天将拂晓前，退守樵岭高山设阵顽抗，天明后，何庄的战斗，转移到樵岭方面。午后解放军开始在炮兵火力支援下猛攻樵岭国民党军阵地，未得事，遂又退返和庄改变作战计划。中午后，攻击樵岭的解放军，改由东北方侧攻七十七师右翼阵地，一面派部队迂回到樵岭以北，截断该师退路，然后组织猛烈轰击樵岭的阵地达半小时以上。樵岭地质是一座标高约300米的石山，由红页岩夹杂部分花岗岩组成的山岭，工事构筑挖掘困难，据守山上的官兵，只有选择山坑、洞穴洼地射击，故当解放军炮弹轰击到山地时，造成岩石、弹片横飞，伤亡不少。约在下午1时许，师参谋长刘剑雄在山上指挥所外中炮弹破片重伤死亡。在此之前，七十七师曾接七十三军自莱芜电台，谓莱芜城、吐丝口均有战斗，俟21日天明时，增援部队前来接应，并令该师就地坚守待援等语。以后因无线电台已告损坏，无线电话又声音微弱，呼听不灵，遂与军部无法联络，这时樵岭的战斗还在激烈进行。到下午3时，据师长田君健判断，认为莱芜已有情况，驰援樵岭的友军必不容易通过解放军的封锁前来和庄，看见情势渐入险境，援军解围无望，乃下决心苦守到黄昏时作突围打算。这时田君健也意识到已身陷重围，只有作一场困兽之斗，至此情绪极为沮丧。未几，有二二九、二三一团被击溃突围出来的官兵200余人返回樵岭，始悉该两团于20日黄昏时已在和庄以南的将军坟地区，被解放军击溃，除冲出重围和死伤外，从少将副师长许秉焕以下全数均被俘。21日下午5时许，田君健认定部队大势已去，唯有死守樵岭等待黄昏到来时向北突围。至于围攻樵岭的解放军，见屡攻不下，乃实行四面同时发动攻势，把主力迂回到国民党军七十七师的东北面大举攻击。盘踞在山上的国民党军，因昼夜苦战以来，大部分冲锋枪、机枪等自动火器的弹药已将消耗殆尽，正面临一个弹尽援绝的悲惨下场。这时只听到满山的冲锋枪和手榴弹的爆炸声笼罩樵岭，情况已极危急之际，师长田君健偕副师长陈某（已忘其名）率同顽守在山上核心阵地的部队，下令向博山突围逃窜。料敌如神的人民解放军指战员，早已窥透国民党军七十七师最后的挣扎，只有向北逃窜一计，于是在樵岭通往博山途中，遍地满布解放军和民兵沿途截击，5时后，突围的七十七师，除副师长陈某、中校副团长廖志刚、营长何可介率同残余官兵300余人在边战边逃的情况下，败归济南外，是役，师长田君健于突围战斗时被击毙，副师长许秉焕以下全部官兵，均为华东人民解放军所俘虏。

被歼的主要原因

首先，七十七师在2月19日所获得的解放军的部队活动情报是非常不真确的，该师出发前仅得到济南第二绥靖区司令部第二处的情报，只是说鲁南发现大量解放军向北移动，对鲁中解放军的活动情报几乎没有，仅说鲁中军区有少数部队在沂水附近集结，地方武工队也有活动。因此七十七师由博山南行简直就是盲人骑盲马，虽然师司令部的搜索连，各团的情报队和师司令部情报参谋曾光燎、肖乐山派出十多个便衣先行潜入博山以南地区活动，但搜集回来的情报全是地方民兵、县、区独立大队的武装活动情报，根本搜集不到正式野战部队的军事情报。所以该师部队深入和庄受围时，师长田君健在指挥所大发雷霆说：我们这次作战简直是瞎子和明眼人打架，拿命来开玩笑。当时师参谋长刘剑雄也承认情报失真是招致败挫的总因。

其次，七十七师和庄被歼，是解放军在解放区内对军事情报封锁保密工作的成功。故当和庄发生战斗时，该师才发现部队是闯进了解放军的口袋里，由于主力战斗发生在20日的黄昏，首先有两个团被解放军捉住在和庄以南地区，继之师后卫部队二三〇团被切断，全师被分割开作战，使指挥上失去了控制部队的能力，陷入各自为战的不利地位，故招致战术上被解放军各个击破，最后全师覆没。

原来驻防博山县城的部队有一个警备旅，本可以调出一个团或多一点的兵力来增援在和庄被困的七十七师的。可是该旅始终在博山城龟缩不前，使七十七师在21日中午开始向博山突围时无援兵接应，这是该师被歼的重要原因。

七十七师20日在和庄中伏，无线电与无线电报话机等通信设备是能与在莱芜城的七十三军部切取联络的，但是军长韩浚平时认为该师战斗力较强，主观判断七十七师能够支持一天一夜的战斗便可以在吐丝口镇抽出兵力前来和庄解围的。但岂知当天的战斗是解放军实行了围点打援，集中兵力在一夜的战斗中消灭了七十七师两团的主力。同时在莱芜城的七十三军又被北上的解放军牵制包围，这时七十三军和四十六军自己也处在难以招架之境，虽然曾派出过若干兵力试图北上增援和庄，但沿途受解放军的截击无法前进，所以在和庄的七十七师是根本陷于孤立无援的绝境。在吐丝口镇的十二军霍守义的新三十六师和解放军进行了一天多的激烈战斗后为了保存实力，看见形势苗头不对冲出了解放军的包围圈窜返胶济路的明水镇，后来师长曹振铎还提升了，当上了整编七十七师师长。所以在国民党部队中遇战斗失利时企求外援简直是一种幻想，是一种很难实现的事，解放战争中的各个战例都证实了这点，同时也说明了国民党军每战必败的客观条件。

忆和庄之战

杨晓春

国民党第七十七师，1946年隶属于七十三军，是年6月由徐州空运济南，7月全军由济南开赴章丘、周村、张店等地驻防，8月，七十七师奉令分驻淄川、博山两县担任守备。

1947年2月中旬，驻济南的国民党第二绥靖区司令官王耀武接到南京国民党政府命令，派副司令官李仙洲率带第十二军（3个师）、七十三军（原系3个师、缺守备淄博的七十七师）、整编第四十六师（3个旅①）组成"北方兵团"，由莱芜向新泰、蒙阴前进，配合"南

---

① 整编四十六师，原是四十六军改编，日军投降后，国民党政府将该军改为整编师，全部美械装备，下辖3个旅，每旅等于整编前的一个师的兵力。

方兵团"，企图将人民解放军压迫到沂蒙山区聚而歼之。

鲁南山区是解放军的老根据地，群众组织严密，军民团结一致，情报封锁极严，信息十分灵通。国民党部队进入周村、张店地区后，对于解放军及地方武装一切动态，侦察十分困难。当解放军主力在2月18日从临沂向北转移前三天，"北方兵团"的整编四十六师奉令由新泰撤回莱芜、吐丝口地区集结。此时，李仙洲根据情况判断，认为解放军的北移，似对"北方兵团"有所图谋，旋即商得王耀武同意，命七十七师由博山开赴莱芜，归还七十三军建制。

2月19日，七十七师将淄、博防务移交后，21日早由该师师长田君健率领全师向莱芜进发。博山到莱芜70多华里，原定当天到达。但该师在离开博山前几天，根据各团综合情报，莱博附近几天来没有发现解放军活动迹象，加之"北方兵团"三个军都集结在莱芜吐丝口一带，因而对这次行军就放松了应有的戒备。

21日正午，七十七师主力已通过莱博间要隘——青石关。下午1时30分，前卫团的尖兵排抵达和庄南端约1华里处，忽被前方300米处小高地的解放军约一个排迎头阻击，尖兵排当即散开还击。过了15分钟，解放军约一个团的兵力，即出现在和庄西南山地，猛向七十七师前卫团发起攻击。前卫团当命各营占领阵地，极力抵抗，一面派人向师部报告与解放军接触的情况。

七十七师师长当时的处置：第一，命前卫团原地抵抗；第二，命担任本队的二三〇团由副师长陈运武率领，即在前卫团右翼占领阵地，向正面的解放军发起攻击；第三，命担任后卫的二二九团火速向和庄前进，作为师的总预备队；第四，炮兵营即进入阵地，准备射击。然后用报话机向莱芜李仙洲报告接敌经过，并请其酌派部队向和庄方向增援。

下午1时，二二九团掩护全师大行李通过青石关最高点以后，听到和庄方向枪声，得知前卫发生战斗，正准备率队向和庄前进时，忽接到报告，在后卫部队离开最高点300米处，解放军部队即将青石关要隘完全控制。解放军凭居高临下的优势，向下山的后卫部队开枪射击，二二九团以一个连断后，担任掩护。下午2时30分，二二九团向和庄前进，行至不动庄时，进路南侧山地，解放军一个团又向二二九团猛烈攻击，二二九团被迫展开抵抗，但因行李、辎重、车辆、马匹互相争道，途为之塞，以致战地顿成混乱。下午3时，二二九团即陷入解放军包围之中。

田君健接到二二九团被包围消息后，没有机动部队可派，只好任其独立战斗，下午4时，二三〇团与二三一团同时向解放军发起攻击，战斗十分激烈，两个团终因地形不利，毫无进展，伤亡惨重，第一线已处于崩溃状态。入夜以后，师指挥所亦趋动摇，如平日具有实战经验的副师长陈运武①随二三〇团战斗在第一线下落不明；新从陆军大学毕业，到职不久的参谋长刘剑雄在前线巡视时中弹毙命。战场四面高地的解放军陆续射出的照明弹，布满战地，各色信号弹光焰，交织于夜空。从这些闪光中，看到三五成群的国民党散兵东突西闯，狼狈不堪，没有战场经验的师长田君健面对这幅凄凉图景，内心的忧

---

①　第二绥靖区司令官王耀武，对田君健的精明能干，十分器重，有意培植，但感到田君健没有经过中下级干部战斗生活锻炼，对实战无把握，特将具有实战经验的二三一团团长陈运武提升为副师长，以补其不足。

伤不言而喻。晚9时，田君健与李仙洲最后通了一次话，李仙洲说，夜间情况不明，不便派队增援，嘱田尽力支持到天明再派援兵。

当晚10时，师指挥所位置经过几次变换，终因队伍星散，呼应不灵，唯一的希望，只有熬到天明突围。

2月22日拂晓以前，和庄四周，一片沉寂，田君健与幕僚人员研究结果，决心向莱芜方向突围。此时追随在田君健身边的官兵只有100多人，其中有三分之二是徒手和轻伤人员，一天一夜未进水米，饥火中烧，疲惫难支，间有烦言。可是向西突围行动，又被解放军迎头堵击，只好掉头向东。在向东行进约300米时，解放军追击部队跟踪而来，在追兵的密集火力射击下，有些人中弹倒地，有些人带伤奔跑。突围时所走路径，都是平时人迹罕到之地，有时跳高坎，有时越深沟，附葛攀藤，争相逃命。因跳坎跌岩而伤亡的，为数也不少。上午8时，随行的人员只剩下十多人了。田君健身体素来文弱，经过一天多的剧烈运动，体力实难支撑，最后由卫士两人搀扶而行。22日上午9时30分在青石关南麓，即被解放军团团围困。田君健与卫士共3人被围后，即向土堆北侧走去，在解放军临近前的片刻，田君健即以自佩手枪自戕毙命，其余人员就在土堆南侧坪地放下武器，得到新生。

韩练成将军与莱芜战役

卓鸿礼

　　韩练成将军1908年出生于宁夏回族自治区固原县，1925年从军，曾在冯玉祥将军的部队参加过北伐战争，作战勇敢，屡建战功。早在1927年他就结识了刘志丹同志，并受其思想影响。抗日战争时期，他赞成中国共产党团结起来一致抗日的正确主张，先后与我党领导人周恩来、王若飞、董必武、李克农、陈毅等取得联系，建立了关系。在解放战争中积极配合人民解放军做了大量的工作，特别在莱芜战役中积极配合我解放军，为莱芜战役的胜利做出了重大有关键性的贡献，为中国人民的解放事业立下了不朽的功勋。

　　韩练成原是国民党第四十六军军长，四十六军属广西部队，非蒋嫡系。1944年归广东张发奎指挥，当时黎行恕任军长，辖新十九、

274

一七〇、一七五三个师；另有三十一军，军长贺维珍，辖一八八、一三五、一三一三个师。该两军在1944年固守桂林的战役中遭受过很大损失，四十六军伤亡逃散达三分之一以上，三十一军伤亡更为惨重，达三分之二以上。1944年4月，两军合编为一个军，称四十六军，由韩练成任军长，辖新十九、一八八、一七五三个师。日寇投降后，四十六军于1945年10月调往海南岛前去受降，改称为第四十六整编师。后调往山东又改称四十六军。

四十六军为桂系军队之主力，有"钢军"之称，全军官兵崇拜李宗仁、白崇禧，被李、白视为最精锐之部队，素与蒋介石有矛盾，部队本身也有派系之分，一八八师师长海竞强是白崇禧之外甥，一七五师师长甘成城是李宗仁之外甥，以海竞强为首为一派，韩练成为另一派，但韩练成在全军有一定威信，参谋长郭鉴淮及上下参谋人员、营连级干部大都倾向韩练成。

1946年四十六军由海南岛调山东青岛，当年冬季进抵胶东，驻守兰底一带。四十六军来山东后，中共中央指示山东分局要与四十六军取得联系，建立关系。华东局派野战军联络部陈子谷同志前往接通关系，韩练成将军要求华东局派高级代表前往商讨重大问题，经华东局研究后决定请华野政治部主任舒同和华东局秘书长魏文伯两同志前往，均以南方旧友之面目出现。魏文伯同志先去，后舒同主任偕同胶东军区联络科科长杨斯德同志于1947年1月6日下午黄昏前抵达兰底，经谈判建立正式关系。应韩练成将军的要求，我华东局研究决定派杨斯德科长与解魁两同志在四十六军担任双方联络员（杨化名李某，解化名刘某），李以韩练成学生的名义出面（上海复旦大学的学生），刘以韩练成将军的朋友出面，韩开始让李、刘两同志作为他的高级情报员，并亲笔签发了特别通行证，以后李又以韩将军的私人秘书身份出现，李、刘两同志的联络工作大体可以分为三个阶段。

第一阶段：驻胶东时期（1947年1月7日至28日）

我方首先要求韩之部队不得到处骚扰我解放区，韩完全答应并建议双方相距10华里为非武装区，双方均信守。其次，韩练成将军将下一步胶东地区之战区发展分析情况告诉我方，四十六军可能接受胶济铁路的防务，由东向西进，五十四军可能接受津浦路的防务，从胶东调至济南向南，打通津浦路，也可能沿高（密）诸（城）路进攻诸城，韩将军要求我方设法拖住四十六军在胶东地区不动，只用少数兵力牵制一下就可以，四十六军不会主动进攻解放区的，请一定放心，主要兵力对付五十四军。

第二阶段：全军西调博山至莱芜战役之前（1947年2月3日至2月19日）

1月底四十六军受令，全军从胶东地区调至博山集结待命，韩练成将军很快将这一军事行动计划告知我联络员李、刘，同时要求我军在适当时机进攻即墨、兰村，尽量将四十六军拖住在胶东地区不动，如果西撤的话，请给方便，让其安全西撤。李、刘二同志迅速将上述情况转告胶东军区，我方虽然采取了一些行动，但未能阻止四十六军西撤。1月29日四十六军开始沿胶济线西撤博山，2月3日全军到达博山地区。1月31日，李仙洲的前线指挥所由济南到博山，2月1日王耀武、李仙洲在博山召开高级军官会议。当晚韩练成将军将会议内容告诉了李、刘两同志，并让迅速向华东局报告。他说：鲁南正处于大决战的关头，双方都在大批调集兵力进行大会战，国方调集了23个军，31万多人的兵力，由陇海、津浦、胶济三面向沂蒙山区进攻。南线，以8个军23个旅的兵力自台儿庄、城头一线，兵分三路沿沂河、沭河向北，以临沂、蒙阴为进攻目标。北线，以徐州绥靖公署第二绥区副司令官为指挥，辖四十六军、七十三军、十二军由明水、周村、博山一线南下莱芜、新泰，摧毁解放军后方基地，四十六军由博山直攻新泰，七十三军、十二军进攻莱芜。李、刘两同志经过反复分析研究决定，由刘外出报告情况。2月3日刘从博山外出。2月4日四十六军开始从博山南下，8日占领莱芜、新泰两县城，途中韩将军多次谈到他要千方百计避开战争焦点，保住四十六军，因为四十六军是个很完好的军，只要保住这个军，将来无论如何都好说话。他反复要求我军不要给四十六军以大的打击，他令其部下如果发现民兵不要秘密进攻，用火力威胁一下，让他们跑了就行，以避免不必要的伤亡……2月4日到达莱芜之和庄时，四十六军之一个排被我军歼灭，韩表示很惋惜，并说刘同志莫非没联系上，怎么还这样打我呢？2月6日，四十六军进抵莱芜颜庄以北蛇沟村，韩练成发现七十三军在四十六军后边，韩决定在颜庄一带停住两天，说前边遇到共军主力阻击，炮击颜庄南山，这样可以给鲁中军区解放军两天准备时间。2月8日，四十六军进抵新泰县城，9日接到命令，部队调整部署，有些情况急于告知我方军首长。但刘自2月3日从博山外出至今未归，韩练成将军决定让李外出与我华东野战军首长联系。韩让李带出回报的情况有：（1）让陈毅司令员一心一意掌握鲁南会战，北线不必顾虑，如对北线有什么行动变化可请李带回告知。（2）国军最近行动有两种可能：第一种可能进攻蒙阴城，如让我四十六军去进攻蒙阴，贵军可集中兵力打七十三军；第二种可能四十六军、七十三军齐头并进进攻蒙阴，这样单打七十三军就有困难，我四十六军可向后拖，让七十三军在前边突击，便于贵军打它。（3）为便于及时联络，贵方可在四十六军附近二三十华里处设电台随时联系，双方规定了联络的暗号、方法。（4）如七十三军、十二军全部被歼灭后，请及时派一名高级干部到四十六军来商讨下一步的对策。（5）对韩有何要求，请李转告。

李2月10日早上从新泰城出发去蒙阴一带联系，途中遇到我华东野战军情报科长，李将韩将军之陈述意见告诉了情报科长，让其转报陈毅将军，两人商定如陈毅司令员有何指示，再设法派人告知李。这时我华东野战军各主力部队已决定并开始准备北上，决心先歼灭北线之敌，故此情报科长让李进一步摸清北线国军的兵力部署速报华东野战军总部。李当日返回新泰四十六军的，李速将上述情况告知韩练成将军，同时询问了北线国军之兵力部署。韩练成将军告知：（1）七十三军指挥所现在莱芜至颜庄，十二军之新三十六师现在吐丝口镇。（2）现已命令我四十六军进攻蒙阴城，是全军行动还是一个军行动暂时不详，如让全军行动，我一定拖延到18日到达蒙阴，如让我一个师进攻蒙阴，我先到常路（蒙阴以北30华里）看看情况再定。（3）要告诉我，对方是否决心保卫蒙阴城，军事机关及物资所在地在哪里，我好心中有数，避免误会和不必要的损失。我如果进攻蒙阴时，进攻前我先向空中打三炮，这是信号。对方如果要决心阻止我前进，可在山头、高地放一堆焰火，见此焰火我便停止前进或缓进。（4）建议对方在沿路可大造声势，如张贴大字标语、口号，欢迎各主力部队保卫蒙阴城等，形成一种各路主力都在蒙阴一带的强大声势，我可借此吓唬李仙洲，让其放弃进攻蒙阴的行动计划。（5）一定请陈毅将军相信我。

刘于2月3日从博山外出寻找我鲁中部队回报情况，辗转数日于2月14日才到蒙阴，见到陈毅司令员，刘将韩练成将军和四十六军的情况做了详细汇报，陈毅司令员作如下指示，让刘带回转告韩练成将军：（1）党中央和我陈毅对韩将军的诚意配合深表谢意，希望永远为我民主革命事业共同多做贡献。（2）党中央和我陈毅对韩将军无有丝毫怀疑，请完全放心，我华东野战军绝不打他四十六军，为了不暴露我们与韩将军的关系，不能告诉下边地方兵团，因而摸岗捉哨在所难免，请不要在意。（3）告诉韩将军我方有足够的力量保卫蒙阴城，如不保住蒙阴会直接影响南线的大会战。我们的军事机关、物资所在地都在新（泰）蒙（阴）山区，我主力部队全在常路以东地区，要韩将军的部队最远到常路，至于南北两线我方有足够的力量和条件取得胜利，请韩将军放心。（4）希望以后及时取得联系，以免造成误会和不必要的损失。

2月15日，刘回到了四十六军，将陈毅司令员的意见一一报告韩练成将军。韩很满意，说："很好，很好。我的建议李仙洲已经采纳，决定后撤，不再进攻蒙阴了，这样可以使蒙阴免去威胁，对方可以集中力量去打南线。我希望在北撤时还是不要打车破路，可集中兵力去打七十三军、十二军。"

2月16日，刘又根据韩将军之意见外出回报联络，四十六军也在这天从新泰北撤至颜庄地区，因国民党军参谋长陈诚不同意北撤，17

日，四十六军又复进抵到新泰。19日又从新泰撤回到颜庄。

第三阶段：莱芜战役打响至战役胜利结束之后（1947年2月20日至23日）

2月20日午后，博山以南地区传来隆隆炮声，下午4时许颜庄东北地区，我军已与四十六军接触发生激烈战斗。黄昏以后联络员刘同志返回四十六军，带回了陈毅司令员的指示，李、刘两同志先行商讨，晚10时左右向韩练成将军进行回报，其大体意思是：我华东野战军主力部队已于15日放弃临沂城，大部北上，准备在莱芜地区歼灭七十三军、十二军之一部分和北线指挥所，请韩将军好好配合，四十六军在颜庄一定要稳兵不动，不要向莱芜靠拢，不然的话四十六军就很难保住。

21日晨，李仙洲命令韩练成将军之四十六军火速向莱芜增援，韩将军左右为难，不向莱芜增援吧怕明显暴露，向莱芜增援吧，我方的决心和部署他已知道，要是与七十三军混在一起就难办了。为应付此种难局，他采取了迟走缓进的办法，下午4时才到达距莱芜还有15华里远的南冶一带，近一天的时间才前进了15华里，我军又跟踪追击，战斗非常激烈。此时，莱芜周围地区战斗也很激烈。李仙洲命韩练成之四十六军必须当晚进入莱芜城，韩无奈才决定服从命令当夜进城。因是夜间不便联络，先头部队与莱芜城内之七十三军发生误会展开激战。后经交涉说明，韩练成将军才得以进城，见到李仙洲。经李仙洲同意，四十六军先头部队又撤回莱城汶河以南鄂庄、吴家楼一带住下。我联络员李随韩将军同时进城，从李仙洲口中得知，此时莱芜城已被包围，东关、西关已被解放军攻入，莱芜以北吐丝口镇也被攻破,七十七师在和庄地区已被全歼。为此,李仙洲决定当夜向北突围,但韩练成将军坚决不同意,因他的军队还在汶河以南,解放军进攻激烈,夜间行军更为困难。李仙洲被迫同意等待四十六军撤入莱芜城后一起向北突围。

22日拂晓后,四十六军才开始从莱芜城汶河以南向城内撤退,战斗更加激烈,四十六军伤亡惨重,伤兵上千人,动了40多辆汽车还未运完,到黄昏才全部撤入莱芜城。七十三、四十六两个军猬集莱芜城内,莱芜方圆不足一平方华里,既拥挤又混乱,经过20、21、22日三天战斗,官兵疲惫不堪,人心惶惶,情绪发生了很大变化,极度混乱。

深夜,李仙洲召集七十三军军长韩浚、四十六军军长韩练成及李仙洲的情报处处长陶仲伟,我联络员李也随韩练成参加了会议。会议开得很乱,七嘴八舌,有的发牢骚,有的在埋怨,真是:"主官无主见,下官乱埋怨。"弄得指挥官李仙洲无所适从,最后李仙洲才决定:23日早6时兵分三路,四十六军在右,七十三军在左,指挥所及轻重车辆居中齐头向莱芜以北吐丝口镇方向突围,与吐丝口镇十二军之新三十六师会合后,再向明水或博山方向突围。

面对此种局势,韩练成将军思绪万千,心情极度混乱,极度矛盾,踌躇徘徊,举棋不定,他可怜他的四十六军,但为时已晚,确实已无法挽救,他后悔不该不听陈毅将军之言,但后悔晚矣。在李的积极引导和说服之下,最后他下定决心放弃指挥权,带领警卫排设法在大军突围前离开莱芜,投奔我华东野战军。

由于韩练成将军的积极配合,一是韩练成将军及时为我军提供了可靠的军事情报；二是韩练成将军在关键时刻临阵放弃了全军的指挥权，这给莱芜战役的胜利造成了极为有利的条件，使我军一举歼灭了七十三军、四十六军、十二军之新三十六师及前线指挥所，生俘国民党徐州绥靖公署第二绥靖区副司令官、前线指挥李仙洲、七十三军军长韩浚等一批将校军官。除十二军之新三十六师师长曹振铎逃跑外，其余全部被消灭或俘虏，共计5万多人。扭转了华东的战局，使我军由防御转入了反攻阶段。莱芜战役是华东地区解放战争历史的转折点。

韩练成将军对莱芜战役的胜利做出了重大贡献。当然被华东局派入国民党四十六军内部做联络工作的李某即杨斯德同志（原中国人民解放军总政治部联络部部长，现在中共中央对台工作办公室）；刘某即解魁同志（原空军青岛疗养院政委，现已离休），身在敌人营垒之中，克服了种种艰难险阻，做了大量艰苦卓绝的工作，立下了不朽的功勋。

2月23日晨6时前，国民党七十三军、四十六军及前线指挥所的全部官兵已集结在莱芜城北，准备开始突围。这时我联络员李某已将韩练成将军藏于莱芜城东关一家饭店后院内，李仙洲为寻找韩练成将军，不得不将原定早6点开始突围的时间拖至8时。国军突围刚刚脱离莱城，我华东野战军第七纵队某部即迅速占领了莱芜城。韩练成将军、李、刘及其韩将军的警卫排全被我军"俘虏"，经我李、刘两同志再三交涉说明才得以被押送见到了七纵队司令员成钧同志（杨斯德同志原来就与成司令员相识）。在成钧司令员的大力帮助之下，李、刘两同志带领韩将军及其警卫排辗转几日才找到了华东野战军总部，先是由华野政治部副主任唐亮接待，然后受到了陈毅司令员、舒同主任的热情款待，予以慰勉。韩练成将军虽有抱怨情绪，但经陈毅司令员再三解释说明后，韩将军才完全明白谅解。根据韩练成将军的意见，经请示党中央批准，又将韩练成将军"释放"，警卫排收留改编，韩练成将军又带我一得力干部张保祥（现在上海）经青岛辗转"逃回"南京。经向蒋介石巧妙报告后，蒋介石传令嘉奖了韩练成将军，并留在蒋的身边被委任为中将高级参军。后又为我军做了大量工作，1947年5月，他又为蒋介石帮了倒忙，帮助陈毅将军在山东沂蒙山区孟良崮一举歼灭了蒋介石的嫡系王牌军——七十四整编师，师长张灵甫被当场击毙。

直到1948年10月，因在莱芜战役中收留改编的警卫排中一人逃跑，我党中央怕韩练成将军被暴露有危险，才通知韩将军设法脱离。韩练成将军先是逃往香港后经东北到我解放区。1950年加入中国共产党，后历任中国人民解放军兰州军事管制委员会副主任，西北军区副参谋长，兰州部队第一副司令员及甘肃省副省长等职。他还曾是中华人民共和国国防委员，第五届全国政协常委。1984年2月27日在北京逝世，终年76岁。

在莱芜战役胜利后，韩练成将军曾赠陈毅将军七律诗一首：

> 下民之子好心肠，解把战场作道场。
>
> 前代史无今战例，后人谁写此篇章。
>
> 高谋一着潜渊府，决胜连年见远方。
>
> 我欲贺君君贺我，辉煌战果赖中央。

回忆韩练成军长在莱芜战役前后

杨世杰

　　韩练成原任国民党四十六军副军长。前任军长黎行恕，因在桂柳会战失败被撤职。韩练成是陆军大学和国防研究院毕业、军事委员会委员长侍从室高级参谋。蒋介石十分重视其才能，提升他任四十六军军长，来控制桂系部队。1945年7月在广西宾阳接任军长之后，将我由参谋处调到军长办公室任侍从机要参谋（我是黄埔军校十一期陆军步兵学校第五期毕业）。经常随他下连队视察。深入了解官兵的学习和训练情况。他作风正派、对事物的洞察力强。接任军长不久，就将政治部主任梅国瑞（军统骨干分子）撤职清洗出四十六军。

　　1945年7月，我到南宁看望前任军长黎行恕时，他慨叹说："八年抗战出生入死，想不到在抗战胜利的前夕，将我撤职，思想不通。"我临走时，他给我一份共产党海南岛冯白驹纵队的组织和兵力部署情报资料，托我转交韩军长，并说："四十六军可能进驻海南岛，这份情报有助于韩军长对海南岛的复杂情况加深了解。"韩军长可能从这份情报中与冯白驹部取得直接的联系。

一次，我与韩军长出巡。临上车前，来了一个中年妇女。韩军长介绍："她是邓凤石医师，上海人，曾在北平协和医院工作过。"我们一同去三亚和榆林港，视察新十九师后，韩军长因事，先坐飞机回海口军部，要我陪邓医师继续到沿海各地参观。乘火车赴北黎，先参观东方水电站，后看石录铁矿。当时开火车的是日本战俘。据称，战后因原煤运不来，改用枕木作燃料，要推迟一天。由于我感冒，因此我决定不去石录参观。邓医师来叫我同去，我仍不肯去，我不去，她亦不去。军部上尉军需小何说：你们都不去，我回部队去。中途被冯白驹部伏击，将小何俘去审问。说小何就是杨参谋，要他交出全军的情报。小何说：杨参谋未来，他们始终不相信，认为小何就是杨参谋。经过十多天的调查，才证实小何是小何，而不是杨参谋，才将他释放。但是我还未怀疑，这件事与邓凤石有关联。

1946年3月，我跟韩练成军长到南京参加整军会议之后，韩军长到北平去会见李宗仁，令我先回广州。会同军需处，到银行领款带回海口，清发全军官兵的工资，我乘空运机去海口，中途遇到暴风雨，转回广州。在白云机场外着地失事起火。我奋力抢出三麻袋两亿五千万元现款送回军需处，转存银行。当时军需处王处长表示，飞机已经全部烧了，款亦可报烧。我坚决不同意，认为我国七万余官兵，八年抗战，保国家、为人民，久经战场，现在抗战胜利了，官兵都需要用钱。绝不能以权谋私！韩军长自北平回广州，我将此情况向他汇报，他高兴地说："青年将校应具有的品质。"他要我和他同机回海口。我因飞机失事受震荡，精神不安，取道梧州、玉林，转雷州半岛渡海。路经湛江时，见到邓凤石。她在湛江开有"邓凤石医疗诊所"。她约我到其诊所详谈，告知我她和韩军长都认为，我是他们的助手，鼓励我好好干。并说她在湛江的处境困难，因她曾经到工会讲过一次话，国民党湛江市党部监视她的行动，我才了解她和韩练成军长的关系，并非纯属私生活，而是政治任务！当时我表示愿为革命而工作。

　　1946年3月下旬，何应钦飞海口视察，指示四十六军对伪军詹松年师的缴械事宜。一天清晨，韩军长要我同他出去有事，当时我见他穿尼龙避弹衣，精神有些紧张，刚出军部营门，我即叫停车，韩军长说干吗，我说："勃朗宁手枪不关火，换支左轮手枪。"此时从海口到机场，戒备森严。到达机场入口处，甘成城师长来汇报已准备完毕。机场钟楼上有"庆祝詹松年师改归四十六军"的大红标语。我随韩军长乘吉普车进入机场。举行阅兵式，转了一周，到校阅台，韩军长命令詹师长及团营连长，到校阅台前来，部队由副师长指挥，架枪就地坐下休息。师团长到机场大楼开会，营连长由参谋长负责到机场另一室开会。安排后，韩军长坐车先走，我与詹松年及两团长，另坐一车。此时詹松年迟疑不肯上车，在此关键时刻，我说詹师长没有啥。扶他上来到会议室，只有一张长方桌，四个凳子。詹松年坐上位。两团长分别坐两边，韩军长坐下靠门边，我站在韩军长之后，注视詹松年。此时，警卫车未跟上来，韩军长就宣布"蒋委员长命令"，未及说下文，詹松年马上站起来，拔出手枪。韩军长见势不妙，急走出门。我临危不惧，抢先一秒，把枪口对准詹松年说："不许动。"顺手夺取他手中枪，制伏了他！两团长因手枪放在衣内，惊慌失措，不敢抗拒。确保韩练成军长安全登上指挥塔，升起了红旗信号，埋伏部队，顷刻出现在伪军之前，不发一枪，完成了3000余伪军的缴械任务！后来在军部的检讨会上，认为韩军长过早行动，警卫未到齐之前，靠个人拼搏，十分危险！

一天夜间，韩军长从楼上走下来对我说，今晚11时，史丹先生来，注意引见。我早知史丹先生是共产党冯白驹部队的政委，因此更加重视他出入军部的安全和保密工作。他们秘密会见取得直接联系后，四十六军就不攻击冯白驹部队，战区司令官张发奎到海口视察，公开批评四十六军，师老无功！应该调防！

不久，四十六军调上海，我同韩练成军长先到上海，察看防区驻地。刚到上海时，来一个姓屈名伸的人。韩军长介绍他是新任的政治部主任，他两人谈得很热情。屈主任问韩军长，到上海见过哪些老朋友。韩军长说，会见过杨秀峰同志，部队到上海未登陆，转调胶东的平度、莱阳。此时，一八八师副营长罗西宏，起义到许世友军去了，全军为之震动，韩练成军长深知，四十六军是以李宗仁、白崇禧为依归的桂系部队，谁都拖不走。只有将他引到山穷水尽、无路可走之际，才可聚而歼之，如果罗西宏的起义影响扩大，上面必然注视四十六军的行动。深谋远虑的韩练成，当时向全军官兵保证，在一星期之内，必将罗西宏抓回归案。大家认为不可能，这是大话假话。果然，五天就将罗西宏从解放区边缘抓了回来。当即召开全军宣判大会，将罗西宏枪决。宣布后，韩军长从台上走下，拍拍罗西宏，亲切地称呼："罗西宏同志，你安心地去吧，你的老母和子女有我给你安排照顾。"并亲吻罗西宏的脸后，挥泪告别。在场的人认为好似诸葛亮当年斩马谡的历史重演。但其实质不一样，这是舍卒保车，这是为了确保以后的计划顺利进行，取得更大的胜利创造条件，我深知他挥泪斩罗西宏，有他难言之苦而心照不宣。

随后四十六军就调到沂蒙山区，在新泰、莱芜策应鲁南会战。在出发前，韩练成军长精心安排，将参谋长杨赞谟调新十九师代理师长。副参谋长郭鉴淮及参谋处各科长均留在青岛军部留守处，随他到第一线的只我一人，从博山出发走山路，天寒地冻，大雪纷飞，中途休息时，韩军长问我为何不骑马，我说，太冷不骑。他指着在他旁边一个穿便衣的胖人（看其人非一般工作人员）说，你不骑让给李先生骑。当天到蛇沟宿营，就不见李先生。到达新泰之后，出现在他周围的人都很陌生。

一天空军侦察机电话通知，解放军大部队，已越过新泰两侧的泰安、羊流店及坦埠向莱芜挺进。四十六军已在解放军口袋之中。我将此情报向他汇报，他说，我早已知道了，但不作指示将此情报通报各师，过了两天莱芜被解放军重重围困。指挥部下令向莱芜撤退。解放军跟踪追击，且战且却，到了安庄（离莱芜14公里），此时天色已晚，解放军紧追不舍，各师要求就地安营造饭，继续战斗。正当各师驻定之际，王耀武飞到安庄上空用无线电话反复呼叫，找韩练成军长讲话，限四十六军在黄昏前靠近莱芜城，韩练成深知，"将在外君命有所不受"的兵法原则，从时间、地点和当时的战斗情况看，王耀武是既不知己又不知彼，在瞎指挥，正巧韩练成有他自己的打算，把电话一丢，"靠近莱芜城就靠近莱芜城"。立即带一排人先走。令我通知各师立即撤靠莱芜城。各师见天色已黑，不肯撤走。我和军直属各营撤走不远天已黑不能走。韩军长一行摸黑赶到莱芜，城内并不开城门，并用机枪向城外扫射，不能靠近。此时，解放军穿插部队已跟在其后，前无去路，后有追兵，韩练成一行20多人，在城外一小桥下水中蹲到天明，第二天才随全军进驻莱芜东关。在此战斗了三天，才奉令突围，全军数万人集合于莱芜东关，此时解放军炮弹已落到集合队伍之中，情况十分紧急。这时已不见韩练成军长，各师长问我军长何在，快去找他来下令前进，我从东关跑回莱芜，在城外看见韩军长一人独坐在土坎上抽烟，我前去扶他走，快去下令部队前进，他说："小伙子，你快回去告知各师长下令前进，我跟后卫来。"我说："我在东关等军长，你快来呀！"等到后卫走完了，我问一七五师夏越团长，你见到韩军长了吗？他说没见，我最后才走。这是一个晴朗的天，四十六和七十三两军穿灰棉衣，解放军穿黄棉衣，一目了然，只见黄衣服部队从四面冲出截断四十六和七十三两军的去路，喊杀声、枪炮声、飞机轰炸声交织成一片，硝烟弥漫。国共两军二三十万人，在几十公里的战场之内厮杀，人山人海，混战在一起，到夕阳西下黄昏时刻，四十六和七十三军已溃不成军。

韩练成军长是在临阵脱离，放弃四十六军的指挥，莱芜战役后一周之内，他得知四十六军的师长、副师长、团长及参谋长都被俘的情况，唯独他一人安然无恙，仍以败兵之将的身份，回到青岛转到南京。我亦从败兵之中，回到南京富厚岗工1号见到韩夫人汪啸云女士。我问军长在吗，韩夫人说在楼上，她立刻上到楼上对韩军长说，杨参谋回来了。韩军长急忙走下楼来见我，互道战场别离，重见之不易，似有伤感！他说："在外面的事，必须保密。"我答知道，接着说，蒋总统要他汇报莱芜战役作战经过。此时他的声音低沉，形容憔悴，有难言之隐。我意识到他在莱芜临突围之际，脱离四十六军，放弃指挥，我曾经到莱芜城外找到他，他不肯前来下令部队突围，这亦为军令所不容。何况他又与解放军司令员直接取得联系，负有继续深入国民党军队再次策应的艰巨任务。他知道我对他是唯一知情的参谋。蒋介石令他汇报作战经过是承担极大风险的考验，若我稍有不慎，他将遭灭顶之灾，这是他的隐忧所在。我说：军长请放心吧！"身在曹营心在汉"，我将与军长共安危！我跟随你这些年，转战南北，你对我的思想动向，虽不甚理解，但从你撤换梅国瑞（军统骨干）会见史丹政委之后，你的革命思想和进步作风已为我所铭记。干革命不在花言巧语，而在于行动的表现。所谓"一个行动，胜过一打纲领"妙在不言中。从海南岛到山东"莱芜战役"，每到关键时刻，我临危不惧，保卫你的安全和保密工作，这都是为革命顺利的发展，又何患焉？他高兴地留我住下，令我回忆整理莱芜战役作战经过，理顺来往电文资料。查出当鲁南会战开始时，参谋总长陈诚电令四十六军由胶济路南下，深入沂蒙山区新泰、莱芜，夹击解放军，此时解放军采用"避实击虚，攻而必取"的战略，巧妙脱离了正面战场，转头打击南下的四十六和七十三军，向新泰莱芜两侧挺进，此时陈诚错估敌情，认为解放军是败溃，其先头部队已渡黄河，亦不查其虚实，直到莱芜被解放军围困告急，陈诚又坐视不救，才导致四十六军和七十三军的覆灭。蒋介石亲临听取汇报，认为汇报尚属实际，不追究韩练成的失败责任，重新装备补充四十六军，瞒过蒋介石，胜利渡过了难关。

根据一九二师师长段希文（此人现在泰国北部清莱府，国民党残部第五军军长）后来对我讲，他们这一批军、师长级在军官团学习时，听说，韩练成在未作汇报前，他们准备轰韩练成下台，请蒋介石追究他的失败责任，不料他机智能言善辩，三句开场白："莱芜败兵之将，全军覆灭，四十六军军长韩练成报告。"认为他能承认错误不轰他，静听他的全部发言，认为他言之有理，失败的责任不在他，而在陈诚。韩练成之如此镇定自若，自他接任军长之日起，就预料将来可能对他的革命工作不利的人，早已清洗除去和调离他身边，他深知我跟他几年，是经过考验的。凡是他的指示，我都为他彻底保密，而且确保他的安全。因此他的策划鲜为人知，作为莱芜败兵之将的韩练成，全军覆灭了，蒋介石仍然对他坚信无疑，而且重新令他担任新的领导工作。这样的事，就是孙子复生，亦难以识别，确有胆识。在中国，在世界的战史上却无先例。其用心精细，手段巧妙。在中共中央的战略决策指导下，他深入国民党高级将领之内策应，并与解放军指挥员取得密切的配合。达到各将"所以动而胜人，聚而歼之"的目的。在莱芜战役中，立了大功，为中国人民解放事业做出重大的贡献，并非偶然！

韩练成后来跟蒋介石任参军，转调甘肃省保安司令，辖四个保安团，他意欲再施莱芜之计，因事机不密被泄追究，他潜至上海，取道香港，转到石家庄西柏坡，与中共中央领导同志在一起。上述情况，是在1949年解放军南下渡长江前，声称不打桂系的策略时，将在莱芜战役中被俘的四十六军师长海竞强、甘成城，副师长陈亘，参谋长杨赞谟、周竞5人，从佳木斯送到北平，转桂林时，他们一行，在北京饭店碰见韩练成和他的夫人汪啸云女士时，讲这番话的。

韩练成军长已在1984年逝世，中共中央领导同志在致悼词中，高度赞扬韩练成将军在莱芜战役中立了大功，中华人民共和国成立后，他在中共中央的领导下历任要职有功于国家和人民，他为中国人民解放事业鞠躬尽瘁，我深切地怀念他！我今天回忆写这一段历史经过来纪念他。

韩练成1947年6月离开四十六军，随蒋介石任国府参军，我调一七五师任中校参谋主任，到陆军总部军官团学习一个月，蒋介石多次来讲话，亦提到莱芜战役失败的问题。在学习讨论中，有的人知道我是跟韩练成参加莱芜战役的知情参谋，要我谈谈情况。我知道谈话稍有不慎，将危及韩练成军长的人身安全，我说韩练成是陆军大学毕业，是国防研究员，是侍从室高级参谋，蒋总统信得过的人，才调任四十六军军长的，胜败是兵家的常事，不能以胜败论谁可靠，谁不可靠的问题。大家都知道，刘峙总司令，他不论在抗日战争和解放战争中，都吃败仗，蒋介石始终认为他可靠，这是智慧问题，亦是战略思想的应用。

1949年南宁解放前，我在南宁警卫区任上校参谋长。南宁解放后，我主动向广西军区投诚交出随身左轮手枪一支、日本战刀一把，海南岛十万分之一地图一份。经过广西军区的调查核实，作为投诚人员，到南宁专业旧职人员训练班学习8个月后（驻广西宾阳，负责人汪洋），回邕宁县下楞乡原住地落户，从事砖瓦业生产劳动。

忆韩练成将军

康矛召[*]

1947年1月底，国民党制定了"鲁南会战"方案，调集了强大兵力逼我在临沂地区决战，我军在南线阻击敌军时，李仙洲率三个军由胶济线南下，于2月4日乘虚占领莱芜、新泰，对我形成南北夹击。陈毅同志根据中央指示，一面佯攻兖州并在运河上架桥，装作准备西渡黄河的模样，一面秘密以主力分三路兼程北上，以求围歼李仙洲集团。王耀武从空中发觉我军北移后，急令李仙洲缩回到莱芜地区，但蒋介石得悉我军在运河架桥有渡河西移之势，又严令李仙洲重占新泰，堵截我军西移，这时北上我军的主力已对李仙洲集团形成了包

＊ 作者当时任华东野战军政治部新华社前线分社社长。

围。李仙洲集团于2月20日再次向莱芜收缩时，我军即发起了进攻，并于21日晨歼敌一个师，迫近莱芜，包围口镇。23日晨李仙洲集团向北突围，在运动中遭到我东、西两个突击兵团共六个纵队的夹击，我军多路揳入敌军纵深，将敌军横切为几段，施行分割包围，逐段吞噬。我军穿插突进，犹如龙腾虎跃；敌军乱作几团，互不相顾，被我歼灭殆尽。李仙洲率残部向口镇突围时，被我预置部队堵截，他腿上负伤，换穿士兵服装，混在乱军中被我俘虏。

我把这个消息通知了炮兵司令陈锐霆同志，建议他亲自探视李仙洲。陈锐霆同志曾是李仙洲部下的团长，因反对国民党进行反共内战而脱离了李仙洲。但随后就遭到暗杀，身负重伤。李仙洲没有想到在这里见到这位已成为冤家的"老部下"，但陈锐霆同志对他的"老上司"仍执礼甚恭，按照往日的称呼，问候了"军座"的健康，关怀他的伤势并交代医生要妥为治疗。李仙洲面对昔日叛逆的部下，今日获胜的对手，感惧交集，一言难尽。陈锐霆同志和蔼有礼的态度，庄重而又亲切的话语，使李仙洲感到安慰，原来矜持的神态也随而松弛。李仙洲失血后更加畏寒，轻声地问陈锐霆同志："能不能添点衣服？"战场上枪声未息，天寒地冻，哪里有现成的寒衣？陈锐霆同志不假思索，立即脱下自己的毛衣，双手递给"军座"。李仙洲接过衣服的时候，眼角里有点湿润，他确实受到了一些感动。李仙洲得到了特别的护理和生活照顾，被送往后方休息。

1973年，李仙洲获特赦后，从济南老家到莱芜重游，中共莱芜县委书记周兴礼同志，陪同李仙洲参观后泛舟雪野水库，谈到莱芜战役的往事时，李仙洲说他对四十六军军长韩练成只身突围一事曾长期存疑："我率六万大军杀不出一条路，韩军长如何只身突出重围呢？"李仙洲说，周总理给他解开了这个谜。李仙洲获得特赦后受到周总理接见，李仙洲是黄埔军校第一期学生，对周总理执弟子礼，临别时总理问他有什么要求，李仙洲就提出了他存疑20多年的上述问题。他得到了一个含笑的答复："韩练成同志就在北京，你们可以相见。"李仙洲虽然没有去见韩练成，不过他20多年的存疑已经得到了解答。

1947年，我在莱芜战场上会见过韩练成同志，39年已经过去，当年的秘密应该载入公开的史册了。

在莱芜战役已经打响，激战正展开的时候，华东野战军前线指挥所接到前方电话报告：国民党第四十六军军长韩练成率少数随员进入我军阵地，要求会见陈毅将军，野战军政治部主任唐亮同志召我到指挥所面聆机宜。陈毅同志和唐亮同志商量后，决定由我用野战军政治部秘书长的名义，先行会见韩练成将军，以了解他的来意，并征询他对今后行动有何考虑。陈老总还对我作了简要的介绍和交代。

我通知联络人员引导韩军长一行，前来新华社前线分社的驻地，我在村前迎候。

一位中年军官骑着一匹毛色乌黑闪亮的川马，后面跟随着一小队随从，正向村庄走来。他看见村前有人迎接便欠身下马，脱下皮手套向我伸出右手。我趋前同他握手，连称"欢迎！欢迎"，这位军官的年岁、仪表和举止，都可以表示他的身份，几乎可以不需介绍了。我正待自我介绍时，一位头戴美式大檐军帽、身着美式军服的年轻军官赶上来向我介绍："这位是韩练成将军。"我自报了姓名和临时的身份，并招呼客人进村。我们进村后，韩军长让他的联络军官随着自己进到我住的房子里，其他的随从人员另外安置了休息的地方。我仔细打量了一下韩军长的联络官，彼此都会心地说："我们在滨海军区见过。"韩军长也笑着问道："你们是老战友吧！"

我向韩军长转达了陈毅将军对他的问候和热烈欢迎："由于战斗进展迅速，陈司令员暂时还离不开指挥所，未能立即向你亲致问候，一俟战场情况进一步明朗，陈毅将军将来亲自看望。"

韩练成将军感谢陈毅将军的盛情，并说："充分理解此刻戎机奥妙，兵家不可以稍纵，但预料战斗不会延续太久，李仙洲兵团败局已定。"韩军长表示他今后如何为人民效力，当完全听从陈毅将军的决定："但如果也考虑要我再回国民党区，则必须掌握好时机，鉴于战斗可能较快结束，不知道这边的交通条件能否做出及时的安排？"

我表示将立即把韩军长的设想和分析报告陈毅司令员，如果按韩军长考虑到的那样去做，我们在交通和技术条件上没有不可克服的困难。

陈毅同志和唐亮同志对韩军长的考虑也所见略同。他们立即把有关情况通知了华东军区政治部主任舒同同志，请他迅速掌握胶济线敌军的动向，选择合理的地点与时间并准备必需的车辆，韩军长将先乘吉普车到军区驻地，然后再根据战役发展的实际情况，前往他选择的地点。

陈司令员和唐主任在黄昏前赶来看望韩练成将军。在热烈地握手后，陈毅同志对韩练成将军采取的果断行动表示热烈的欢迎和赞许，并介绍了战役最新的发展，李仙洲所部在莱芜向口镇突围的途中被我从两侧夹击，截为几段，现已大部被歼，残部逃入口镇后仍未脱离包围，战斗仍在进行，但大局已定，即可最后解决。陈毅同志对韩练成将军设想的今后行动，极表钦敬和欣赏，但恐怕安全没有保证，请韩军长慎重考虑。

韩练成将军立即表示："只要能为人民有所贡献，个人安危非所计也。"

前线分社的炊事员端上来简单的饭菜。在紧张战斗的时刻，热饭热菜就是上品了。几位将军又都有些饥感，吃得颇为高兴。陈毅同志问韩军长："听你是西北口音，怎么能在桂系服务的？"

韩军长答称是甘肃人氏，能在桂系带兵不是几句话说得清的。抗战胜利后他曾受命率军到西贡接受在印度支那的日军投降，以后又到海南岛，从海南岛调来山东。在这次战役中，他决心让四十六军失却指挥而陷入混乱，以加速李仙洲集团的崩溃。

陈毅同志赞许韩将军的行动和贡献，并表示战地不可久留，后会有期。命我协助韩军长料理有关事宜。陈毅和唐亮同志告辞后，我告诉韩军长已备好吉普车，立即前往华东军区政治部主任舒同将军处，他已准备好一切必需的交通工具和多种备选的方案，供韩将军视机裁决。

韩将军说他见到舒主任后这些都好决定，只是随同他一块儿来的一个警卫排，都是广西普通士兵，他们都是好人，务请妥加爱护，以利安全；至于随来的情报科长，则是军统派来专门监视本人的，此人是一大患。我当即表示为了你的安全和革命利益，我知道如何处置，统请将军放心。

临别时，韩练成将军以皮手套相赠。我目送韩练成将军偕同他的联络官在吉普车上疾驶而去。这位联络官便是以后担任人民解放军总政治部联络部部长的杨斯德同志。

我把韩练成将军临别的嘱托转报了唐主任,对30名警卫排的战士送往两广纵队曾生、雷惊天同志处,请他们妥善安置在部队里,多加教育。

1948年10月,韩练成同志几经辗转,进入了解放区,并参加了西北战场的一些重大军务。新中国成立后,他曾担任过兰州部队第一副司令员、甘肃省副省长等职。

韩练成同志在抗战时期就在重庆与周恩来同志相识,解放战争期间,四十六军奉调入鲁参加内战,韩练成同志心忧如焚,他在南京见到周恩来同志,表示有话相告。周恩来同志则表示以隔墙有耳,不便接谈,请他到上海去找董必武同志。韩练成率部进入山东后驻在胶济线的潍坊一带,同山东军区的领导同志取得了联系。

莱芜战役胜利结束后,我编发了一则全歼李仙洲集团三个军、七个整师共六万人的战报,并公布了李仙洲、韩浚等被俘高级将领的一长列名单。这是解放战争到当时为止的一次空前伟大胜利。与这一战报相辅相成的是中央社发表的新闻:四十六军军长韩练成从莱芜突出重围,由青岛飞抵南京,受到嘉奖。蒋介石虽然有些"存疑"的问题,但国民党军大量成建制的遭受歼灭,幸而能突围逃回的高级将领几如凤毛麟角。前线国民党军将领的家属则争相收听邯郸广播电台的国民党军家书,而韩练成的"突围"即可表示李仙洲集团覆没非"全",也可以使前线国民党军将领有所效法。蒋介石任命了韩练成为总统府参军长,当然这只是一个有名无实的空衔。而这些消息却使陈毅同志和其他少数知情的同志大为宽怀。

1981年，我到山东莱芜旧地重游，莱芜已非当年的景象，而正在发展为一个新兴的重工业城市。我前往瞻仰了莱芜战役烈士纪念碑，我军阵亡的官兵有一千零几十人，陈列馆里有介绍战役情况的图表和照片，李仙洲身穿士兵的棉衣，是一长排被俘将领半身像的第一张，我还看见了用笔名"毛召"在《大众日报》发表的"论莱芜之战"的影印片段，我陷入了沉思……

对某些人物的事迹，是只能言不尽意的，有的还得讳莫如深；什么时候才能把这些感人的事迹提供给史家去评论呢？一切加速敌人的覆灭做出贡献的同志，都应当受到人民的尊敬和感谢。但是，1981年底我写的手稿中有关韩练成同志的段落，还是保留手边，直到韩练成同志病逝后，党公布了他的身份。我才又想到发表这一段事迹。

我同韩练成同志只见过一面，但他那爽朗的笑声、坚毅的性格、智慧的眼神和为革命事业不计个人安危的风格，却深深地印在我的脑中。我们本来是可以重逢叙旧的，但失去了这个机会，我只好重整旧稿，记载这一段被珍藏过几十年的旧事，聊表我对韩练成同志的缅怀之情。这一篇文章也算是我对莱芜战役报道的"拾遗"篇吧！

能文善诗韩将军

庞　齐

　　诸葛亮曾说过凡事"难可逆料"，衡之我去年在京和韩练成同志最后一面的情况，信然。1983年12月中旬到1984年2月下旬，我应军事学院首长之约赴京临时帮助工作。在这期间，曾看望过不少党内外的高龄朋友和上级。而练成不过76岁，我和老伴儿第一次到301医院探视，他精神还很好，说住院只是检查身体，并防严冬时喘病复发。2月间我在京的工作结束了，24日又偕老伴儿去看他。他因肺部感染，喘病复发，正在抢救。他虽然口罩氧气，但神志清楚，见到我们，伸出双手，深情地紧握我二人之手，点头示意。据说，血压、心脏均属正常。我素知练成每届冬季，常因气喘，家中均备有氧气。且301医院条件优越，所以我思想上并未介意。离开医院后，我同老伴儿讲过，这可能是同练成的最后一次见面，不过我的意思是，大家都到了垂暮之年，又天各一方，也许难得相会了。岂知我们离京后的第二天他溘然长逝，使我"一语成谶"！

我和练成已有半个多世纪的友谊了。回忆大革命时我们同在冯玉祥将军麾下——我在总司令部，他在一个军里——由西安出潼关参加北伐。1929年，我被派到他所在的军工作，由于彼此性情接近，又都喜欢诗文，便建立了诚挚的友谊，尽管经过多少政治变迁，地位更迭，可我们的友谊却始终如一。

特别是新中国成立后的50年代，我仅是因起义将领的关系在西南军区任高参，后调南京军事学院任教。练成已是大军区的副司令员和总参、军事科学院的部长。他三次因公去南京，每次都到我家看望。他勉励我坚持当年在冯（玉祥）先生身边工作的精神——认真负责，诚实奉公；说只要思想改造好，有较高的军事学术水平，同样可以为人民军队服务，也一定可以得到共产党的信任。30多年来，我一直从事军事教育和军事研究工作，受到了党的充分信任。现在我已是解放军离休干部。回想起来，我的进步是同练成的指点分不开的。

我从陆军大学毕业入研究院深造时，练成任四十六军军长，驻军海南岛，我们经常通信，他一再叮咛我，在学术上钻研，万不可出去做官，说我不是官场中人；说我"对朋友诚实，特别富有情感，这一点，是长处也是短处"。还说他当军长，有不得已而为之的"苦衷"。这种似"哑谜"一样的话，当时我略解一二。平时我对他观察问题之远、分析问题之深，一直十分钦佩，对他的话也能心领神会。

练成逝世后，党对他的评价很高（见1984年3月8日《人民日报》），称他为"著名的爱国将领"，赞扬他在北伐战争中，"作战勇敢、屡建战功"；"抗日战争时期，他赞成中国共产党团结起来、一致抗日的正确主张"；日本投降后，他反对内战，虽被迫率部进军山东却"设法避免同我军作战，积极配合解放战争，特别在莱芜战役中，为中国人民的解放事业做出了重要贡献"。早在抗日战争时期，他"就先后同周恩来、王若飞、董必武、李克农等同志取得了联系"，1948年10月，"毅然脱离国民党军队，投奔解放区，1950年加入中国共产党"。这些情况已为全国各界所了解。

人们大都知道练成是一位多谋善战的将军，但对他能文善诗，了解者可能很少。所以，这里我想介绍他的几首诗。我们年岁相当（他仅长我二岁），童年都读过古典诗词。青少年时，也喜欢彼此酬和，那时对此道还很幼稚，写出的不是吟风弄雨，就是疾时忿世之作。后来，练成曾和我谈过，不要再搞这些"雕虫小技"，军人么，就应当专心致志地研究本行的业务——军事学术。从此，我就再未见到他的作品了。

60年代初，闻练成回西北休息并任甘肃省副省长。"十年动乱"中，我被下放到陕南山区落户，彼此音信全无。粉碎"四人帮"后，我小孩在西安上学，才与练成取得联系。原来他也于60年代末由银川迁来临潼。真没想到，在垂暮之年，我们又都回到了当年参加大革命的起点。高兴之余，我曾寄诗一首，表达友情。练成很快答诗一首：

答齐弟

隔山如隔世，秦山何巍巍。

山南山北人，相思梦见稀。

　　　　交结重久要，如醴久依依。

　　　　多故新间旧，悟此知而微。

　　诗虽不长，但情景交织，道出了我们之间的友谊是"久要"不忘的。同时，又含蓄地用"醴"来表达"君子之交淡如水"般的长久依依。这是十分感人的。

　　1979年初春，我从陕南到临潼住26医院检查身体，终于和阔别近20年的练成又见面了。这时大家心情舒畅，旧事重提，他又出示了一些作品。我也不必用"炉火纯青"之类的溢美之词来恭维老友的作品，但意境、风格是颇高的。

　　前文提到，在莱芜战役中，练成同志是有"重要贡献"的，他曾有《莱芜战役后赠陈毅同志》七律一首：

　　　　下民之子好心肠，解把战场作道场。

　　　　前代史无今战例，后人谁写此篇章。

　　　　高谋一着潜渊府，决胜连年见远方。

　　　　我欲贺君君贺我，辉煌战果赖中央。

　　陈总指挥莱芜战役，这是大家熟知的，而练成作为国民党军队的高级将领，率部偕同我华东野战军指挥歼灭国民党军队的战役确实是"前代史无今战例"。"高谋一着潜渊府"一句，可以先后两个阶段来理解：抗战后期（时练成已接受周恩来的领导），他从国防研究院毕业，担任何应钦办公室高参，负责与蒋介石侍从室的联络工作。后一阶段，在莱芜战役之后，他只身"潜逃"回了南京，又在蒋介石身边任中将参军。这真是"高谋一着"。没有练成那样高深的谋略和应变的才智，如何能潜入敌人的指挥中枢——渊府——而不被察觉呢？练成同志利用蒋和桂系（四十六军是桂系的基本部队）的内在矛盾，巧妙地周旋于蒋桂（系）之间，较长期地为党工作。这段历史对他来说，是非常珍贵的。

由于练成远在抗日战争时期即接受周恩来的领导，在党的政策感召下，他对周恩来备极敬佩并产生了极为深厚的情感。在周总理逝世后，他写了不少诗词寄托他的哀思。当时"四人帮"横行，这些作品岂敢公开。我这里举七律二首，以见一斑。

周恩来总理挽诗

（一）

大星陨落天欲摧，四海悲歌动地哀。

身系安危繁毁誉，功高天下惹嫌猜。

兴时英物寻常有，如是完人难得来。

不会此时撒手去，神州尚有未消灾。

（二）

当年结识风尘际，正是民忧水火深。

指点迷途归大道，相携同党见知音。

而今直失先生面，终古难忘后死心。

风雨鸡鸣增百感，潸潸泪下满衣襟。

"神秘将军" 韩练成

于潜之

　　韩练成为黄埔军校第2期学生。在东征陈炯明叛军战役中，曾做过周恩来的警卫。当时，周恩来任黄埔军校政治部主任及东征军总指挥部政治部主任。所以，韩练成既是蒋介石的学生也是周恩来的学生。蒋介石对韩很是看重，因为他在东征中表现得很有才能见识。毕业后韩在第一军担任下级军官，后来改调第七军李宗仁部工作，因此成为桂系的重要军人。韩在桂系中由下级军官升到中级军官，后来由桂系保送考入陆军大学第10期正科（迁南京后陆大的第一个期别正科），在校发愤学习，毕业成绩优异，为陆大第10期优秀毕业生之一（陆大第10期优秀毕业生有戴高翔、郭汝瑰、吕文贞及韩等，前三人都留校当了研究生），韩则仍旧分配到桂系军队。据与韩关系密切的一位黄埔同学说，韩之进入桂系，是奉了蒋介石校长的当面密令，以为蒋在桂系的埋伏人物。韩在南京进陆大时，也曾多次为蒋所召见。对笔者说这个话的这位同学，后来曾担任过蒋介石身边重要职务，且和韩练成同时担任过蒋的总统府参军。

陆大毕业后，韩练成到广西桂林担任过白崇禧的高级参谋，后来又担任桂军韦云淞军的参谋长。1938年底参加了广州战役。因为韩的军事才能，该军在受到日本侵略军精锐部队攻击时，能抗击之，并相机迅速脱离战场，以至于并未受到多大损失。由广州外围到梧州，并且沿途收容了不少溃散部队的官兵。韩因此受到桂林五路军总部的嘉奖以及国民政府军委会的传令嘉奖。韩练成本人升任了韦云淞军的副军长及代军长。1940年底，被蒋介石指定进入重庆浮图关国防研究院任研究委员。国民党国防研究院为战时最高军事研究院，相当于英国国防大学之类集军人文人而研究全面战略的机构。其中设有研究委员及研究员二级。前者都是军学上、军事上有名气的将级军官，或大学教授、陆大教官、各军事院校负责教务长之类，如吴光杰、沙学浚等人。而韩练成并未有如此条件，依然被蒋指定为研究委员，由此可见蒋对韩重视之一斑了。

国防研究院修毕之后，韩练成一度担任桂系五路军副参谋长（参谋长是桂系台柱子夏威），以后即在桂系中担任军长。在日本侵略军打通湘桂线的战役中，韩率军在外翼担任阻击敌军的作战任务，曾在宜山地区铁路线南痛击日军，以致敌人主力不克进抵六寨桂黔边境，因为受到侧击的牵制。这次战役，桂系军队能保全建制，而且能发挥威胁敌人翼侧作用的，大概只有韩练成所率的这一个军，第四十六军。日本侵略军因此不得不撤退，韩军则尾追敌人，收复了广州湾及雷州半岛。

1946年底，白崇禧的外甥海竞强任第四十六军军长，该部被调到山东进攻解放区，但却遭到陈粟指挥的三野部队痛击围歼，损失过大半。白崇禧为挽回其本人面子保存桂系实力，又敦请韩练成再任第四十六军军长。这时，蒋介石改采美国体制，成立了国防部，白崇禧任部长，陈诚任参谋总长。大权集于陈诚之身，白只挂个空名。陈诚把海竞强军调到沂蒙莱芜地区，就是为了整白崇禧。第四十六军为桂系王牌劲旅，蒋介石此时有求于白，不好公开偏袒陈诚，又将该军整补，任命韩练成为军长。韩是蒋安在桂系中的内线，他又在此关键时刻重任第四十六军军长，蒋桂双方，都很满意放心。蒋介石为此在韩上任前专门召见了韩，这时，韩任蒋介石的中将参军。

韩练成率军去到山东，据当时华野秘书长，后来南京军管会秘书长陈同生1949年对笔者谈，韩军在莱芜地区的情况大致如下：陈秘书长与韩练成在1938年底经范长江介绍认识，那时韩在桂系任军参谋长，而范长江与韩早在五战区即已认识，两人私交颇为不错。韩的文化程度本来不高，但由于勤奋好学，不但中文能说能写，而且对国际形势作过研究；在陆大学过德文，后来又从桂系德国顾问哈塞少校补习过德文，堪称国民党高级将领中"满腹经纶"的人物。

韩练成军长到达莱芜地区之当夜，即受到华野部队袭击，韩军长及其卫队连全部被俘。陈毅及陈同生当即与韩晤谈，提出：将韩本人及其卫队连全部释放，以欺骗蒋介石，尔后则由韩向陈毅提供国民党军最高战略意向信息。韩略加考虑，立即应允。陈同生说，我们两个共产党很干脆，韩军长也很干脆！

华野部队从此以后即避开韩军正面，由韩率四十六军在胶东兜了一个圈子，然后又返回徐州。韩练成本人并写了《鲁中敌后穿行记》的小册子。蒋介石为此大喜，特别向国民党军各部队宣传这次对共作战的经验，并精印了大批韩的小册子散发全军。韩本人则仍回任总统府中将参军。笔者于1947年春夏之交在国民党军军官团受训之际，蒋亲临训话，还提到韩练成之事，笔者也由团发给了韩的小册子一本。

韩在他的小册子中诡称，他率军以一个什么棱形战斗队形前进（战斗队形是英美及苏军术语，国民党军没有这个概念，他们只知道什么军队区分），华野部队不得硬拼，因此所向如入无人之境云云！黄维大概很是受了这个战斗队形的影响，所以，他在淮海战役中把他的兵团部摆成了一个密集队形，正好给刘陈粟的军队从三个外线方向上加以包围！

后来，国民党军累败，军统中有人怀疑这次穿行的真假，于是，由毛人凤请准蒋介石将韩四十六军卫队连全部逮捕，加以刑讯，其中有个别人受刑不过，道破了秘密。而同时韩练成也得到华野通知，因为在军统也还有共产党的工作人员。于是，韩自请回甘肃担任保安旅旅长，名为巩固西北缺线，而实是另有图谋。

韩在洮河流域受到马家回军的阻挠拆台，很不顺利。于是携家南京，住傅厚岗李宗仁公馆，多次晋见蒋介石，蒋都令他返回原防。韩也采取拖拉手段，滞宁不归。1948年蒋离宁前，军统请准允逮捕韩练成。此时华野八兵团已进抵滁州，八兵团陈士榘司令员派小汽车将韩家由傅厚岗李公馆接走去了解放区，比军统抓他的人马早了12小时，军统扑了一个空。韩练成逍遥地走了。

附录

国民党第二绥靖区司令官王耀武

莱芜战斗详报

第一，战斗前敌我态势

一、共军：陈毅部自苏北挫败，妄图会合刘伯承部，由豫东向徐州发起之钳形攻势，亦被我粉碎后，乃纠集新四军全部及山东各解放区与军区部队，麇集于郯城、临沂及其以北沂蒙山区，企图确保老巢，相机反攻，同时，胶济沿线共军亦大肆袭扰、破坏，以策应其主力作战。

二、我军：本区即奉命抽掉十二军、七十三军及整编四十六师由莱芜、新泰进出，直捣临沂侧背，策应鲁南之作战。

第二，战地形势交通、天候季节与居民状况对战斗之影响

一、地形与交通

鲁中地区皆为绵亘之山地，尤以博山新泰以东迄蒙阴一带，山峦重叠，地势险要，多羊肠小径，殊阻碍大军之运动，而明水经大寨、吐丝口至莱芜及博山，经莱芜至新泰公路，悉遭共军破坏，且沿途到处埋设地雷、设伏截击，运输联络至为困难。

二、天候季节

1. 时值严冬，气温常在零下10摄氏度左右，春节前后连日大雪，深积尺许，旬日未融，我官兵冒寒作战，手胼足胝，部队行动颇受影响。

2. 月令，1月上弦至2月上弦。

3. 日出，6时40分，日没，6时20分。

4. 风向，多东北风。

三、居民状况：山地民性朴拙刚强，崇礼守旧，但因共军盘踞时间甚久，毒化甚深，我军所至早已坚壁清野，逃避一空。

第三，敌我全期参加作战部队兵力番号及团长以上主官姓名（略）

第四，各时期战斗经过概要

一、第一期会攻临沂之战斗经过

（一）作战计划之策定：元月8日奉国防部子虞（1月7日）防创才电，指定以两个军进出新泰，复奉令七十三军主力亦须加入策应鲁南会战，当以文祖镇至蒙阴一带地区，山峦重叠形成狭长隘路，不适于大兵团作战，经策定作战指导腹案三案，力主向诸城、莒县进出。

第一案——以五十四军全部及整四十六师主力向诸城、莒县进出，威胁临沂侧背，以十二军向莱芜挺进，达成牵制目的。

第二案——以五十四军及整四十六师向诸城、莒县进出，第八军集结潍县策应作战。

第三案——系遵照国防部指示向新泰进出。

以上三案经以子铁参昌电一再向国防部建议未蒙采纳，因国防部系着眼整个战略之有利态势，不能因本绥区局部之不利而有所变更，遂决心遵照层峰指示仍向莱芜新泰进出。

（二）第一次攻略吐丝口莱芜之战斗：1月10日奉子佳（1月9日）防创才代电饬"以有力一个军先进占吐丝口、莱芜，尔后于徐州方面国军进攻临沂时再候令向新泰进出"，当即抽调担任济南守备之十二军迅速开明水、白泉镇间地区结集，13日集结完毕，15日晨开始向文祖镇以南地区挺进，因共军在沿途到处埋设地雷，行动颇受妨碍。17日午攻抵吕公泉附近，遭遇共军警一旅及新二、新三、新六等团及莱芜子弟兵团之阻击，激战3小时，奋勇南退，酉刻先头师已攻占吐丝口。是晚，共军增援反扑，彻夜不停，战至翌晨共军不支南窜，我军续向莱芜推进，共军凭既设工事节节抵抗，均被我击溃，于未刻攻占莱芜城。

该军攻占莱芜后，当饬一面向外扫荡，一面构筑莱（芜）吐（丝口）两地工事，此后，共军虽利用雪夜屡次向我袭击均未得逞。嗣因鲁南我军主力尚未开始行动，而共军解四、解九等师又已回窜莱芜附近。层峰为顾虑该军过于突出乃即令转移至和庄、吐丝口间地区，待机再向莱芜进出。

（三）第二次攻略莱芜及新泰之战斗：会攻临沂之作战准备完成后复奉主席蒋手启（36）子感（1月27日）防创才代电，饬本区应以第十二军、整四十六师全部及七十三军主力迅速攻占莱芜，待命向新泰进出，并相机占领蒙阴，策应鲁南方面之作战，当律定各部行动如此：

1. 第十二军应于2月1日由原地向莱芜攻击，务于4日攻占该城，尔后以主力控制莱芜附近，策应第一线兵团作战，并以一个师协力抢修后方交通线。

2. 整四十六师应于2月2日进至和庄附近，策应十二军作战，俟十二军攻占莱芜后，即经苗山集、徐家店向颜庄挺进，限2月8日攻占新泰。

3. 七十三军（欠七十七师）应于2月4日在博山集结完毕，随整四十六师后跟进。

4. 李副司令官率前进指挥所人员进驻博山，依战况向前推进。

各军奉命后之行动：

甲、第十二军之行动：

该军于2月2日攻抵孝义集，一部进至莱芜附近，忽奉主席蒋丑东府机电停止前进，乃转饬该军在原地待命。3日复奉命按原计划实施，于4日午刻攻抵莱芜附近，共军凭城顽抗，我军在空炮火力掩护下奋勇先登，战至申刻，再将该城占领。

嗣因莱芜、新泰一带共军坚壁清野，道路破坏无遗，居民逃避一空，大军给养运补甚感困难，乃饬该军以主力继续扫荡莱芜附近共军，以一个师协助九十六军暂十二师抢修明水至莱芜间公路，并担任维护。

乙、整四十六师之行动：

2月2日该师由博山进至和庄（博山南）附近，4日续向苗山集以南挺进，5日午刻攻抵颜庄（莱芜东南约15公里）附近，与共军警一旅、新二、新三团、莱芜子弟兵团等遭遇，激战至6日午刻将该共军击溃，乘势一举攻占颜庄及其以南之龙山及512高地。入夜，共军增到解四师主力，会合警一旅等共万余向龙山及其以东512高地反扑，发生激烈之争夺战，相持至8日晨，共军开始向两侧山地溃退，该军继续向南推进，申刻攻抵金斗山南师店将军堂（新泰东北）之线。共军复利用有利地形，坚强阻击，当饬七十三军之十五师加入战斗，分两路向共军侧翼猛力夹击，共军不支南窜，酉刻遂将新泰城完全占领乃积极整顿态势，构筑工事，以防共军之反攻，并做进攻蒙阴准备，至10日共军解四、解九两师回窜青山庄、嶅山后、马峪、自嶅阳镇（新泰东约10公里）一带构筑工事，阻我南进。11日午，整四十六师派一个团向该地搜剿，在青山庄、嶅山后附近与匪5000余发生激战相持至12日晨，当饬该师以主力驰援，空军亦凌空助战，共军不支南窜，13日晨续向嶅阳镇、白窑、马峪之线攻击，共军据险顽抗，正面进展困难，遂分两路迂回击敌侧背，战至午刻，将该线占领，直逼蒙阴，威胁临沂侧背。

丙、七十三军之行动：

第十五师及一九三师2月4日在博山集结完毕，5日军部率十五师随整四十六师跟进，以一九三师推进至八陡庄（博山东南）苗山集间，暂任该段公路之抢修及维护，8日以十五师适时加入战斗，协助整四十六师击溃南师店、将军堂之共军后，即控制于颜庄附近，分向两侧山地搜剿，以巩固后方联络线之安全。

二、第二期临沂会战后之战斗经过，本部遵照主席蒋手谕，于2

月8日依限攻占新泰，并续向敖阳镇以南挺进，直逼蒙阴。陈毅部因受我侧背威胁极大，被迫放弃临沂，企图向北转移，打击我之南进兵团，以挽回其失败之颓势。自2月14日以来，空军陆续发现大股共军经蒙阴及平邑分向西北运动，迄16日止，颜庄以西之冶店附近集结共军6个师（2D、4D、6D、7D、E10D、N8D），颜庄以东之双龙峪附近集结共军3个师（E4D、E6D、E9D）并续由大王庄向北运动。另一股2万余经肥城向泰安前进，对我军之包围态势业已形成，而我军尚分散于吐丝口、莱芜、颜庄、新泰间地区，态势至为不利，当即一面以丑铣（2月16日）参英电向国防部建议要求准予机动作战，一面权令整四十六师一部在新泰附近活动，主力撤至蒙阴寨、颜庄间地区，七十三军集结于莱芜附近保持机动。在此时期，迭奉国防部丑寒创胜及丑铣战徐等电指示准备固守新泰，并云陈、刘两部已开始总退却，将由东阿、范县间北渡黄河，饬派队分向蒙阴、白马关、大汶口方向侧击等。因本部探悉陈、刘主力并未西窜，确有打击南进兵团之企图，但为贯彻层峰命令，乃复令整四十六师及七十三军开回新泰颜庄间地区，恢复原配备，并再电国防部，建议要求准予机动，迄未批示。19日情况益趋紧张，为顾虑兵力过于分散，被共军各个击破计，乃独断处置，立令整四十六师迅速集结颜庄，占领劝礼、龙山及其东西之线，七十三军占领莱芜城及其以南山地准备作战。

本部因鉴于当前情况之危急，为便于作战指挥掌握计，改将十三军（欠新三十六师）调至张店、明水一带担任铁道守备，而将九十六军之暂十二师推进至文祖镇，协力新三十六师维护明水至吐丝口补给线，七十七师由张店经博山向吐丝口归制。19日午刻，该师行至麻峪

（吐丝口东16公里）附近，遭共军解四、解六、解九师、警二旅等2万余分段截击，当因两侧山峦耸叠，无法施展，而友军又被共军牵制不能救援，苦战至20日晚，田师长君健阵亡，团长负伤2员，官兵伤亡过半，遂陷于混战，情况不明。

2月20日晚12时许，共军集中优势兵力分向我莱芜、吐丝口、青石桥（吐丝口北）、大寨等处发动总攻，在颜庄附近之整四十六师亦同时被共军攻击。是晚（20日）解七师、解十一师及警七旅复向我胶济路西段及淄博各据点大举猛攻，铁道电线具被破坏，交通通信完全断绝，莱芜方面激战至21日午刻，共军已继续增加至6万余人，城垣已三面受困，而扼守吐丝口、青石桥、大寨之新三十六师亦被共军个别包围，不能互相救援，经我陆空协同予共军猛烈轰击，共军虽死伤盈野，但仍前仆后继，攻势亘夜不停。当时，我为集结兵力予共军打击计，乃急令整四十六师向莱芜转移，并进击共军之侧背，协力七十三军作战。甫抵沟里村、南冶（莱芜东南）之线即遭共军5万余之坚强阻击，城内与城外完全隔绝，我飞机亦被共军击落一架，击伤一架。嗣据俘虏口供，当时莱、吐两地共军计有新四军1D、2D、4D、6D、7D、N1D、N8D、E4D、E6D、N9D、E10D等11个师及1GR、2GB两个旅基干第1R、2R、3R、4GR、H6R、鲁西基干团、莱芜子弟兵团、教导团等8个团共约15万人。鲁南共军主力皆已集中于该地区，企图打击我南进兵团后，再乘胜夺取淄博，袭取济南。

21日夜，共军围攻愈急，大寨、青石桥等据点守军（新三十六师之一〇六团及一〇七团）伤亡过半，相继被陷，至是该方面之共军更集中全力向吐丝口四面围攻，战况之惨烈前所未有。我利用坚固民房逐步与共军巷战至翌日拂晓，大部已被共军突破，曹师长率部坚守东北一隅，共军不顾重大牺牲，数度突入我核心，皆为我忠勇官兵歼灭于刺刀下，共军伤亡达2万余人。

22日晨，整四十六师在空军掩护下，竭力向莱芜以南之共军侧背猛攻，激战至午刻，将该线山地占领。因地势受共军瞰制，旋撤过汶河北岸与城内七十三军会合，并肩作战，斯时，莱芜在四面环攻下，粮弹俱缺，吐丝口孤军更危如累卵，若吐丝口不保，则运囤该地大量粮弹必损失殆尽，而莱芜之两军势亦不能久持，同时，审据文祖镇及泰安、肥城等处之共军亦有乘虚袭取我济南之企图。为解救吐丝口，并便于以后作战，乃决令莱芜之七十三军及整四十六师于23日晨开始向吐丝口转移，并规定两军交互掩护，交互前进。不幸我军行动为共军侦知，而指挥部署又犯重大错误，以致进入共军预设之口袋阵地内，四面受共军围攻，双方反复冲杀，遗尸遍野。战至黄昏，我各级指挥官或死或伤，因之部队失去掌握，陷于混战。我扼守吐丝口之曹师长即率领残部突围，沿途排除万难，卒能到达济南。

三、南进兵团失败后之紧急措施

南进兵团失败后，深恐共军乘胜北窜袭取济南，造成政策战略上有利态势，当采取紧急措施，立即将守备铁道之十二军与守备淄博之5个补充团星夜调回济南，加强防务，并动员全市人力、物力完成一切作战准备，共军见我部署已成，不敢冒险进犯。

第五，结论

此次南进兵团之失败，为战场上诸种错误之总合。本部在奉令向新泰进出之前，已深感态势不利，既进出新泰之后，尤觉兵力分散过于突出，随时有被敌各个击破之虞，共军放弃临沂后，本部即已判断共军必打击我南进兵团，以挽回其颓势，故一再要求机动作战，但层峰因有整个计划，始终未能采纳。厥后，我军由莱芜向吐丝口转移时，以如此强大的力量，在空军掩护下作短距离之战斗前进，绝未料其失败，如当时决心坚守莱芜，固可少受损失，但共军必转用主力乘虚袭取济南，济南既失，莱芜必陷，整个局势更难挽救，吾人受此挫败不仅损失重大，使党国蒙忧，而本部一年来在鲁省艰苦奋斗所开创之新局面亦悉告破产，每一回忆实有无限之沉痛与惭愧，吾人唯淬砺奋发，痛歼共军，以雪此奇耻大辱，完成绥靖任务。

第六，作战经验教训

本期作战经验教训另详附册。

后　记

张敬茂　时立军[*]

　　莱芜战役，是全国解放战争时期一次著名的重大战役。1947年1月底，面对国民党军31万余人的进攻，我华东野战军首长根据中央军委的部署，坚决贯彻执行了毛泽东同志"集中力量打运动战为主""诱敌深入"的作战方针，成功地利用运动战，于莱芜县城以北地区激战3昼夜，一举歼灭了国民党军7个师6万余人，收复城市13座，使鲁中、渤海、胶东3个解放区连成一片，粉碎了敌人南北夹击并消灭我华东野战军的企图，对扭转山东、华东战局乃至全国战争形势产生了深远影响，从而在中国人民解放战争史上写下了光辉的一

---

　　[*]　张敬茂为中共莱芜市委书记，时立军为莱芜市市长、市政协主席。

页。在这次战役中，我广大军民发扬团结作战、不怕牺牲的精神，以敢打大仗、敢打硬仗的胆略和气魄，谱写了一曲人民战争的壮丽凯歌。这种精神和气概，成为莱芜人民宝贵的精神财富，成为我们缅怀先烈、砥砺后人的强大力量。

47年过去了，莱芜发生了翻天覆地的变化。中华人民共和国成立以来，莱芜人民在上级党委和政府的领导下，以打"莱芜战役"的气魄，自力更生，艰苦创业，在当年战争的废墟上建起了一座新兴的工业城市。1992年11月，经国务院批准，莱芜升为地级市，这是莱芜发展史上重大的转折点和新的里程碑，为莱芜展示了更加广阔、灿烂的发展前景。莱芜地处鲁中腹地，资源丰富，交通方便，是山东重要的钢铁和能源生产基地，具有很大的发展潜力。新一届市委、市政府抓住机遇，制定了建设富裕文明新莱芜的宏伟目标和本世纪末实现经济"三步走，翻三番"的发展战略，并带领全市人民发扬团结实干、奋发进取、争创一流的革命精神，知难而进，奋力开拓。经过两年的艰苦努力，经济建设和各项社会事业有了长足发展。1994年，全市国民生产总值、工农业总产值在1992年的基础上实现了第一个翻番，各项社会事业都取得了新的发展。

展望未来，前途光明，任重道远。全市人民决心在党的十四大和十四届三中、四中全会精神指引下，在省委、省政府的正确领导下，继续发扬，不断夺取新的更大的胜利，把莱芜建设成以钢铁工业为龙头、以农业为基础、一二三产业协调发展的现代化新型工业城市。

《莱芜战役亲历记》一书，在省政协领导的大力支持和关怀下付梓出版。这是为庆祝解放战争胜利45周年和莱芜升为地级市两周年而献上的一份厚礼，为进行爱国主义教育和加强精神文明建设而提供的一本好教材，为缅怀和歌颂在莱芜战役中为人民献身的革命先烈和有功之臣而献上的一束鲜花。值此新书出版之际，谨向不辞辛苦跑遍全国各地征集资料的文史工作者，向不遗余力积极提供线索、资料和素材的当事者和知情者，向认真撰稿的作者、编辑同志及支持该书出版的领导表示衷心的感谢和诚挚的敬意！

（1994年12月）